"十四五"国家重点出版物出版规划项目

CHANNEL IN
THE CREVICE
THE MAIN
EXPERIENCE OF
CHINESE PAINTERS
IN THE 20TH
CENTURY

20世纪中国美术新论丛（第一辑）
张晴　沈揆一　主编
杭春晓　著

缝隙中的航道
——20世纪中国画家的主体际遇

南方传媒
岭南美术出版社
中国·广州

图书在版编目（CIP）数据

缝隙中的航道：20世纪中国画家的主体际遇 / 张晴，沈揆一主编；杭春晓著. — 广州：岭南美术出版社，2024.8
（20世纪中国美术新论丛. 第一辑）
ISBN 978-7-5362-7685-7

Ⅰ. ①缝… Ⅱ. ①张… ②沈… ③杭… Ⅲ. ①画家—人物研究—中国—20世纪 Ⅳ. ①K825.72

中国国家版本馆CIP数据核字（2023）第020607号

总 策 划：刘子如　谢海宁
特邀编辑：吴　唯
责任编辑：彭　辉
责任技编：谢　芸
责任校对：梁文欣

缝隙中的航道 20世纪中国画家的主体际遇
FENGXI ZHONG DE HANGDAO 20 SHIJI ZHONGGUO HUAJIA DE ZHUTI JIYU

出版、总发行：	岭南美术出版社　（网址：www.lnysw.net）
	（广州市天河区海安路19号东田大厦14层　邮编：510627）
经　　　销：	全国新华书店
印　　　刷：	雅昌文化（集团）有限公司
版　　　次：	2024年8月第1版
印　　　次：	2024年8月第1次印刷
开　　　本：	787 mm×1092 mm　1/16
印　　　张：	15
印　　　数：	1—2000册
字　　　数：	222.9千字

ISBN 978-7-5362-7685-7

定　　　价：89.00元

总 序

在 21 世纪已走过近四分之一之际，对 20 世纪中国美术研究形成更清晰的认知别有一种紧迫的现实意义。从整个中国漫长的历史长河来看，近现代是中国国家命运发生根本性改变的时期，这一时期的美术亦是国内和国际社会思想、文化生态与各种力量交汇共同孕育的结果。在这样一个特殊历史和全球背景之下催生的 20 世纪中国美术，长久以来都影响着中国美术的发生与发展，也是当下所有的艺术创作与理论实践的根源。今天，是中国艺术深化融入国际艺坛后再前进、再出发的新阶段。在此情形下，重访中国近现代史及其艺术史，其意义不仅是对过去的梳理，也指向无穷尽的当下和中国美术发展的未来。

20 世纪的中国历史可以称为革命的历史、社会主义建设的历史和改革开放的历史。在不同的时期，中国美术家在继承中华传统文化的同时，始终立足当下，顺应时代发展而着力回应当时的现实问题，达到了时代性与民族性相统一的境界，也使艺术创作与历史语境之间形成了高度结构化的关系。遗憾的是，目前学界对这种关系的梳理仍显不足，需要进一步研究。为了达成这一目标，一方面要对已有的史料和研究进行更深、更广的整合，另一方面则要对方法论进行大胆拓展，两方面有效地结合构成一种新视野。

从 20 世纪之初至今，学术界关于现代中国美术历史叙事的研究建构经历了数次更迭与突破，主要产生于以下背景：一是"五四"新文化运动期间对中华文化艺术的反思与改革；二是 1942 年毛主席《在延安文艺座谈会上的讲话》的精神，对中国艺术的理解和发展都产生了深远的影响；三是自中华人民共和国成立以来，艺术史家对近现代艺术史料的梳理与出版，对近现代艺术家生平资料、口述史等的搜集和整理；四是自改革开放以来，国内外的研究机构和高等院校，特别是各地美术院校逐渐培养出中国近现代艺术研究方向的学生，营造出近现代中国美术史研究的全新面貌。无论是对近现代历史典籍式地系统整理和呈现，还是通过全面科学、严谨细致的研究方法和理论对历史问题进行重新思考和梳理，艺术学者们运用新视野、新角度、新理论、新方法、新材料从各层面进行了多方面的具体探究，在既有研究的基础上寻求突破，达到学术与政治、历史与现实的有机统一。

这其中，对新材料的探索尤为学界吹来了新风。伴随着国内外年轻学者聚集性的投入，从图书馆、档案馆、互联网等海内外多维度平台挖掘出各种新史料，对个人档案、笔记、日记、书信、口述史和交往史等内容也有了层出不穷的新发现与深入研究。新材料的发现使得以往显得比较单一的美术研究方法逐渐变得丰富和多元。拉丁语格言"趣味无可争辩"，也就是说人的审美欣赏无可争辩地各有趣味，它强调的是审美趣味和美感的差异性，肯定的是审美取向，审美判断的独立自主性和审美创造，审美评价的个性特征。在这种思潮的影响下，过去的学者致力于探索艺术家的具体作品及其创作风格，认为艺术家作品上的视觉图像主要受其主观经验和审美趣味的影响。而现在，新材料加深了我们对于艺术家生平及创作环境的理解，学者们可以跳出纯审美范畴讨论作品和风格，从20世纪中国社会变革过程中的人生际遇、时代风尚、现实环境、思想起伏、生活变迁、交游兴趣等相关方面立体化、历史化地认识艺术家及其创作，乃至艺术潮流。以感受力、判断力、批评力与实践力为基石，思考艺术家在大时代激荡的语境下如何应对各方冲击及其在激荡之后的艺术选择，历史化其时代浪潮中的思想资源和方法论资源，关于这一点，对于20世纪中国美术的新论显得尤为重要。新材料也为学者们回溯历史提供了多重线索与多重思考。无论是思想观念史、社会史、关系史还是文化传播史，无论是研究某个流派的、某个时期的历史问题，抑或是探讨个人与历史之间的关联，多种视角和方法都呈现出史学研究领域的兴盛。

目前，中国美术研究已经进入全球性学术互动。新的时代环境带来了全新的学术关怀和学术抱负，使中国近现代艺术研究呈现出完全不同的方向，改变了我们过去很多固有的研究模式。从国内学者的研究来看，他们通过全球视野下的理论来建构中国近现代美术史，使其与传统意义上的理论阐述拉开了距离；从海外学者的研究来看，西方不断更新的史学新论和方法也与近现代中国美术理论研究发生了新的碰撞。这样的研究将20世纪中国美术研究推向了国际史学的领域。21世纪的中国美术史研究不再是一个封闭的、自足的主体，而是承载着对新突破的期望继续前行。这也是今天人文社科最普遍、最重要的文化表征。基于各种理由，此刻都有必要在"新理论、新史料、新方法"的基础上，对新的研究进行一次大的检阅，展现出我们近现代中国美术书写的丰富研究成果，梳理知识谱系，深化图像与视觉媒介理论，追求高质量的美术史学史成为应有之义。

我和加州大学美术史教授沈揆一先生近年来经过反复商讨，拟定了本丛书的主旨与构架。《20世纪中国美术新论丛》聚焦20世纪中国美术整体发展进程，注重对研究对象文化语境的历史化与艺术发展内在逻辑的分析，力图在开放、系统的视野中展现20世纪中国美术历史书写的格局，建构具有中国学术精神的美术史观。贡布里希指出："我们实际所见的是一回事，我们自以为所见的是另一回事。我们的知识往往支配着我们的知觉，从而歪曲了我们所构成的图像。"不能立体、历史化地把握各种思潮、体系、风格、观念等，就无法书写20世纪中国美术史。同时，考虑到20世纪中国美术的发展也是一部世界史，这套丛书的研究强调开放性和多元性，以求通过跨文化、跨学科的研究，拓展和加深读者对20世纪中国美术的发展状况及其在世界艺术格局中的位置的了解和认识。另外，本丛书更注重从艺术史学的角度对前沿问题给予讨论和反思，充实提高具体史实研究，将视阈从传统的美术史向更广阔的视觉文化领域拓展。

我们所邀请的丛书作者，均为近年来海内外美术历史与理论领域具有影响力的中青年学者，其最新研究成果跨越艺术史、文化研究和媒体批评等多个领域，从艺术家、艺术机构和文化环境等方面做出深入而有新意的拓展研究，其研究角度和学术贡献主要有以下几个方面：(1) 通过对 20 世纪中国美术名家的个案研究，深入挖掘被"遮蔽"的史实，在点的梳理中形成面的观照，通过对个体的关注揭露时代发展的脉络。(2) 运用跨学科的方法，从现代性与社会文化现代转型的视角，厘清不同时期美术的时代特征和文化理念，理解当时艺术创作及变革的大环境。(3) 聚焦对于 20 世纪中国现代美术发展起到关键作用的新型美术教育体制的形成和推广，分析其建构过程与其他人文思潮的交互影响，呈现美术教育与中国社会文化大环境之间的关系。(4) 通过对展览、传播、艺术市场的研究来展示 20 世纪中国美术和视觉文化发展以及与社会文化条件的有机互动。(5) 深化 20 世纪中国地域美术研究，以独特的地域美术特质为出发点，在整体格局中阐释其生长的特征和延续性影响。(6) 强调 20 世纪中国美术的发展与国外美术间的交流和互动，以国际化的视野审视不同国家美术的差异性与相关性，通过多种阐释框架的相互冲击，厘清 20 世纪中国美术与世界美术发展的关系。(7) 梳理 20 世纪中国美术理论的发展脉络，研究不同时期美术史学观念和方法的状况，并以当代思维进行解读，既探讨 20 世纪中国美术研究的规律和方法，也作为当代美术研究理论和方法的重要启示。

　　总之，在古今对照和中西对比的视野下，我们力求体现异于以往成果的研究意识，在尊重和继承前辈学人研究成果的基础上，在现有材料中寻找新的发现，重新认识以往被忽略或被弱化的历史，展现海内外相关领域的研究成果。对新近公开的历史资料的充分挖掘和对新时代下催生出的学术眼光和方法的灵活运用，让我们得以重新梳理、建构与审视整个 20 世纪中国美术的发展历程，发现各个美术门类的历史意义及相互关系，从多角度、多层面把握 20 世纪中国美术研究的动向，亦对一些重要问题进行全新思考。另外，丛书基于 20 世纪中国社会变迁与发展过程中的问题意识，剖析精深学理和实践案例之间的相互渗透，考察与阐释个体艺术创作与社会性的图像生产之间，可见的观看行为与不可见的观看机制之间的复杂关系。这些在当今学术条件下对美术史研究的思维特质和文化视野的拓宽，突出了研究对象的文化价值与意义，不仅对当下中国美术的发展有颇多启发，更是在内容资料与理论方法上提供了一部兼具广度与深度的阅读范本，为进一步研究 20 世纪中国美术提供丰富的论著与宝贵的史料。

  本套丛书在岭南美术出版社同人，以及作者和译者等专家们共同努力下，已被列为国家新闻出版署"十四五"国家重点出版物出版规划，2024 年度国家出版基金资助项目。本套丛书也是我国高等院校亟须的教材，为中国近现代美术史教材填补了空白。因此，特向各位读者引介这套丛书，以借鉴其研究之优长，增益 20 世纪中国美术研究的良性生态系统。面对近些年波澜壮阔的中国近现代美术史研究，希望本套规模宏大、学术队伍精良的丛书，能全面地展示出我们这一时代研究学者的学术面貌与艺术特色，荟萃 21 世纪国内外优秀美术史学者崭新成果，构筑 20 世纪中国美术研究新论的里程碑。

张　晴　沈揆一

2024 年 5 月 6 日

目　录

序　幕　"文本"的再阅读　001

第一幕　遗民的逻辑断裂　015
　　第1场　旧王孙的出世与入世　016
　　第2场　国的想象与表达　044

第二幕　精英主义的困顿　065
　　第1场　艺术与社会的时代命题　066
　　第2场　走向民众——精英主义的历史挑战　084
　　第3场　民族主义方向下的政治场域　107

第三幕　文本背后的日常　129
　　第1场　文本中的公共形象　130
　　第2场　沦陷区的日常　146
　　第3场　消失的人之"真实"　163

第四幕　传统与现代的纠缠　183
　　第1场　身份的"陷阱"　184
　　第2场　文化误读与知识折叠　202

后　记　223

序　幕　"文本"的再阅读

　　与其说这是一本预先构思框架的著作，不如说是沿着个人兴趣而流动的"思考"。缘于自身特性，抑或能力所限，我无力建构20世纪艺术史整体性的叙事框架。自20年前入郎绍君先生门下研习近现代美术史，对这一领域的"窥视"总是从某个具体问题入手——仿佛盲人摸象一般地感知、体会。"盲人摸象"，通常语境下会带有贬义，但于我而言却不无警醒作用，它时刻提醒我面对过往历史时，要避免一种"后见之明"的上帝视角。

　　相对历史的当事人，作为后来者的我们天然具有优势——事态发展之走向、结果，得以完整呈现。于是，我们获得了凌驾于人间的上帝视角。基于此，历史在俯视角度下成为"结果倒推逻辑"的叙事。何谓"结果倒推"？即根据后续结果反向建立历史发生的唯一逻辑，并视之为必然性。但历史现场存在的多重因素，只能出现一种结局吗？答案，并不如此。虽然"结局"只有一个，但不意味着现场没有隐含其他的发生逻辑。诚如"平行世界"的说法，我们看到的结局，仅是发生现场中的可能之一。指出这一点，不是为了接受科幻的畅想——认为我们生活在多重并列的世界中的一个世界，而是为了反思以现有结局倒推逻辑的做法。因为这种单一逻辑"控制"下的叙事，遮蔽了太多与它无关的信息。诚如现代人登山，习惯在地图的引导下走着已然铺好的道，很少有人愿意偏离脚下现成的路径——这意味着丧失方向的未知与危险。然而，古人与山川的关系却非如此。没有既定的方向与路径，他们要用无法面对整体的局部眼光，一点一点地感知。相对而言，前者更为轻松且让人安心，容易成为登山者的选择。但令人遗憾的是，这种看似安心的选择，却让我们在预设的轨道上欣赏着预设的"风景"，丧失了自己感知山川的机会。相对而言，后者看似未知与危险，却能体现登山者与山川的感知关系。每一次的路径选择与驻足观看，虽然无法带来高空俯视的整体经验，却从不同角度提供了个体化的局部认知。当越来越多的局部认知得以组合时，山川便显现出不同于既定路径下的"风景"。显然，这些景观并非不存在，只是因为既定路径的"遮蔽"而未被发现。

用登山来类比历史研究，或许并不恰当。但两者关乎"遮蔽"的机制，却很相似。怎样避免这种"遮蔽"，成为困扰我多年的一个问题。2003年开始写博士论文时，王汎森先生关乎"去熟悉化"的检讨，给了我很大启示。所谓"去熟悉化"，就是针对后世叙事带给我们的认知结果，力图消除这种认知逻辑带来的预设眼光。彼时，在讨论民国初期传统派画家的文化选择时，我便尝试着从检讨20世纪下半叶的"熟知判断"入手，进而寻找重新进入那段历史的路径。时隔多年后回看这种努力，并不令人满意。原因很简单，当年检讨"熟知判断"的目标还是为了重新判断，因此无法摆脱精英主义色彩的上帝视角。毕业后，因缘际会介入当代艺术批评，加之生活变故及所遇之人、所遇之事的幻化无常，越发觉察日常逻辑的丰富曲折，绝非某一叙事逻辑所能简括。由此反思此前自己关乎"去熟悉化"的思考，不禁感慨掘地三尺，未见泉眼就已离去。之所以出现如此遗憾，还是因为研究的根本方向未曾改变——仍然为了充当历史的裁判员，以评价过去为己任。"去熟悉化"仅仅成为精研、考辨材料的方法，未能释放它所隐含的思辨空间。那么，怎样才能实现这种思辨呢？答案取决于"去熟悉化"的检讨方向。它不应指向过去——用新的陌生判断取代熟知判断，而应指向现在——熟知判断何以建构了我们的认知。

诚如王汎森先生更为著名的"后见之明"论述，便可以借助心理学中的"后视偏差"加以理解。"后视偏差"，通俗说就是用事后诸葛亮的经验面对不确定的未来事件，决策往往会发生偏差。它伴随着三种具有关联性的心理经验：必然性印象、可预见性印象以及记忆扭曲。其中，必然性印象就是将事后倒推的逻辑视作必然发生，并在语言上表述为"事情不可能会是其他结果"。这与历史研究中因"后见之明"带来的必然性逻辑，异曲同工。或许，有人对此无动于衷，认为分析历史发生中的必然规律，一来不会有什么大错误，因为结果就在那里，一定存在着某种因果关系；二来即便存在瑕疵，它也仅是针对过去的描述，无伤大雅。应该说，前者正是"结果倒推"的认知逻辑。它将诸多可能简括为唯一可能，亦即必然性，并建构了单一因果关系的叙事。如果回到历史现场，我们会发现：结果倒推出的因果叙事，恰如登山之前被设定好的路径，只是"过去"的冰山一角。这种叙事不仅天然具有忽视其他因素的遮蔽性，甚至还会基于自身逻辑的需要，主动遮蔽与其不符的因素，产生类似于"后视偏差"所涉及的记忆扭曲之心理经验。从某种角度看，记忆扭曲是为了更好地自我确认，以强化自己关乎未来判断的合法性，并形成与之相应的可预见性印象。就此而言，后视偏差的实际方向并非"过去"，而是"未来"。它塑造了一个"通古今之变"的超级主体，成为掌控"现在"的上帝之眼。

是故，后视偏差并非无伤大雅的关乎过去的描述，而是塑造今天甚至明天的力量之一。历史叙事中的"后见之明"，亦然。作为当下的熟知判断，它不仅提供了有关"过去"的描述，更赋予我们自身主体性的认知模型——控制着我们何以思考。这是颇为重要的"起点"，可以链接过去与今天，并能回答我们何以不断地审视过去的"历史"。重审过去不是为了再一次讲述"过去"，它的目标是通过剖析曾经"讲述过去的方式"，理解我们认知所使用的"思想装置"。这套思想的装置，不仅决定了何以看待过去，也影响着何以看待今天与明天。从某种角度看，它恰是我们的主体性得以被塑造的动力之源。正如戴着眼镜看世界，绝大多数情况下眼镜并不被感知——处于不自明的状态，但它却决定了观看世界的基本方式。如果将我们所习惯的"思想装置"视为一种眼镜，那历史研究恰是一次让它从不自明走向自明的契机。或许，这也是检讨"后见之明"的奥义之所在：我们面对历史时不是面对过去，而是面对讲述过去的"自己"。诚如本书所讨论的关良前后分期问题，与其说是检讨关氏本人画风的前后变化，还不如说是为了反思今人因中西、古今对立的思维方法，而将他表述为"改弦易辙"的画家。事实上，关良本人并无如此之"转折"。

关良早在 20 世纪 20 年代推动现代艺术的同时就已涉足戏曲水墨人物画，令后世有关他的叙事文本遭遇"尴尬"。然而有趣的是，这一"尴尬"却能检讨历史研究中的常见"陷阱"：阅读文本可以直接"抵达"文本的叙事对象，即历史的参与者。这是一种经验主义的反映式阅读，类似阿尔都塞所讨论的直接阅读法，可以通过文本直接印证对象的存在。从某种角度看，它最大的问题是未能区分认知对象与现实对象。具体到历史研究，就是文本记载的人物、事件与实际发生的"过去"，到底是怎样的关系？如果将两者视为同一对象，文本似乎可以直达对象。[1] 可一旦对两者进行区分，将前者视作"文本"建构的对象，而非后者——曾经的"事实"，那么我们所面对的"文本"就无法直达对象。它所记述的"过去"，只是第三方作者提供的一种"认知"。诚如，关良被表述为从早期现代艺术到晚期水墨人物画的"改弦易辙"，就是各种文本完成的"后见之明"，而非他本人的实际选择。于是，关良作为一个对象，出现了文本认知的"关良"与现实生活中的"关良"。对双重"关良"的甄别，自然会带来一个问题：如果无法通过文本直达历史对象，那么我们又该如何阅读文本？我们的研究又该指向何处？为了回答这一问题，我们可以借助图1：

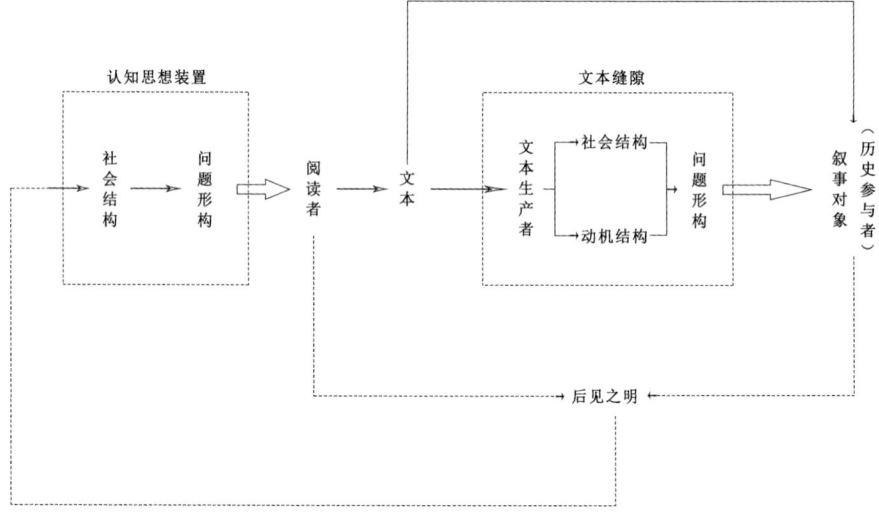

图1　文本再阅读形构图

---

[1] 值得注意的是，即便认为文本记叙的对象就是历史中实际存在的对象，所谓"直达对象"的阅读模型也只是一种理论上的假设。因为具体的阅读者，会基于既有认知模型从文本中获得并非作者试图表达的内容。在阿尔都塞的理论中，这种现象也被表述为"没有一种阅读是真正无罪的"。

图1中,"阅读者"通过"文本"直达"叙事对象"(历史参与者)的实线,正是我们面对文本时,常常发生的一种经验主义化的理解方式。严格说来,它没有"叙事对象"这样的概念,只有"历史参与者"。"叙事对象"与"历史参与者",恰是前述之双重"关良"。在直达式阅读中,"阅读者"将"文本"视为直接可信的证据,从而形成"阅读者—文本—历史参与者"的路径,因此不会对"文本"产生反思。与之相应,文本作为"第三方"的叙事性,自然不会出现在理解的过程中。从某种角度看,经验主义化的"历史参与者"对"叙事对象"的遮蔽,使"文本"的第三方提供者(文本生产者)处于隐匿的、不可见的状态中。这最终导致了阅读行为的"对象错乱":阅读者认为自己读到的是"历史参与者",其实却是"文本生产者"所给予的"叙事对象"。那么,怎样才能克服直达式阅读中"对象错乱"的现象?这就要求我们在"文本"的缝隙中寻找"文本生产者",将阅读"文本"的过程,转化为阅读"文本生产者"的过程。

不同于直达对象而强调"文本生产者"的阅读,我们可称之为"文本再阅读"。它改变了阅读的方向,将目标从"历史参与者"转向"文本生产者",并因此重构了阅读路径:"阅读者—文本—文本生产者—叙事对象"。需要强调的是,"叙事对象"看似就是"历史参与者",其实却是"文本生产者"塑造出来的历史主体,是认知行为生产的"知识"。在新的阅读路径中,它用以反向理解"文本生产者"何以塑造如此之认知对象,而非对"历史参与者"的表达。当目标聚焦于"文本生产者"时,关乎"文本"的解读就会发生相应的转折:我们无须确认"历史参与者"的所谓事实,而应在文本缝隙中读出"文本生产者"的意图,理解"叙事对象"何以呈现为"如此"的内在机制。毫无疑问,任何文本的生产都基于某种叙事框架,也因此会带有某种预设的问题意识。正如1938年《新阵地》创刊号对齐白石拒绝卖画给日本人的"描述",是迄今所见资料中最早将卖画行为与民族风骨结合起来的"文本"。如果悬置这样的事情是否属实,将目光投诸《新阵地》本身,我们会发现文本的生产者具有一种预设的"视角":在浙江作为抗战最前线的时局中,《新阵地》的办刊宗旨是为了联合文化艺术界的抗战力量。"不作倭人画"的老画家齐白石,显然能够感召"从事文化工作的同志"据守对日抵抗之义务。于是，拒绝卖画的"齐白石"真实与否并不重要，重要的是在沦陷区坚守民族风骨的老画家，具有绝对的政治正确性。

政治正确作为一个概念，首先会与世俗政权的活动发生关系，成为一种狭义的政治意图之"表达"。《新阵地》有关民族风骨的问题预设，恰如此。1938年3月5日，黄萍荪在浙江金华创办《新阵地》之际，杭州已然沦陷，浙江成为抗战最前线，和国民党CC系关系密切的黄萍荪，自然会与中国政府的政治动员保持一致："东南一切从事文化工作的同志，尤其是站在战争最前线的浙江文化界，无条件无保留地有全体一致据守在这个新阵地内对日寇死力抵抗的义务。"[1]从某种角度看，《新阵地》是为了全面抗战的政治宣传而创刊，它的宗旨自然会指向抗战政治的价值观。即《新阵地》描述的"齐白石"，一定不能违背这一预设的方向，必须吻合当时政治的现实需要。那么，保持政治正确的人物形象，能否吻合他们在日常生活中的真实状态？答案，显然并非如此。同期《新阵地》将已然投敌的周作人描述为"塞外苏武"，或正是政治正确引导下的文本生产的生动诠释。

就此而言，读出《新阵地》所隐藏的"文本生产者"，"文本"便不再是对"历史参与者"的透明"再现"，而是根据第三方的表述需要塑造出来的"叙事对象"。图1中，这种"塑造关系"被表现为双线箭头，意指后者为前者所控制并规定。针对这种塑造关系，需要强调的是，真正的"塑造者"亦非所谓之"文本生产者"，而是"他"在政治正确的动机结构下，据其所处之社会结构的"内在构造"而形成问题意识，这个过程或可称之为"问题形构"。《新阵地》所面对的"社会结构"，是彼时抗战之舆论动员，故其"问题形构"自然是"为了号召文化界对日寇死力抵抗之义务"。当然，《新阵地》身处抗战之极端化的政治活动中，"动机结构"是一种政治正确还好理解。但如果不是诞生于如此特殊的政治活动中，"文本生产者"的"动机结构"又是什么呢？答案，仍然还是政治正确。只不

---

[1]《新阵地的盟誓》，载《新阵地》1938年3月5日第1期，第1页。

过"它"不再是狭义上的世俗政权活动所规定的"正确性",而是一种广义上的"正确性"——"表述"不能违背某种被认定为"正确"的价值观。

广义的政治正确,就是一种意识形态的管控形式,具体呈现为对某些价值观的遵守与服从。它可以与世俗政权没有关系,而是潜在的建构社会秩序的思想规范,即何谓正确、何谓错误的判断标准。诸如,今天常见的有关性别、信仰、少数族群、弱势群体,甚至气候变化等话题,往往基于某些原则形成了观点、立场、行为乃至"用词"上的规范,成为一个时代绝大多数人认同的价值准则,并广泛渗透在对事物的理解与认知中,集合为观念化的意识形态。广义上的政治正确,正是针对这种意识形态导向下的基本动机,并进而"形构"出文本生产的"问题意识"。也即各时期的"政治正确"虽然有所不同——导致不同的"文本"显现出不同的生产动机,但作为结构化存在的文本动机,却一定会与某个时期的某种政治正确紧密关联。因此,文本的再阅读将目标转向"文本生产者",并非为了解读一个主体化的"文本生产者",而是为了发现隐藏的"动机结构"——某种特殊的政治正确。显然,这使得阅读文本的维度发生改变:政治正确仿佛是一把钥匙,引导我们从"文本生产者"转向了结构性的"存在",进而理解"他们"何以如此表述。

"文本生产者"何以如此塑造"叙事对象"?问题看似简单,却隐含了认知领域颇为重要的转向:"表述"主体并非真正的发声者,而是其所处"结构"的代言人,并因此需要向后者负责——遵从某种政治正确。基于此,作为文本生产动机的政治正确,也可以帮我们打开更为深层的"社会结构",从而走进文本的"深度空间"。之所以称之为"深度空间",是因为相对显性的"叙事对象"与"文本生产者"而言,它在文本中处于更为隐匿的状态,需要通过对"问题形构"的追问,才能加以探析。诸如溥心畬在1953年一份手迹文本中,回忆1924年返城时,述其为"因姑母寿始出山"。然稍做考证即可发现,这一"表述"并不符合当时情况。事实上,溥氏姑母七十大寿的时间是该年3月,此后大半年的时间里,溥心畬仍在西山戒台寺。那他又因为怎样的"动机结构",将返城原因表述为"因姑母寿"?显然,这样的溥氏形象是一种日常伦理结构中的"人"的形象，而非政治场域中的"人"。但问题在于，姑母七十大寿后仍住在西山的溥心畬，恰与彼时溥仪小朝廷的政治斗争存在着千丝万缕的"联系"，他的"返城"也与此有关。时隔多年，物是人非的1953年，他为何回避返城之政治背景，转而述诸具有时间差的"姑母寿"？如果没有对文本"深度空间"的进一步追问，讨论可能就将止步于此——考证了溥心畬手迹文本与事实不符。然而，一旦我们将问题投向溥心畬何以如此表述的"问题形构"，就会发现事情并非如此简单。1953年，溥仪的北京小朝廷早已灰飞烟灭，溥心畬与溥仪的君臣关系也已面目全非。尤其1931年溥仪投靠日本入主东三省后，溥心畬便以《臣篇》一文与之划清了界限。此后的岁月中，溥仪从康德皇帝转变为战犯，沦落为阶下囚，不再具有任何正向的道义性，甚至还成为反面符号。1953年回忆往事时，溥心畬遵从当时的"政治正确"，不可能再将自己"返城"联系于溥仪的小朝廷。显然，忠于旧朝的遗民话语已然失效，取而代之的是晚清遗民面对世事巨变后的认知改变——从效忠对象到国家认同，从行为准则到自我认同。

这些"认知改变"，正是社会结构之深处所萦绕着的某种有关意识形态的共识。与其说是溥心畬在说话，不如说是这些"认知改变"决定了他会如此表述。就此而言，1953年的溥心畬即便是"表述"自己的过去，他仍然与《新阵地》一样，是第三方的"文本生产者"。其文本之生产动机，必然与其所处之社会结构中的意识形态的要求保持统一，并因此形成自己的"问题形构"。认识到这一点，对我们阅读带有自述性质的文本，意义重大。诚如1957年接受李树声采访的林风眠，谈及1929年所创作的《人类的痛苦》一作时，便将创作动机联系于当时的共产党员遇害。如此之"表述"，毫无疑问吻合了彼时社会结构所需要的政治正确。但联系林氏1934年还曾参加蒋介石发起的"新生活运动"，撰写《艺术与新生活运动》一书，我们完全有理由质疑20世纪50年代的林氏"回忆"，进而发现所谓《人类的痛苦》一作，与《摸索》《人道》等作品一样，都是全景式的精神表达，甚至它还与《人道》共享了完全一样的"画面角色"——充满象征意味的手臂。它们所表现的"残杀"，并非具体化的社会事件，而是形而上的有关人类整体精神之检讨。这是一种充满了精英主义色彩的艺术表达，之所以在20世纪50年代遭遇画家本人的"篡改"，则是新的社会结构所需要的政治正确重新塑造了林风眠表述时的"问题形构"。于是，通过对这样一则回忆式文本的"再阅读"，我们从文本中获得的，不再是有关"历史参与者"的记载，而是一幅关乎精英主义在20世纪中国之命运起伏的历史图景。

所以，当阅读者以直达"历史参与者"的方式阅读文本时，实际是将"文本生产者"所提供的带有意图的"表述"，视作真实的过去。而这些掺杂了政治正确性的文本，被"问题形构"引导下的叙事逻辑所控制，将"过去"转化为一种认知结果，使之成为一种"后见之明"。这种现象在图1被表现为：阅读者面对的真正对象，是由"叙事对象"转化而成的"后见之明"。它与"阅读者—历史参与者"的实线，构成了完整的认知闭环，并因此遮蔽"文本缝隙"中所隐藏的有关"文本生产者"的发生机制。之所以强调"文本再阅读"，就是为了检讨这种带有遮蔽性的认知闭环，在文本缝隙中发现"文本真相"。对此，有人会质疑：这么做的意义又何在？难道仅仅是为了讨论文本？答案，并非如此。之所以要检讨上述认知闭环，是因为"后见之明"不仅关乎过去，更关乎我们自身的认知基础。诚如前述之关良画风的"改弦易辙"，如果没有相应的"文本再阅读"，没有对这一认知的"形成"进行充分检讨，它就会强化我们自身"中西""古今"二元对立的思考方法。应该说，这些文本带来的"后见之明"，会与我们所处之"社会结构"发生关系，参与塑造我们看待世界的认知前提，即图1被标注为"认知思想装置"的部分。因此，那些携带着"后见之明"的文本表面看只是告诉了我们过去怎样，实际却影响了我们自身的"问题形构"，进而塑造了作为"阅读者"的我们。在图1中，这种"塑造关系"被表现为双线箭头，与"文本生产者"对"叙事对象"的塑造关系一致，意指后者为前者所控制并规定。

从某种角度看，这里的双重塑造具有某种互动性质：当我们接受了"文本生产者"对"叙事对象"的塑造，就自然潜在地接受它进一步地通过"认知思想装置"塑造我们自身，也因此形成了"后见之明"的完整闭环。这样一个认知闭环中，旧的政治正确作为意识形态的传承工具得以延续，并成为某种牢固而坚实的、熟悉化了的"认知"——决定新生事物的发生逻辑，且最终成为具有钳控性质的权力话语。那么，怎样才能摆脱这种"钳控"？显然，首先需要我们在面对文本时明确"叙事对象"与"历史参与者"的区别，避免阅读过程中容易发生的"对象错乱"的现象，进而在文本的缝隙中寻找"文本生产者"对"叙事对象"的塑造机制，从而为我们自身的"认知思想装置"制造一种免疫屏障。唯独于此，我们才有机会摆脱"后见之明"在认知上形成的控制闭环。

甄别"叙事对象"与"历史参与者"，正是"文本再阅读"的起点。只有将文本中作为认知结果的"叙事对象"区别于真实存在的"历史参与者"，我们才有机会展开阅读的转向——发现与"文本生产者"相关的生发机制。可一旦践行了如此转向，就会面对一个新的质疑：如果文本中只存在着"叙事对象"，是不是就意味着我们永远无法认知真正的"历史参与者"？就逻辑而言，确实如此，但这并不意味着"历史参与者"的彻底消失。虽然，每一个文本都会基于政治正确的动机结构，对"历史参与者"进行叙事化的改造，使之成为"叙事对象"，进而让我们面对单一文本时，无法甄别"叙事对象"与"历史参与者"的具体关系。但如果将更多文本并置，就会出现多重视角下的交织网络。通过这一网络中共性与差异的校验，"历史参与者"能够得到被认知的可能。当然，这种在文本校验中获得认知的"历史参与者"，仍然不是绝对真实的"历史参与者"，但它能使得我们最大可能地接近真实中的"历史参与者"。为了更直观地理解这一点，我们可以借助图2：

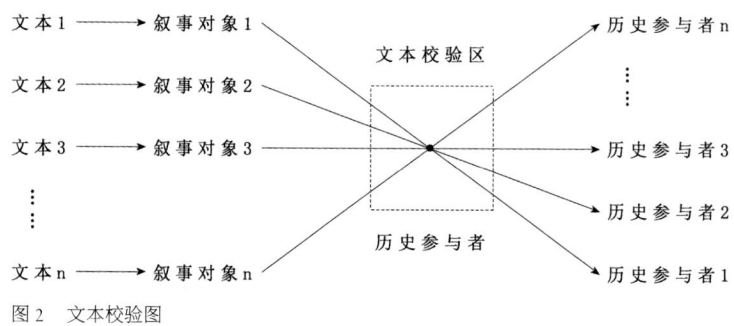

图2　文本校验图

单一文本的路径下，"文本n"塑造出"叙事对象n"，同时也带来一种镜像状态的"历史参与者n"。之所以称之为镜像，是因为"它"仅是直达式阅读对"叙事对象n"的幻觉假象。图2中，"历史参与者n"与"叙事对象n"的上下倒置关系，恰是这种"镜像关系"的一种显现。于是，针对单一文本的"再阅读"，只能将方向从"历史参与者n"调整为"叙事对象n"与"文本n"之间隐藏的"文本生产者n"，并因此将作为镜像的"历史参与者n"与真正的"历史参与者"区别开。之所以如此，是因为"叙事对象n"会因为"文本生产者n"的"问题形构"而对真正的"历史参与者"产生遮蔽。但这种情况，在更多"文本"集合的状态下，会得到改变。不同的"文本生产者"会因为"问题形构"的差异而产生不同的遮蔽性，故而它们的交织验证会带来一种理论上的可能：互为消解遮蔽。于是，在"历史参与者n"方向下消失了的"历史参与者"，却在"文本校验区"获得了重新显现的可能。当然，这种"历史参与者"也并非完全真实的"历史参与者"，而是最大可能接近"后者"的一种理论方向。诸如1927年9月刘哲与林风眠的谈话，提及林风眠南下谋事，因无相当之位置才又北归。在这个单一文本的阅读中，我们无法得知林风眠是否南下，是否又因为没有位置才北归。而就刘哲与林风眠的关系而言，这应是北方的官员对异己者林风眠的逼迫、训诫之辞。然而，当我们将1927年6月25日《北洋画报》的一则名为《艺专校长过津记》的文本与之并置时，会发现两者之间存在着一种互为校验的可能：林氏确实南下过（6月17日），且目标是为了艺术事业。那么，确认林风眠南下又意味着什么？如果将这两个文本再与当时有关政治时局的文本并置，我们会很容易发现：当时南北政权对峙，作为北方学校校长的林风眠，南下之"艺术事业"显然不是北平艺术专科学校校长的"分内事"。理解了这一点，一个隐藏在文本网络中的"林风眠"，就逐渐"显现"出来。如果我们在这个文本网络中，进一步添加有关蔡元培政治动向的文本：1927年6月13日，蔡氏被任命为中华民国大学院院长，执掌南方政权的教育。那么，林风眠南下的"意图"似乎就更为清晰了。就此而言，北方官员刘哲的"训话"，并非一种简单的"谣言"或"污蔑"，但其所谓"无相当之位置才北归"的说法，仍然无法确认。即在这一文本网络中，我们还可以添加新的文本给予校验。如林风眠真正南下后，是否如刘哲所言——"无相当之位置"？就1927年11月林风眠出任南方政权之"大学院艺术教育委员会"主任委员，以及《大学院公报》1928年2月发表的《创办国立艺术大学之提案摘要（大学院艺术教育委员会提）》等相关文本来看，刘哲的"表述"并不准确。于是，上述诸多文本的单独阅读，虽无法揭示1927年下半年林风眠的所作所为，但一旦将它们集合在一起，形成一个文本校验的网络，真实的"林风眠"便若隐若现了。

是以，虽然"文本再阅读"强调将"历史参与者n"还原为"叙事对象n"的镜像，理解它的"被塑造性"——即"历史参与者n"的方向下，不存在真正的"历史参与者"。但这并不意味真正的"历史参与者"不再具有被认知的可能。在多文本校验的条件下，看似消失的"历史参与者"，又在"文本校验区"出现了。这种现象，在图2被表示为：直达式阅读看似由"叙事对象n"到"历史参与者n"的实线，其实是一种镜像关系的上下颠倒。真正的"历史参与者"，需要从"历史参与者n"的方向调头回到多文本交织的"文本校验区"。这个区域，被示意为虚线的方框，表明真正的"历史参与者"在文本中不是显性的，而处于某种隐匿的状态——需要校验才能呈现。其实，多文本校验在传统之考据校勘中，亦是常见方法。那么，强调"文本再阅读"的校验，与普通的考据校勘存在着怎样的区别？就表面而言，它们都是通过多文本并置的方式讨论问题。然而，后者目标仅在于"校订勘误"，甄别错误的文本以"去伪存真"。于是，"伪"不再具有持续思考的价值。但在"文本再阅读"的过程中，"伪"并非甄别的最终目的，甚至"伪"的产生缘由更具思考价值。因为这种"伪"来自"文本生产者"的"问题形构"，辨析它们是否仍然存在于我们的"认知思想装置"之中——从而带来关乎我们自身的反思，才是问题的重点。或可说，对所谓真实的"历史参与者"的追寻，只是"文本再阅读"的副产品，其"核心制造"仍然应该针对"后见之明"和我们自身之间存在着的"回环塑造"。

正如讨论齐白石在抗战时期的卖画问题，国统区、沦陷区的各类文本，向我们提供了不同的"描述"，而战后的文本，甚至包括齐白石本人的回忆，则为我们确定了耳熟能详的"基本版本"。面对这些纷繁复杂的"文本"，"文本再阅读"不是要甄别谁对谁错，不是为了简单考证齐白石在抗战时期是否卖画，而是为了检讨塑造如此之"齐白石"的"问题形构"，是不是还在影响着我们的思考？其中，涉及的民族主义、价值判断等宏大命题对个人日常生活的超越，是不是还在我们的脑海中运行？理解了这一点，"文本再阅读"就不再只是面对文本材料时的阅读方法，同时也是研究什么样的"历史对象"的选择方法。即选择"齐白石"还是"李白石"，是基于"文本再阅读"的过程中，能否触及今天我们自身的"认知思想装置"。诚如，本书所提供的四个画家个案——溥心畬、林风眠、齐白石、关良，也都是因为这一点而成为我关心的对象。当然，限于个人学力之所限，我对自己的"关心"能否抵达如此目标，亦是心存疑虑。不仅如此，20世纪中国艺术史还有着更多的能触碰今日之"认知思想装置"的个案，抑或说现象，也因视野所限而成为我的认知盲区。因此，我不敢构想宏大的叙事框架来完成整体的历史描述。诚如开篇所言，我的工作仅限个人之兴趣流动——没有预设"脚本"，只有触碰历史时的"丈量脚印"。我更希望每一次研究都如同"盲人摸象"一般地登山，不依靠既定的地图，并保持与历史对话的新鲜感。而在这一过程中，如果实现了一定程度的"去遮蔽"，那将是我最大的快感来源。

本书所涉之晚清遗民的家国天下（溥心畬）、精英主义的历史际遇（林风眠）、日常生活的个人场域（齐白石），以及现代与传统的"知识折叠"（关良）等诸多问题，虽然按大致的时间线索（从"民国初建""二三十年代""抗战时期"到"新中国"）加以排列，但它们之间却多有叠合，具有回环往复的时间流动性，而非"从什么时间到什么时间"的递进关系。这让我想起剧本中的"幕"和"场"——意指在同一个舞台之上，因演出需要而出现的"段落"。于是，本书之框架结构没有出现常见的章、节概念，而用了幕、场的名称。或许，这将带来一种为了新奇而新奇的观感。对此，我深表歉意，但也想自我辩护一下：之所以如此，是因为无力提供逻辑化的宏大叙事，而喜欢在纷繁复杂的历史场域中，记录偶然邂逅的感知，并将它们放在一个舞台上——互相串联。至于这本书的主书名——《缝隙中的航道》，或许容易被理解为20世纪中国画家的存在状态之描述——"他们"在传统与现代、政治与日常等诸多话语的缝隙中前行。然而，选择这个题目的出发点，却非如此。在我看来，"缝隙"一词指"文本缝隙"，而所谓"航道"则指我们面对文本展开的"再阅读"。即它并非在描述"历史参与者"，而是我们自身状态的一种"表达"。同样，副书名——《20世纪中国画家的主体际遇》也存在着可能的误读：将"主体际遇"简单理解为"历史参与者"的生存状态。虽然在写作的过程中，我也试图通过"文本校验"感知如此之"主体"。但事实上，"主体际遇"不仅指向"历史参与者"的现实场域，同样也涵盖了"他们"在各类文本中的"存在状态"，甚至从某种角度看，后者较之前者更为重要。

第一幕　遗民的逻辑断裂

晚清遗民在民国史中，是被创新话语遗忘的群体。但在中国文化由古典进入现代的转折期，他们面对新时代的"旧知识"，折射出传统儒学遭遇的全新挑战。本片段以清宗室画家溥心畲（原名溥儒）的"归城"事件为起点，考证、梳理了晚清遗民群体的心理变迁。围绕出世、入世之经典话语，力图探析这一特殊群体践行"家国天下"之文化策略的现实际遇。

第 1 场
旧王孙的出世与入世

后世文本中，溥心畬从戒台寺搬回恭王府，被描述为偶然机缘所致——贺姑母之寿。始作俑者，自然是这位署名"旧王孙"的恭亲王奕䜣之孙。1953 年夏，他在陈隽甫买的一本《西山集》（卷一）（图 3）后题云：

> 余自十八岁隐居马鞍山戒台寺，奉母读书之暇，喜习吟咏，年二十九为先姑母荣寿固伦公主寿，始出山。居城中，取所作诗印百册，后尽散去，且少作亦不留稿矣。此册为陈隽甫买于书肆者，诗虽无可存，而陈生之意亦可感矣。癸巳夏五月，二十八年后重题，心畬。[1]

"因姑母寿始出山"在流传广泛的《溥心畬学历自述》中，得到更为明确的表述："因荣寿公主七十正寿（荣寿公主系余姑母），遂奉先母移城内居住。"[2] 荣寿公主为奕䜣长女，生于农历二月初二。咸丰十一年（1861）

---

[1] 《西山集》为溥心畬早年所写诗集，现天津图书馆藏有自书三卷本（以行楷书于清閟阁造笺），当为陈隽甫所购《西山集》（石印本）的手稿本。陈氏所购《西山集》为手书石印三卷本中的"一卷"。据溥心畬题跋可知当时印制不过百册，世事动荡而散佚殆尽，今已不见三卷全本。陈购溥题本，现为台湾尊儒堂之董良彦、董良硕先生所藏，亦是台北故宫博物院编辑委员会 1993 年 6 月所编《溥心畬先生诗文集》（上）中《西山集卷一·民国十四年自书本》的底本。溥题内容，见《溥心畬先生诗文集》（上）所收《西山集卷一·民国十四年自书本》第 40 页。另，陈隽甫毕业于北平艺术专科学校，师从溥心畬，擅长画虎。与许麟庐、田世光等为同学，并与同窗吴咏香结为伉俪。1947 年在香港举办夫妻联展后赴台定居，设欧波馆课徒作画，曾任教于台湾师范大学美术系。

[2] 《溥心畬学历自述》流传甚广，版本虽然有细微之差，但内容基本一致。其中，张目寒藏溥心畬书《心畬学历自述》（后有马寿华注语）曾发表于詹前裕著述，本文以此为本。詹前裕：《台湾近现代水墨画大系·溥心畬——复古的文人逸士》，艺术家出版社，2004 年，第 12 页。

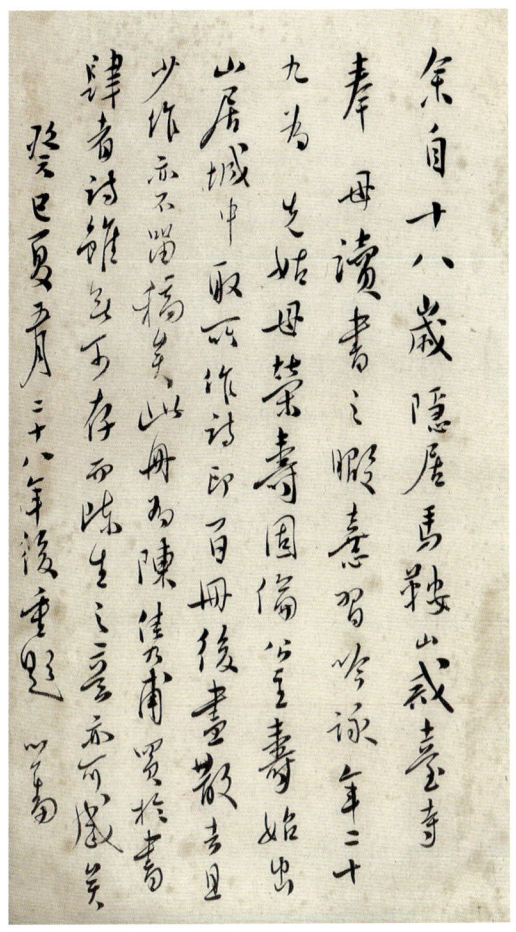

图 3　陈隽甫购《西山集》石印本之溥心畲自题,现为台湾尊儒堂之董良彦、董良硕先生所藏

封固伦公主,恭亲王固辞,改荣寿公主。光绪间,晋封荣寿固伦公主。十二岁嫁富察志端,十七岁守寡,与慈禧为伴。辛亥后深居简出,遗民圈尊其为"长公主"。如此一位姑母的寿辰,对溥心畲而言自然重要,出山贺寿也是必然。但这与他回城定居,有怎样的因果关系呢?溥氏语焉不详。然,此等琐事既为当事人澄清,后世没有不信的理由。现行王家诚《溥心畲年谱》、詹前裕《溥心畲生平大事年表》、林铨居《溥心畲年表》、王彬《溥心畲简明年表》、龚敏《溥心畲年谱》及台北故宫博物院编辑委员会《溥心畲先生诗文集》所附年谱等,皆用此说。众家之言,口径一致,与溥氏本人"达成共识"。于是关乎"返城"几乎无须再辩。事实果真如此吗?荣寿公主七十正寿为该年二月初二(1924 年 3 月 6 日),若定居城内因为贺寿,那此后则应居于城内。但《西山集》(卷三)与《寒

玉堂集》（卷上）分别收录《秋日将出山感怀》《甲子秋日将出山感怀》，虽诗名有别，实为一首："天风吹河汉，列星西南驰。香飘月中桂，空阶露华滋。岭上白云不相待，秋光欲尽归莫迟。"[1] 其中，"归莫迟"尽显溥氏"返城"之切。何事催人？显然非姑母之寿。"甲子秋日"距荣寿公主"正寿"已过数月。若因祝寿移居城内，何以"秋光欲尽归莫迟"？

"甲子秋日将出山"与多年后溥氏自述的"出山动机"，时间上有所出入。大量诗文显现他在姑母"七十正寿"后仍居西山，并未"奉先母移城内居住"。《西山集》（卷三），甲子夏秋之际诗篇多达二十多首。从《甲子夏六月山雨连夕岩壑出云坐涧桥观瀑清风时来山翠流滴即景赋此》到《秋日将出山感怀》，中有《西山石多橡树作橡叶亭既成赋》《西山夜坐》《石佛村观瀑》《山寺月》《山居》《陈弢庵太傅入山来访》《故园得嫂氏蕴香斋遗诗》《秋日西山望》《西山秋夜》《悲长安》等四十九首。[2] 其中，除

---

1 《寒玉堂集》是溥心畬《西山集》之后的一本自编诗集，现有河北师范大学图书馆藏的溥氏自书抄本。该抄本收之诗自1915年至1942年，跨溥氏青壮年时期。本书中《西山集》《寒玉堂集》的"引文"均来自浙江人民美术出版社《溥儒集》，并分别对校于天津图书馆藏本、河北师范大学藏本。《秋日将出山感怀》一诗，见溥儒：《西山集》（卷三），载毛小庆点校：《溥儒集》，浙江人民美术出版社，2015年，第126页；《甲子秋日将出山感怀》一诗，见溥儒：《寒玉堂集》（卷上），载毛小庆点校：《溥儒集》，浙江人民美术出版社，2015年，第165页。

2 溥儒：《西山集》（卷三），载毛小庆点校：《溥儒集》，浙江人民美术出版社，2015年，第108-126页。《西山集》排序基本以时间为线索，故所列篇目大致可以确定为甲子夏秋间所作。其中，《骑龙行（并序）》亦有明确甲子纪年。现将能显现"西山之居"的诗作依次录如下：①"石梁闷幽景，寒岩迈孤往。草木湿苍翠，泉流激清响。白云媚幽姿，空山自俯仰。感此鸣素琴，何求知音赏。"（《甲子夏六月山雨连夕岩壑出云坐涧桥观瀑清风时来山翠流滴即景赋此》）②"白云何所止，止于幽巘阴。前楹架虚涧，峰壑窗前临。岂不惮阻险，爱此风雨深。有客缅高洁，遗我弦外音。忘言对溪石，流目瞩高岑。陵谷忽已改，岁月方骎骎。我有杯中物，慰此尘外心。"（《西山石多橡树作橡叶亭既成赋》）③"秋风发长洲，野火生前浦。萧萧贾客愁，暮入寒山雨。"（《桑乾夕》）④"白云起幽壑，徘徊岩石间。回风一披拂，忽焉满西山。抱琴坐深树，长吟日夕闲。谷口下黄叶，浩然归闭关。"（《山中》）⑤"昨夜桑乾渡，风波舣客舟。君看盘峡日，犹似下黄牛。"（《桑乾涨》）⑥"山迥清残暑，西风欲授衣。星移天宇净，云淡露华稀。江汉蟾蜍病，河梁乌鹊飞。凄凄对修夜，摇落客心违。"（《西山夜坐》）⑦"始霁西山雨，今登北渚楼。壮心随骥马，幽梦托沙鸥。秋色前胥满，清光永夜浮。故园空不见，星汉正南流。"（《十八日夜雨见月》）⑧"岩壑昼蒙蒙，桑乾宿雾中。黄昏杂风雨，古坝出鱼龙。率土怀周德，神州失禹功。郭门瞻怠壤，搔首恨无穷。"（《桑乾河涨》）⑨"山馆连斜景，苍然万壑阴。岭云生石壁，涧水出幽林。暮雨高城雁，秋风少妇砧。上方归路晚，钟磬隔烟深。"（《石佛村观瀑》）⑩"甲子夏，桑乾水涨，有兄弟入水求木者。兄弟乘焉，俯有鳞甲，乃龙也。知所不免，顾弟曰：'善事母，勿念我。'龙遽掉其尾，掷其人数丈。赋诗以志。河伯夜战逃天吴，阴风卷地成江湖。北方之强有兄弟，提刀入水非凡徒。截流攀木见鳞甲，危哉已探骊龙珠。伯也掷刀向天指，小人有身何敢死。匹夫一呼苍龙惊，拔浪掉尾如雷鸣。须臾夭矫不可见，烈风盘盘天柱倾。昔者包牺（转下页）

了《故园得嫂氏蕴香斋遗诗》一首关乎城中，余则多为"西山行踪"。是年，雨水充沛，山涧流瀑，桑乾河因久雨而泛滥。溥氏游居西山，卧林观瀑，多"苏武终年拥节旄"之悲。《故园得嫂氏蕴香斋遗诗》虽与萃锦园有关，亦非移居之诗："翟服流文采，鱼轩遂不归。何年华表鹤，能向故城飞。一诵怀明德，千行泪满衣。魏舒八百户，犹得奉甘肥。"[1] 就诗意而言，"鱼轩遂不归""能向故城飞"暗示此时尚未归城。所谓"故园得书"，应与恭王府花园——萃锦园的修葺有关。关于修葺园一事，溥氏曾于1935年向来访的袁思亮言及。袁氏依其所闻作《萃锦园介寿记》一文（图4），叙溥儒、溥僡兄弟二人为母祝寿之前因后果。其中，有涉故园修

（接上页）之王天下龙出图，始制文字垂圣谟。又闻黄帝升天骑赤龙，遗迹空有乌号弓。龙者神物不知其变化，至诚之道无乃能感通。洪波荡荡鼍鼋舞，云冥冥兮风昼怒，虞舜安能复禅禹。焉得世人皆此侪，蛟龙尽入沧溟游。"[《骑龙行（并序）》] ⑪ "涧水卷山木，势挟秋雨来。郁郁盘烈风，阴气凝不开。千崖争回旋，喧豗如奔雷。合流驱巨川，一气安可回。横冲蜿蜒塞，直下燕王台。白波荡平土，蛟室何崔嵬。苍茫破寒坝，连空白皑皑。天心亦何极，念此生民哀。"（《北涧观水入桑乾时久雨泛滥阴失经也》）⑫ "霜下孤城幕府高，异乡消息梦魂劳。天涯兄弟悲秋雨，乱后江山入变骚。惨淡边声惊朔雁，苍凉野色上征袍。临关莫洒征夫泪，苏武终年拥节旄。"（《秋行役怀伯兄》）⑬ "空岩闳寒景，幽栖淡尘事。风掠黄楂林，月上寒山寺。所怀青松下，幽人抱琴至。"（《山寺月》）⑭ "高风落庭树，荆舍忽已秋。山路鸣寒蝉，清泉门外流。农人傍我行，送我归田畴。妇子出候门，相见语未休。道衰亦已久，处世拙所谋。欲学餐霞人，长啸归林邱。"（《山居》）⑮ "疏林带寒雨，空山响秋叶。泛泛广川流，凄凄风入。山中岁云暮，深宵客愁集。繁星鉴方沼，露湛凉簟湿。赖兹忧忱辰，喜与嘉宾接。"（《陈弢庵太傅入山来访》）⑯ "朝行西山麓，暮行西山麓。山行无远近，泉声断相续。"（《西山》）⑰ "登山望平川，关塞何悠远。孤城隐寥夐，苍茫亦在眼。白日行寒空，秋风下长坂。中原莽无极，俯仰志不展。欲谢行役人，回车今已晚。"（《秋日西山望》）⑱ "万象随秋气，微霜薄野亭。诗篇和泪尽，关塞入愁青。任昉门无客，灵均酒独醒。乘桴何日事，归去钓沧溟。"（《立秋》）⑲ "登兹览八极，日月光昭回。边风挹北辰，下拂云雷开。关山正相望，莽莽秋雨来。侧闻燕昭王，遗迹青山隈。蓟邱俯流水，霸业安在哉。千金聘骐骥，乐毅何能哀。日暮瞻回川，万里空黄埃。"（《登台》）⑳ "清光银汉月，永夜照空坛。乍叹秋云薄，翻知玉宇寒。高风催露下，孤客揽衣看。尊酒吾生事，林中强自欢。"（《七月十二日北坛见月》）㉑ "明月知时节，深秋照客衣。阶庭寒露下，江汉白云稀。报国心无改，乘槎梦已非。栖迟归独阻，幽意莫相违。"（《七月十四月》）㉒ "片云东南来，忽不见秋月。欲登蓬莱巅，青松恐衰歇。飒飒听流水，枕席生寒风。秋夜金井阑，飘落双梧桐。岩峦抱城郭，千山尽朝东。中有羽衣客，策杖撷紫茸。白猨不可上，飞鸟安能穷。我欲从之去，长天骑赤龙。"（《西山秋夜》）按：《七月十四月》在天津图书馆藏"自书三卷本"中即作《七月十四月》，可能是"十四日"手书之误。

1 溥儒：《西山集》（卷三），毛小庆点校：《溥儒集》，浙江人民美术出版社，2015年，第120页。按：溥心畬之兄溥伟为小恭亲王，其妻殁于1933年，时《益世报》有"溥伟在连丧妻 溥儒鬻画隐居西山八年"的报道（见《益世报》1933年1月23日）。故诗中《蕴香斋遗诗》非溥心畬之嫂的诗集，而应是其嫂所读之书。有清一代，以蕴香斋作诗词集名的有周徹、叶静宜、陈桂生等，本诗言及之《蕴香斋遗诗》具体为何人所著，尚待考。

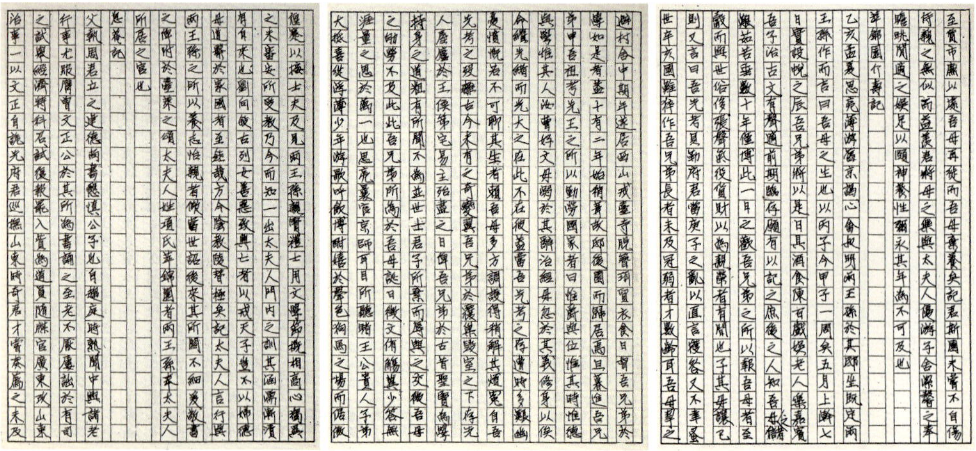

图4 《萃锦园介寿记》

整而后迁居之事。[1] 据此,"故园得书"应指萃锦园修葺过程中整理出来的书籍。

《秋日将出山感怀》后第三首为《城中寄弟》:"知汝栖云水,犹能对万山。乾坤秋气肃,岩穴布衣闲。去国悲寒雨,归家尚苦颜。将心寄孤鹤,何日更西还。"[2] "归家仍去国"的悲苦之情,似乎是溥心畲移居之始的真实写照。纵观溥氏甲子夏秋之际的诗篇,虽有西山盛景相伴,内心挥之不去的却是"故国之思"。即便归居故里,这种情绪仍未得到慰藉。《城中寄弟》后有关返居萃锦园的尚有《归家》:"我似清秋燕,归飞入旧家。高台吹木叶,古井落寒花。夜雨愁中集,青山梦外斜。柴门无一客,还种故侯瓜。"[3]《故园》:"乱后山河改,荒园万木中。到家如逆旅,客泪散秋风。落月空梁白,寒花折槛红。归来对松竹,凋谢意无穷。"[4] 乱后旧园,

---

[1] "吾母挈之避村舍中,期年遂居西山戒台寺。脱簪珥贸衣食,日督吾兄弟于学。如是者盖十有二年,始稍葺故邸后园,而归居焉。"见袁思亮:《蘉庵文集》(卷四)之《萃锦园介寿记》,载蔡荣法编:《湘潭袁氏家集》(二),文海出版社,1975年,第302-303页。按:《湘潭袁氏家集》(二)无具体出版年,内文为手写誊印。现据《湘潭袁氏家集》(一)第158页按语纪年推测该书出版于1975年。袁思亮(1879—1939),字伯夔,一字伯葵,号蘉庵,别署袁伯子,湖南湘潭人。光绪二十九年(1903)中举,试礼部未中后绝意于科举。民初曾任北洋政府工商部秘书、国务院秘述、印铸局局长、汉冶萍矿冶股东会董事等职。袁世凯复辟,弃官归,隐居上海,终日以著述、购书为事。所藏宋元古籍甚多,喜收诗文集。其父袁树勋,字海观,官至山东巡抚、两广总督,亦喜藏书,宣统元年(1909)曾出力创办山东省图书馆。藏书处曰"雪松书屋""刚伐邑斋"等,藏书印有"刚伐邑斋秘籍""湘潭袁伯子藏书之印""壶公室珍藏印"等,著有《蘉庵文集》《蘉庵词集》《蘉庵诗集》等。

[2] 溥儒:《西山集》(卷三),载毛小庆点校:《溥儒集》,浙江人民美术出版社,2015年,第127页。

[3]、[4] 溥儒:《西山集》(卷三),载毛小庆点校:《溥儒集》,浙江人民美术出版社,2015年,第128页。

雨夜凋谢，故侯家园如同客舍，诗意极尽清冷哀怨，折射出这位旧王孙的"家国之痛"。

辛亥避居西山十数载，虽世事动荡，却能获得山林采薇的精神调节。归居城中，意味着"不食周粟"的自我屏障，将要面对着某种程度的消解。加之"荒园万木"的眼前景象，徒生"何日更西还"之慨，亦是合情。当然，归城一方面失去山野清静，不得不面对世事俗务；另一方面也获得群体活动的身份认同。作为逊清宗室之溥心畬，是遗民圈乐于交往的对象。故而，萃锦园很快在重阳节迎来盛大的雅集活动，诸多逊清遗老聚于恭王旧邸，宴饮赋诗。这次聚会，拉开了此后萃锦园十多年遗民雅集的序幕。恭王府花园就此成为"心怀故国者"的活动中心之一。大批从逝去的王朝走来的旧文人，在旧王孙堂前屋后，上演了一场又一场感时伤春的酬唱之曲。溥心畬，也在这些活动中寻到身为遗民的情感寄托。诚如甲子重阳聚会名单，皆硕老长者，如陈宝琛[1]、朱益藩[2]、罗振玉[3]、王国维[4]等。是

---

1 陈宝琛（1848—1935），字伯潜，号弢庵、听水老人，福建闽县（今福州市）人。清同治七年（1868）戊辰科进士，授翰林院庶吉士，同治十年（1871）授修撰，同治十三年（1874）升翰林院侍讲、内阁学士兼礼部侍郎。光绪十一年（1885），应台湾巡抚刘铭传之邀赴台，返闽后修葺先祖赐书楼，并建沧趣楼。自此闭门读书、赋诗。宣统元年（1909），调京充任礼学馆总裁，辛亥革命后仍为溥仪之师。1935年卒，谥号"文忠"。

2 朱益藩（1861—1937），字艾卿，号定园，江西萍乡莲花人。光绪庚寅翰林，官至湖南正主考，陕西学政，上书房傅，考试留学生阅卷大臣。辛亥革命后回籍。1916年受邀进故宫为上书房师傅，教授溥仪直至1924年。溥仪至天津后，他管理"清室北京办事处"，仍负责为溥仪谋划。"九一八事变"后，朱益藩"主拒不主迎"。溥仪出关，他不但没随行，且至死未去长春。

3 罗振玉（1866—1940），字叔言、叔蕴，号雪堂，晚号贞松老人。祖籍浙江上虞，出生于江苏淮安。清末奉召入京，任学部二等谘议官，后补参事官兼京师大学堂农科监督。辛亥后逃亡日本，参与伪满洲国建国活动。罗氏一生搜集并整理了大量甲骨、铜器、简牍、明器、佚书等考古资料，均有专集刊行，著有《贞松堂历代名人法书》《高昌壁画精华》《殷墟书契》《殷墟书契菁华》《三代吉金文存》等。

4 王国维（1877—1927），初名国桢，字静安，亦字伯隅，初号礼堂，晚号观堂，又号永观。浙江省嘉兴市海宁人，1898年入罗振玉所办东文学社，1900年赴日本东京物理学校学习，后因病于次年返回。此期间，曾任教南通师范学校、江苏师范学堂，研究康德、叔本华、尼采兼英法诸家，结合先秦诸子及宋代理学，所译心理学、逻辑学有开拓之功，代表作如《红楼梦评论》《静庵诗稿》《人间词话》。辛亥后，携全家随罗振玉东渡日本。此后研究转向经史、小学，涉猎甲骨文字及商周史研究，相关成果汇编成《观堂集林》。1923年春，经升允推荐充任逊帝溥仪的南书房行走。1924年冬天，冯玉祥发动"北京政变"，驱逐溥仪出宫。王国维引为奇耻大辱，愤而与前清遗老相约投金水河殉清，因家人阻拦而未果。此后，经胡适、顾颉刚推荐任清华大学国学研究院导师，讲授《古史新证》《说文》《尚书》等，并从事《水经注》校勘及蒙古史研究。1927年6月2日，在颐和园昆明湖沉湖自尽，得谥号"忠悫"。

日，溥氏感念诸老，作《九日园中与陈弢庵太傅朱艾卿少保罗叔韫王静盦徵君潘惠盦孝廉雅集赋诗》：

> 凉风偏八极，白露明苍苍。雍雍云中雁，振翮东南翔。归飞越明泽，音响何哀伤。幽赏永今夕，奈此三径荒。高楼何迢迢，今为鸟鼠堂。仰观青天际，浮云互低昂。所贵见君子，斗酒非馨香。嘉会有终极，令德昭不忘。[1]

从《秋日将出山感怀》到"九日（重阳）之聚"，表明溥心畬返城的时间应为甲子之秋，与姑母春日之寿构不成因果关系。那么，为何多年后旧王孙回忆往昔时，却将两者表述为因果关系？只是记忆有误，还是另有隐情？回答这一问题，萃锦园首次雅集中的陈宝琛，似乎是一个有趣的突破口。因为溥心畬甲子夏秋间作于西山的组诗中，有一首《陈弢庵太傅入山来访》，是一首溥氏常见风格的五律：

> 疏林带寒雨，空山响秋叶。泛泛广川流，凄凄晚风入。山中岁云暮，深宵客愁集。繁星鉴方沼，露湛凉簟湿。赖兹端忧辰，喜与嘉宾接。[2]

值得注意的是，溥氏用以修饰"嘉宾"到访的时间为"端忧"。何谓端忧？闲适之中的愁闷。闲适好解，西山隐居的生活自然是闲适的。那愁闷从何而来？且为何强调陈宝琛来时，自己正这般愁闷？陈氏贵为帝师，所带之"喜"又为何？当然，旧王孙与溥仪老师的山中会晤，具体言谈已然消散，无从考证，然大致方向却有迹可循。此前一年，溥心畬在城中与陈宝琛话别，作《归山别陈太傅》一首：

> 猿鹤频招隐，衡门去更迟。惭无刘向疏，空叠屈原辞（余癸亥二月出山，作《齐古赋》见志）。报国孤臣事，微才圣主知。时危思尽节，敢与昔贤期。[3]

---

1 溥儒：《西山集》（卷三），载毛小庆点校：《溥儒集》，浙江人民美术出版社，2015年，第131页。
2 溥儒：《西山集》（卷三），载毛小庆点校：《溥儒集》，浙江人民美术出版社，2015年，第118页。
3 溥儒：《西山集》（卷三），载毛小庆点校：《溥儒集》，浙江人民美术出版社，2015年，第99页。

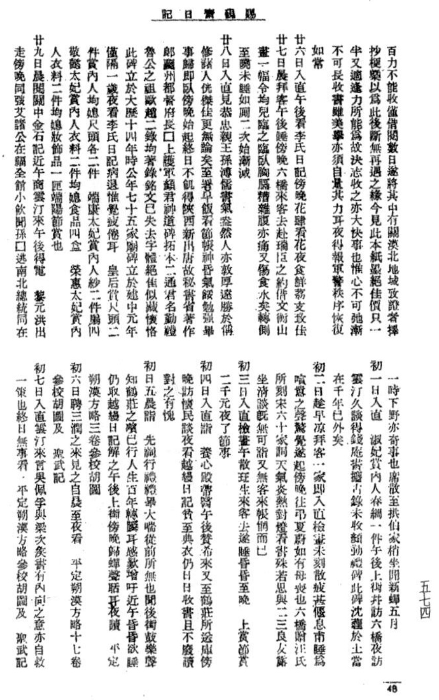

賜硯齋日記

百力不能收儻借閲數日遂將其中有關漠北地域考證者擇
抄梗槩以爲此後斷無再遇之緣今見此本紙墨絕佳價只一
半又適逢力所能爲故決志收之亦大快事也惟心不可弛漸
不可長收書雖美舉亦須自量其力耳夜得報軍警秩序恢復
如常
廿六日入直午後看李氏日記傍晚花肆看花夜食鮮荔支致佳
廿七日晨拜客午後睡傍晚六橋來客去赴瑞臣之約借文衡山
畫一幅令均兒臨之臨臥胸膈糟雜腹亦痛又傷食水矣轉側
至曉未睡如廁二次始漸減
廿八日入直見恭忠親王孫溥儒書氣盎然人亦敦厚遠勝於倆
修諸人佻傑佳更無論矣至暑早飯看節帳神昏氣餒勉强畢
事歸即臥傍晚始起終日不飢得陝西新出唐故秘書省著作
郎鄜州都督府長□上護軍顏君神道碑拓本二通君名勤禮
魯公之祖歐趙二錄均著錄銘文已失去字體絕佳似藏懷恪
此碑立於大歷十四年時公年七十五家廟碑立於建中元年
僅隔一歲夜看李氏日記病退惟覺疲倦耳　皇后賞尺頭二
件賞內人均媳尺頭各二件　端康太妃賞內人紗二件賜四
敬懿太妃賞內人衣料二件均媳食品四盒　榮惠太妃賞內
人衣料二件均媳妝飾品一匣端陽節賞也
廿九日晨閲關中金石記近午商雲汀來午後得電　黎元洪出
走傍晚同強艾諸公在福全館小飲聞孫□逃南北總統同在
一時下野亦奇事也席散至拱伯家稍坐聞新蟬五月
初一日入直　淑妃賞內人春綢一件午後上街井訪六橋夜訪
雲汀久談得錢庵書鑑古錄未收顏勤禮碑此碑沈薶於土當
在千年已外矣
初二日趁早涼拜客二家即入直檢畫未刻散疲甚偃息市睡爲
喧囂之聲驚覺遂起傍晚往弔夏蔚如有母喪也六橋附汪氏
所刻宋六十家詞天氣炎熱對燈看書殊若思與二三良友露
坐清談既無可語又無客來悵惘而已
初三日入直檢畫午散珏生來客去遂睡昏昏至晚　上賞節賞
二千元夜了節事
初四日入直詣　養心殿濟賀午後贊希來又至鶴莊所送扇傍
晚訪懷民談夜看越縵日記費至典衣仍日日收書且不廢讀
對之有愧
初五日晨詣　先朝行禮禮畢大雨從前所無也聞後街鼓樂聲
知鶴莊之嬪已行人生百年轉瞬耳感歎增吁近午昏昏欲睡
仍取越縵日記解之午後上街傍晚歸蟬聲聒耳夜讀　平定
朔漠方略三卷參校胡圖
初六日聘三潤之來見之自晨至夜看　平定朔漠方略十七卷
參校胡圖及　聖武記
初七日入直雲汀來言吳佩孚與梁次侯書有內向之意亦自救
一策也終日無事看　平定朔漠方略參校胡圖及　聖武記

五七四

48

图 5 《中和月刊》1944 年第六卷第一期《赐砚斋日记》

该诗在《西山集》中出现在《癸亥七月西山怀海印上人》《挽张忠武公》之间，张勋（谥号“忠武”）逝世于 1923 年 9 月 11 日（癸亥年八月初一）。以诗文时序之编排判断，别陈宝琛归山的时间应在癸亥年七月间。这些信息，向我们透露了一个事实：甲子移居萃锦园的前一年，溥心畬曾多次往返于西山、城内。二月出山，作《齐古赋》；七月前归山，作《癸亥七月西山怀海印上人》；七月再度入城，继而与陈宝琛话别归山。有趣的是，癸亥年四月十五日，陈宝琛曾有戒台寺之行并作《四月十五日夜同颖生看月戒台寺（癸亥）》[1]，未言及居于戒台寺的溥心畬。此时，旧王孙应该“出山未归”，故而无法出现在陈宝琛的纪游中。但他却意外地出现在《赐砚斋日记》中：“（四月）廿八日入直，见恭忠亲王孙溥儒，书气盎然，人亦敦厚，远胜于俩修诸人，佻杰佳更无论矣。”[2]（图 5）显然，溥氏进城谒见了溥仪，故而出现在故宫的小朝堂。据此，重读《归山别陈太傅》中的“报国孤臣事，微才圣主知”，可隐约判断这位旧

1　陈宝琛：《沧趣楼诗集》（卷八），文海出版社，1972 年，第 322 页。按：颖生为高向瀛，与弢庵同出闽地，光绪十四年（1888）戊子科举人，曾与何梅生、刘龙生组“三生会”，结社唱和。

2　耆龄：《赐砚斋日记》“四月廿八日”，载《中和月刊》1944 年第六卷第一期，第 48 页。

王孙的"心之所系"。

或因"心有所系",溥心畬才发出"惭无刘向疏,空叠屈原辞"的自比。这说明作《齐古赋》前后,溥氏负有某种政治理想,故有"时危思尽节,敢与昔贤期"的执手话别。当然,其言下之"尽节"并非王朝更迭时的惨烈行径。此时,辛亥已过十数载,在"清室优待条款"庇护下,紫禁城依旧延续大清王朝的礼仪典章,成为中华民国的"国中国",成为"旧臣"的精神寄托。他们进出故宫,如往返"帝制"与"民主"的不同时空。身为遗民的清朝旧臣,并未丧失"国家认同"的主体投射。溥仪的存在、故宫的存在,不仅是心理慰藉,更是心理暗示。于是众多"孤臣"围绕依旧贵为天子的溥仪,成为民初北京城的一道风景。身为宗室的溥心畬,想来也不例外。然而一方面"国"之仍存,另一方面却复"国"无望,聚集在紫禁城里的皇帝、臣工,丧失"天下事"后,充满了焦虑与无奈,只能"过家家"般地延续着旧日朝堂曾经的纷争。癸亥出山的溥心畬,面对的正是这样一个看似平静却不太平的小朝廷。诸如,就在他与陈宝琛话别之际(阴历七月间、阳历8月下旬),罗振玉致信王国维:

> 别后左目大肿,因肝火发动,并左耳亦不适。颍川对敝宗人一节,狂悖极矣,弟意照公来书所言(去就一节),尚须与敝宗人就商,弟意即欲决去,前次之文,亦可托心畬代呈,并将不可相处之意告知心畬,托心畬代言。至尊处,谓假得请乃可行,不可微服径去也。楫先言敝宗人非面上不可,此出自渠之公道与热忱(此亦可不必),然弟意敝宗人之文,亦可由心畬上达,不必由颍川,望将鄙意代陈。一目作书,草率尤甚。[1]

---

[1] 罗振玉:《罗振玉致王国维(1923年8月下旬)》,载王庆祥、萧立文校注,罗继祖审订,长春市政协文史和学习委员会编:《罗振玉王国维往来书信》,东方出版社,2000年,第587页。按:短札涉数人,敝宗人为心畬岳父升允,因汉姓罗,故罗振玉称其为敝宗;颍川本是汉代陈蕃的字,此处为陈宝琛之代称。升允(1858—1931),多罗特氏,字吉甫,号素庵,蒙古镶黄旗人。清廷授多罗特公,历任山西按察使、布政使、陕西布政使、巡抚、江西巡抚、察哈尔都统、陕甘总督等职。宣统元年(1909),升允因上疏反对立宪,以妨碍新政之过失被革职,之后寓居西安。武昌起义爆发后,重新被启用,任山西巡抚、总理陕西军事。升允率甘军东进,连下十余城,逼近西安。1912年2月,清帝溥仪退位,甘军得知消息后拒不作战,升允西退。此后往来于天津、大连、青岛,(转下页)

信札虽短，却仿佛"溥陈道别"的画外音，饱含信息。言中之"敝宗人"即溥心畬岳父升允，此时正与陈宝琛激烈冲突（颍川对敝宗人一节，狂悖极矣）。陈氏何为？以至罗振玉如此愤慨？同期，另一封信札为我们揭开了谜底：

> 在都闻颍川阻敝宗入内之事，愤此老之敢于朋比为恶，肝气横决，归而病目与耳，苦闷不能视物者三四日，延医诊治已渐愈，而耳疮未平（滞下愈否，珍卫为盼，暑中外出，以马车为稍好，此等小费，不可惜也）。昨晨敝宗人来见，尚勉强出见，知已面觐，出示疏稿，读至末数语，为之哑然。至夕而得手示，知颍川云云，弄人者亦为人所弄，天道好还，为之称快。……[1]

结合上封信的"楫先言敝宗人非面上不可"看，陈宝琛阻止升允"入内"，被罗振玉视为"朋比为恶"。当然，升允最终得以"面觐"，罗振玉甚为欣慰，并嘲笑陈宝琛"弄人者亦为人所弄"。陈宝琛、罗振玉、王国维、升允等，皆溥仪朝堂的股肱之臣，具体纷争已然无考，想来不过是为君分忧的意见不同。那么身陷耆老之争的晚辈，溥心畬又扮演着怎样的角色？依罗氏书信所显，这位旧王孙起到了穿梭往来的信使作用，一些不便直言的皆"托心畬代言"。至于信使工作成效如何，却无从得知。

种种迹象表明，甲子归城的前一年，癸亥中的溥心畬身陷溥仪朝堂的诸多事宜，且与罗、陈诸方保持了良好的沟通。或许，在溥氏看来，促进这些硕儒耆老的团结，也是"时危思尽节"的重要内容。但他能多大程度地影响他们？奔波于长者间的旧王孙，恐怕只能发出"微才圣主知"的感

（接上页）结纳宗社党人，谋划复辟事宜。1931 年病逝于天津租界，溥仪赠谥曰"文忠"。另，札中楫先是陈宝琛同乡佟济煦（1884—1943），满洲镶黄旗人。少时中秀才，后就读福建全省高等学堂，毕业后在厦门官立中学堂任教。1909 年到北京，任教于北京贵胄法政学堂。（据《心畬学历自述》，溥心畬曾入贵胄法政学堂读书，当为楫先学生）辛亥后，在北洋军政府总参谋部及北京南苑航空学校任职，主管技术引进等工作。因接触新技术，后从事照相及出版业，创建最早影印内府藏历代名人书画的出版社——延光室。1924 年入紫禁城任职，协助郑孝胥整顿内务府。后随溥仪出故宫到天津，直至满洲国任宫内府近侍处长。

[1] 罗振玉：《罗振玉致王国维（1923 年 8 月下旬）》，载王庆祥、萧立文校注，罗继祖审订，长春市政协文史和学习委员会编：《罗振玉王国维往来书信》，东方出版社，2000 年，第 588 页。

慨。癸亥归山的溥心畬，内心是否因此而深感无力？《归山别陈太傅》后一首诗为癸亥重阳所作《九日》（图6）：

> 九日登高望，边声入塞深。天风催短景，寒叶响空林。枫乱千家雨，秋惊万里心。古人如揽结，高卧散幽襟。[1]

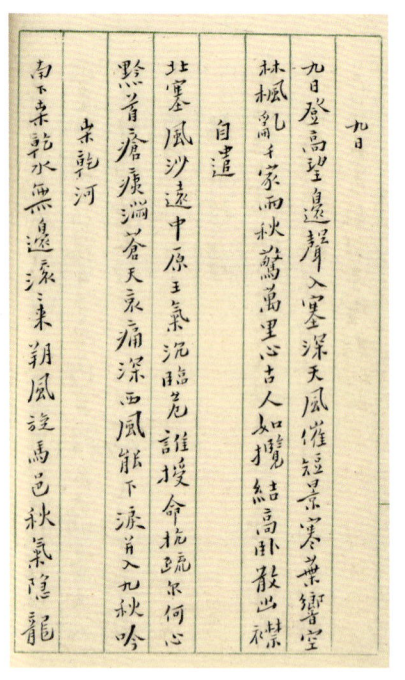

图6 手书《九日》，天津图书馆藏《西山集》（卷三）

"揽结"一词本为"采摘系结"，于此尚喻"结交"；"高卧"一词于"悠闲安卧"之外，亦有"隐居不仕"之意。远离朝堂，"秋惊万里心"的溥心畬，在癸亥重阳登高处，似应落寞如秋。落寞，是遗民必然的情绪。即便没有罗、陈之争，幽居西山的溥心畬重阳登高时，总不免会惆怅，不免故国之思。作为一个特殊群体，来自历史深处的传说——首阳采薇，不仅感召了理想的预期，同时也塑造了情绪的自我催眠。王朝更迭时，他们因此成为新秩序的免疫者，充满了情感的不适。

对现实生活的不适感，是经典话语塑造"文人主体"的副产品。传统

---

[1] 溥儒：《西山集》（卷三），载毛小庆点校：《溥儒集》，浙江人民美术出版社，2015年，第99页。

社会结构中，文人被塑造为引领者、楷模，需要道德上的"超世俗"，以建构自身形象的合法性。于是，身处世俗却不得不超越世俗，成为文人必须面对的生存悖论：疲于应付现实的同时，又要具有"超越现实"的品格、德性。否则，儒家世界提供的"道统"中，他们就不再具备日常秩序的领导者身份，并因此丧失自身的社会化功能与价值。因此，生存现实与理想塑造是中国文人先天的矛盾结构，也自然带来了情感世界中"不适感"的时常出现。与之相应，两种充满隐喻色彩的植物——菊花与薇蕨，分别以"不为五斗米折腰""不食周粟"的道德事件为内涵，针对"不适感"展开调节。其实，与其说是调节，莫不如说是催眠——假借菊花、薇蕨的前贤往事，寻找安守落寞的内心力量。表面看，菊花、薇蕨都代表了远离世俗、避居山林，但其内在逻辑却截然不同。前者是常规状态下的隐逸行为，单纯指向世俗日常，塑造了文人"骄傲"的道德操守——不屑于凡尘龌龊的清高；后者是特定条件下的自我放逐，针对政权更迭的动荡岁月，塑造了文人"悲壮"的道德操守——忠于前朝旧主的坚忍。

从某种角度看，菊花是一种"出世"的象征，而薇蕨则是假借"出世"以"入世"。因此，薇蕨所代表的遗民，生存体验的"不适感"很难获得"采菊东篱下"的潇洒，更多的是沉重的漂泊与悲怆。晚清遗民更为如此，因清帝退位并非前朝旧事可比——以和平方式结束千年帝制，是曾经的政治合法性的终结者。这使得晚清遗民成为历代遗民中最为特殊的群体，宛如失重的政治孤儿，面对一个无法再以"既有经验"获取"自洽身份"的尴尬局面。并且，吊诡之处还在于，象征过去的皇城乃至皇帝仍然存在，仿佛消失了的旧王朝仍然在向他们打开一扇时空之门，以物质方式吸附着他们的忠贞。于是，他们连自我放逐的权利都丧失了，成为漂泊在新时代的陈旧曲目。晚清遗民的悲怆正在于此：他们的"薇蕨"没有纲常伦理需求，因而借以塑造的"道德操守"，无法在新时代成为楷模。加之大清政权苟延于紫禁城，使他们既无法"入世"也无法"出世"，仿佛阴阳两界游荡的魂魄。

面对千年未有之变局，除了惶恐与彷徨，晚清遗民还残存着匡复河山的微渺希望。正是这微渺之望，使他们难以"高卧散幽襟"，也更容易走进现实俗务,围绕"匡复"的精神领袖——溥仪,展开诸多人事纠缠。介入罗、陈之争的溥心畬即如此。癸亥归山后,他并未获得"山林解脱"。相反,城中动向时刻牵引他的悲欢喜忧。诸如,听闻张勋去世作《挽张忠武公》:

> 雪绋悲风起,长江洒泪深。苍凉万夫泣,惨澹大星沉。圣主褒忠诏,孤臣下地心。黄河终不渡,遗恨白云岑。[1]

辫子军领袖张勋在后世描述中并非正面人物。他主导的"复辟"常被视作闹剧,成为史家嘲讽的对象。但对大清遗民而言,张勋形象就完全不一样了。1923年9月11日(癸亥年八月初一),张勋的去世在遗民圈引发了无限哀思。翻阅他们的诗文集,大多出现《挽张忠武公》(图7)之作。想来正常,张勋面对新时代的不合时宜恰是晚清遗民的自我投射。看

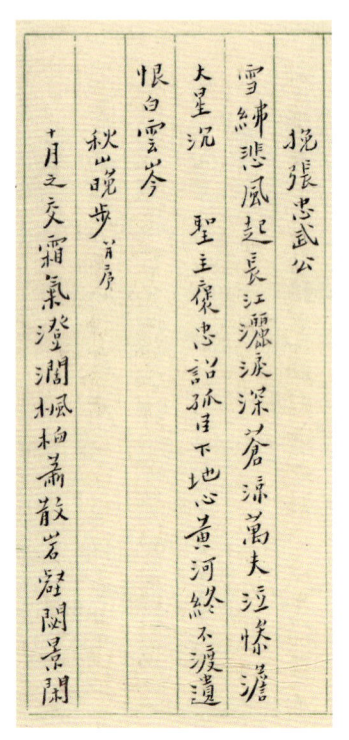

图7 手书《挽张忠武公》,天津图书馆藏《西山集》(卷三)

---

1 溥儒:《西山集》(卷三),载毛小庆点校:《溥儒集》,浙江人民美术出版社,2015年,第100页。

似荒唐的"复辟",在遗民眼中却是"匡复"之义,不仅得到广泛认同,还是微渺之望的闪烁星辰。如此一位忠贞之士的逝世,自然成为"惨澹大星沉",以至"遗恨"不已。或可说,溥氏之悲不仅指向了张勋之死,亦是内心复国难酬的哀愁。

身处城外的溥心畬,心为城中而动;城中人对他,亦有难忘之情。因恭亲王孙的身份,溥心畬在遗民圈中具有加持的光芒,也因此有着政治上"天然价值"。癸亥岁末(阳历12月15日),罗振玉对升允是否入山,问之甚切:

> 素入对后,所言如何?而高密所言如何?请示其略。素已入山否?念念。[1]

言中之素即素庵(升允),溥心畬的岳父;高密本指汉代郑玄,这里指郑孝胥。罗氏所问王国维者,当是此前言及的面圣之事。时罗振玉身在天津,王国维身处紫禁城。罗氏希望从亲家翁处,获知升允觐见溥仪的结果如何,同时也想了解郑孝胥的情况。一句"素已入山否"显现了两点信息:一者罗振玉、升允曾有入山之约;二者入山发生在北京,故需向北京的王国维询问。那么,所入之山为何山?所见之人为何人?就现有材料分析,升允在北京最大的可能就是入西山——会见自己的女婿溥心畬。此后数日(1924年1月1日),溥心畬即有天津拜会罗振玉的行踪,似乎印证了升允入山,就是为了完成罗振玉之托,促成罗氏与旧王孙见面。显然,罗振玉对这次会面极为满意,第二天便致信王国维:

> 日碑之奉新命,果能遂远之否(倘就此职,亦必闹笑话)?高密之诗与日碑之泄漏上纶,同一荒谬。公移书诘责,至佩至佩。弟与素公言,我辈在背后议其短长,不如且破釜沉舟加以警告,警告不听,则朋友之道已尽,为鸣鼓之攻可也。素甚谓然。惟明道、紫阳今日议论尚如此,可谓全无脑筋(去冬素老令坦上书言事,紫阳亦阻不令上

---

[1] 罗振玉:《罗振玉致王国维(1923年12月15日)》,载王庆祥、萧立文校注,罗继祖审订,长春市政协文史和学习委员会编:《罗振玉王国维往来书信》,东方出版社,2000年,第599页。

达，不知果何心也），与彼方阴结外邪，实为此次粗厉（粝）结果之导线，故非谋中立正大之人才，不足以弭三方之弊（此一方真所谓三峰并峙，无可轩轾）。颠倒思维，舍名声太大者，实无弟二人，而中间斡旋，须得有力者。昨素老快婿在此鬯谈，其人有肝胆有知识，我辈所言，一一均能领会。现为稷下之游，弟劝其入觐，并上封事，具结厶上公为之助（闻此人甚要好），或有万一之望。尊意以为何如？近日若有所闻，尚希续示。[1]

收获此信不久，王国维回函：

前晚一函，想达左右。昨奉书，敬悉一切。顷阅报纸，见彼方公府秘书厅函件，剪附尊览。高密于此事已栽一大跟兜（头），稍有人心必须自退以谢天下，加以天怒人怨，恐不久即不能站脚。日䃂亦必随之而倒。故前日素意俟其自败，不必加功（维意或令心畬入城一次，面陈一切。素答如此甚老成之见，亦是自留余地）。窃意高密减政之策，本不期实行，但以掩人耳目，其大计划既败，则亦自必求去（对素言不行则去，素即赞之）。目下急务在善后之策。元气大伤之后，外御风寒，内调肺腑，在在为难。库书一项，将来只有公开一法，以免攘夺，此则高密所断送者也。[2]

两札所涉之人，除前述者外，日䃂原为汉代金日磾，这里指金梁；厶上公则指溥仪岳父荣源。另，札中"明道"与朱益藩的隐称"紫阳"并列，应为庄士敦代称。[3] "惟明道、紫阳今日议论尚如此"，或可印证《郑孝胥日记》癸亥年十二月初六（1924年1月11日）所记：

八时至神武门，十时召见，十一时二刻始下。奏保金梁、佟济

---

[1] 罗振玉：《罗振玉致王国维（1924年1月2日）》，载王庆祥、萧立文校注，罗继祖审订，长春市政协文史和学习委员会编：《罗振玉王国维往来书信》，东方出版社，2000年，第602-603页。

[2] 王国维：《王国维致罗振玉（1924年1月中旬）》，载王庆祥、萧立文校注，罗继祖审订，长春市政协文史和学习委员会编：《罗振玉王国维往来书信》，东方出版社，2000年，第605页。

[3] 庄士敦曾依《论语》"士志于道"一句起"志道"之号，与"明道"之意吻合。据溥仪《我的前半生》"整顿内务府"一节记叙，庄士敦也正是力荐郑孝胥的人。

煦、袁金凯,及发印《四库全书》。弢庵邀饭于庆和堂,庄志道士敦、朱艾卿皆在坐。[1]

这一天,是郑孝胥刚到北京的第三天。此前一天的日记云:

弢庵来。贻书来。梦旦来书,言缩印《四库全书》事,以书示弢庵,且言:"此举宜由皇室发起。"[2]

由此推见1月11日聚会的四人——郑孝胥、陈宝琛、庄士敦和朱益藩,正是支持《四库全书》(清宫内务府文渊阁本)交商务印书馆影印的一派。从罗振玉1月2日致王国维的信札来看,罗、王及升允等人对此并不支持,且对庄士敦、朱益藩的议论(郑孝胥此时尚未来北京)颇为不满。就札中谈及"心畬来访并畅谈",对"我辈所言,一一均能领会"看,溥心畬对郑孝胥一派亦不支持。不支持的原因何在?王国维致罗振玉信札"库书一项,将来只有公开一法,以免攘夺"一句,透露了罗、王派对此事的担心——恐为攘夺。虽《四库全书》外运之事,农历年后方才实操运作,但王氏之预测却成为现实:

郑孝胥的开源之策——想把《四库全书》运到上海商务印书馆出版,遭到当局的阻止,把书全部扣下了。[3]

除《四库全书》一事之外,郑孝胥入宫的主要职责是整顿内务府。当时,溥仪朝堂虽保留了清廷曾经的"建制",却无国事可理:

这些新增加的辫子们来到紫禁城里,本来没有别的事,除了左一个条陈,右一个密奏,陈说复兴大计之外,就是清点字画古玩,替我在清点过的字画上面盖一个"宣统御览之宝",登记上账。[4]

---

[1] 中国国家博物馆编,劳祖德整理:《郑孝胥日记》第四册,中华书局,2016年,第1978页。
[2] 中国国家博物馆编,劳祖德整理:《郑孝胥日记》第四册,中华书局,2016年,第1978页。
[3] 溥仪:《我的前半生》,群众出版社,1983年,第161页。
[4] 溥仪:《我的前半生》,群众出版社,1983年,第161页。

相对很多强调礼制祖法、空言复辟的条陈密奏，金梁、郑孝胥力主从内务府整顿入手的计划更务实，也获得了溥仪的认可：

> 金梁当了内务府大臣之后，又有奏折提出了所谓"自保自养二策"，他说"自养以理财为主，当从裁减入手，自保以得人为主，当从延揽入手"。"裁减之法，有应裁弊者，有应裁人者，有应裁款者"，总之，是先从内务府整顿着手。这是我完全赞同的做法。[1]

> 郑孝胥成了"懋勤殿行走"之后，几次和我讲过要成大业，必先整顿内务府，并提出了比金梁的条陈更具体的整顿计划。按照这个计划，整个内务府的机构只要四个科就够了，大批的人要裁去，大批的开支要减去，不仅能杜绝流失，更有开源之策。总之，他的整顿计划如果能够实现，复辟首先就有了财务上的保证。因此我破格授这位汉大臣为总内务大臣，并且"管印钥"，为内务府大臣之首席。[2]

郑孝胥主导的减政计划，显然不为王、罗认可。虽王国维言下"高密于此事已裁一大跟兜（头）"之具体，已不可考。但在王氏看来，郑减政计划并非真目的，而是一个幌子——"窃意高密减政之策，本不期实行，但以掩人耳目"。基于此，罗、王试图"破釜沉舟加以警告，警告不听，则朋友之道已尽，为鸣鼓之攻可也"。如此争斗之下，作为素老女婿的溥心畬，似乎没有太多选择。故而，王国维才有"令心畬入城一次，面陈一切"的建议。升允对这个建议亦甚赞同，认为是"老成之见，亦是自留余地"。何谓"自留余地"？即借助溥心畬特殊的宗室身份，觐见溥仪面陈一切，可避免与郑、金发生直接冲突，正是罗振玉所谓"中间斡旋，须得有力者"。由此可见，溥心畬在罗、王眼中，能在冲突中起到很大的缓冲作用，既能传达意见，又避免与对方的矛盾激化。因此，溥心畬癸亥遭遇

1　溥仪：《我的前半生》，群众出版社，1983年，第157页。
2　溥仪：《我的前半生》，群众出版社，1983年，第159页。

挫折归山后，12月升允入山再次说服他出山，并促成溥氏1924年1月1日前往天津拜会罗振玉。而罗氏对"拜会"的结果很满意，认为溥心畬对"我辈所言，一一均能领会"。

前有陈宝琛后有郑孝胥，从癸亥到甲子，溥心畬无法回避溥仪朝堂的诸老之争。在这场纷争中，罗振玉等人与陈宝琛的矛盾，似乎更为空泛，而与郑孝胥的分歧却有着具体的事务；陈宝琛支持郑孝胥，但溥心畬与陈宝琛又私交甚好，故三方关系不断地发生微妙波动。升允入山劝说溥心畬时，似乎也带来弢庵试图入山访见之意。李宗侗先生曾在《敬悼溥心畬大师——兼述清末醇王对恭王政争的内幕》一文后，附录一封心畬致弢庵的信：(图8)

> 弢庵太傅：未见君子，悠悠我思。昨晤升公，知太傅有辱临之志，良喜。然儒将游济南，且登历山，访舜祠，揽鹊华，俯黄河，浃辰始归，恐违邂逅，以忧执事，不敢不告。溥儒顿首。[1]

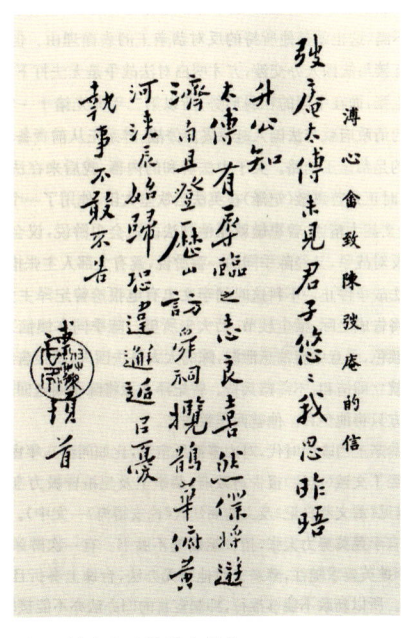

图8 溥心畬致陈弢庵的信

---

[1] 该文原发表《传记文学》第4卷第2期（1964年2月），本文所引为集中所收之文附录的《溥心畬致陈弢庵的信》。见李宗侗：《李宗侗文史论集》，中华书局，2011年，第540页。

对于这封信，李宗侗先生判断：

> 另附心畬致陈弢庵（宝琛）的一封信，可以看出他的文笔之优美及其字体的高逸。这函大约是民国十八年左右的。弢庵是陈宝琛，字伯潜，老年方以此自号。[1]

李先生确认该函为"民国十八年左右"的理由，除陈宝琛晚号弢庵外，并无其他依据。然查溥心畬1929年左右诗文，却未见相关纪游。前述甲子夏秋作于西山的《陈弢庵太傅入山来访》，即以"弢庵太傅"称陈宝琛。[2] 故，所谓晚号弢庵不能支持该信为1929年左右所写。结合信札内容与溥心畬的行踪，此信应该写于癸亥冬日升允入山后一日，溥心畬前往天津拜访罗振玉（并有"稷下之游"）前，更为合理。

"稷下之行"，除前引罗振玉致王国维的信（1924年1月2日），《西山集》亦有相关纪游诗。"稷下"本指战国齐都临淄所设之学宫，此处为"致陈宝琛信"所谓的"山东之游"。《西山集》（卷三）在《挽张忠武公》之后，连续录《大明湖》《拜张勤果公祠》《经华不注山》《石门》《甲子东鲁道中》五首：

> 台阁连青草，萧然罢胜游。空余历城水，犹带鹊华秋。坝古鱼龙合，天高汶泗流。还思杜陵客，愁望倚南楼。（《大明湖》）

> 赛曲神弦响易悲，椒兰纷座雨如丝。行人酒酹祠前水，日晚灵风卷画旗。（《拜张勤果公祠》）

---

1 李宗侗：《李宗侗文史论集》，中华书局，2011年，第540页。
2 《西山集》（卷三）还录有《陈弢盦太傅招饮钓鱼台》一诗［溥儒：《西山集》（卷三），毛小庆点校：《溥儒集》，浙江人民美术出版社，2015年，第95页］，虽未注明时间，然其后有《癸亥秋七月西山怀海印上人》，且陈宝琛《沧趣楼诗集》卷八有辛酉钓鱼台宴诸旧之诗，故知此事当发生在1921年至1923年之间。此时，溥心畬亦有"弢盦"之称谓。且，另陈三立《散原精舍诗文集》中"散原精舍诗寄上（起光绪辛丑迄甲辰）"中即收录《实甫由闽中寄新刊诗卷次其卷中与陈弢庵阁学师唱酬韵即寄》一诗［陈三立：《散原精舍诗卷》，李开军校点：《散原精舍诗文集》增订本（上），上海古籍出版社，2014年，第147页］，亦知弢庵虽为陈宝琛晚年之号，然在20世纪10年代至20年代就在遗民圈中广为使用。

  高原飞鸟没，此地覆齐师。不异牵羊辱，终无介马驰。孤城秋草合，战垒野风悲。临眺多陈迹，斜阳卫水湄。空城下寒日，行役客中过。秋色生东宙，微霜已涉河。青山平野近，白骨战场多。韩厥翻知礼，临风发浩歌。（《经华不注山》）

  霜气惊边雁，秋风发石门。乱流传石坝，山雨洒寒村。波浪桑乾合，风云塞口昏。回车问亭长，欲酹旧征魂。（《石门》）

  碣石苍茫接岱宗，平原烟树晓葱茏。鲁王宫殿秋风里，汉帝旌旗返照中。白雁南飞云入塞，黄河东去水如虹。登封万骑无消息，玉检金泥恨不穷。（《甲子东鲁道中》）[1]

  1924年1月1日，溥心畬在天津拜会罗振玉后有"稷下之游"；出发前致信陈宝琛，言因"山东之行"而"恐违邂逅"。时间、地点均与本组纪游诗吻合。又，《甲子东鲁道中》时间为甲子年，查该年除夕为1924年2月4日，故"稷下之行"应从1924年1月2日到2月初，为农历年前后。此时，溥伟奉嫡母居青岛，溥心畬还可能途中过青岛省亲并过年。[2]

  稷下归来后月余，溥心畬进城参加姑母荣寿公主的寿诞（甲子年二月初二，即1924年3月6日）。这件后来被描述为重要事件的"事"，彼时似乎波澜不惊。甚至在溥心畬当时的诗文写作中，几无任何踪影。相反，与祝寿无关却显现溥氏"心系城中"的，多表现为他与城中遗民的互动。诸如，年初因溥氏稷下之行而未能"邂逅"的陈宝琛，终于在他祝寿后"入山"相会。对此次弢庵太傅的"入山"，溥氏写下《陈弢庵太傅入山来访》一诗，并称之"赖兹端忧辰，喜与嘉宾接"。这首溥氏常见风格的五律，表述了弢庵之访恰逢其时：深宵客愁际，喜有嘉客到。而陈宝琛带来怎样的消息？具体言语，已无从知晓，但其大意却可考辨。此年8

---

1 溥儒：《西山集》（卷三），载毛小庆点校：《溥儒集》，浙江人民美术出版社，2015年，第101-103页。
2 致陈宝琛信函中称"浃辰始归"，浃辰为"十二日"，与出游月余不符，似应溥心畬的虚数之称，非实际行程时间。另，该组诗以"秋"为意，与农历前后季节不符，亦应是表达"愁绪"的修辞需要。

月27日（七月二十七日）即陈宝琛"入山"前后，罗振玉在给王国维的信中写道：

> 素言上问高密为人，素对以言大而夸，作事凌乱无序，不循轨道，上笑而颔之。素又言，陈为我言，此次劝心畬入对，并与我言，将请上添入南书房，此亦与我卖好之一端。若彼赏识心畬，何必为我言之？素又言，与陈相处，固不必攀援，亦不必拒绝。并言静安深得此旨，我遇胡、陈邀我饮于后门，并邀静安作陪，静安已饭毕，亦来周旋。我以此是知静安为人，甚得中和也。弟戏谓此静安因陪老帅耳，素日晚间静安来寓，亦饭罢复饭，此确是周旋我，午间确为应陈召。相与大笑。附书亦博公一笑。[1]

此札乃罗振玉告诉王国维从升允处获知的消息：既有上（溥仪）询问高密（郑孝胥）之事，亦有素相（升允）认为静安（王国维）深得交往羿庵之道。其中，值得注意的是，陈太傅曾向升允表示"此次劝心畬入对"，更欲"将请上添入南书房"。所谓"入对"，即面觐溥仪。虽然我们无法知道羿庵太傅为何要劝旧王孙"入对"，但该信息正是陈宝琛入山拜访溥心畬的"注脚"。溥心畬"添入南书房"一事，后来不了了之。最终，"南书房拟添二人，一为罗某，一为柯某"。[2] 但帝师陈宝琛的"劝说"与"态度"，对身处山林而心系朝堂的旧王孙，无疑是一味"振奋剂"。尤为重要的是，"添入南书房"的提议，意味着溥心畬必须离开西山，迁居城内。成为溥仪朝堂的股肱之臣，对"惭无刘向疏，空叠屈原辞"的溥氏而言，定然有着很大诱惑。遗民深居山林，往往是不得已的选择：因城中已无效忠对象，"入城"通常会成为"食周粟"的象征，以致对遗民的"坚守"产生冲击。但陈宝琛可能的劝说中，"入城"不仅不再是身份的"背叛"，反而成了一种"效忠"，成为遗民之志的重要体现——因"报国

---

[1] 罗振玉：《罗振玉致王国维（1924年8月27日）》，载王庆祥、萧立文校注，罗继祖审订，长春市政协文史和学习委员会编：《罗振玉王国维往来书信》，东方出版社，2000年，第633页。

[2] 罗振玉：《罗振玉致王国维（1924年8月30日）》，载王庆祥、萧立文校注，罗继祖审订，长春市政协文史和学习委员会编：《罗振玉王国维往来书信》，东方出版社，2000年，第634页。

心无改"而扶助"危难"之旧帝。

是故，无论是否真得"添入南书房"，因为溥仪的存在，因为大清的象征依然存在，放弃山林便具备了不同于历史既定经验的合法性。它不仅不会损害遗民之操守，甚至还会助力遗民的自我期冀——"时危思尽节"。显然，这次西山会晤中，持重老臣弢庵太傅的"劝说"打动了大清宗室溥心畬，两人在"出山、入对"的方向上，达成了某种共识。或受陈宝琛的感召，写就《陈弢庵太傅入山来访》后不久，溥心畬又作了一首《从军行》：

幽州白沙寒，边霜折枯草。戍卒吹笳百战场，胡儿牧马萧关道。无定河边沙暗飞，单于昨夜解长围。偏师北逐烟尘绝，不击名王誓不还。[1]

《从军行》为乐府旧题，多表现边关疾苦。幽居西山的溥心畬虽遇国变，生活仍算安逸，未有沙场奔行的任何经历。一个文人逸士写作《从军行》，显然不是自我经验的"写实"，而是借助历史修辞抒发情感。此诗在意境上并无创新，基本是过去类似之诗的"言语重构"。有趣的是，发出"不击名王誓不还"的铿锵之音，对此时的溥心畬却是恰当、真实的。这种真实，源于情感的"真实"。即便没有实际经验，古人的边疆激昂依然点燃了文弱书生的情感共鸣，并借以抒发建功立业之宏愿。

应该说，退隐山林而独善其身，并非文人的最终诉求，只是自我完善的不得已之选择。如果条件允许，入世兼济天下才是文人真正的理想。以儒者自期的溥心畬，亦不例外：

少小受经史，望古希曾颜。上书慕忠节，怀兹中险艰。未能正吾君，惭愧归邱山。听泉林下风，策杖青崖间。孰事危不持，乃以求自宽。恨无古人义，高山安可攀。[2]

这首与《从军行》同时期所作之《述怀》，真实地再现了他"达则兼

---

[1] 溥儒：《西山集》（卷三），载毛小庆点校：《溥儒集》，浙江人民美术出版社，2015年，第119页。
[2] 溥儒：《西山集》（卷三），载毛小庆点校：《溥儒集》，浙江人民美术出版社，2015年，第120页。

济天下，穷则独善其身"的二元心理结构。隐居西山十三年，溥心畬虽然不再是大清治下的王府贵胄，却也是与现实动荡相对隔绝的"保温箱"。得益于恭亲王对戒台寺的捐助，青少年的溥心畬在深山古刹，保持了一种宁静而悠缓的生活状态，并因此浸泡在经典的旧式教育中。与山外城中截然不同，戒台寺的钟声依旧延续着古老帝国迟缓的节奏，溥心畬甚至没有溥仪在故宫中接触新学的机会。当然，逐渐地，他自身也不再具有针对新学的需求，并习惯于古典形态的知识结构所分配的"自我"之存在秩序，乃至情感塑造。从某种角度看，溥心畬完美地躲避了一战前后的世事剧变，也完美地回避了那个时代青年的热血岁月。五四运动、"德"先生和"赛"先生等耳熟能详的历史名词，对这位旧王孙而言是如此遥远、陌生。他的精神世界中，因"少小受经史"而期望成为孔门贤德——曾、颜（曾参、颜回），与新时代格格不入，仿佛来自并不久远之时代的"活化石"。亦因于此，他成了遗老群体中的少壮派，在耆老的纷争中往返奔波。所谓"未能正吾君，惭愧归邱山"，一方面是他无力于现实的感怀，另一方面也是他延续经典文人心理（出世与入世的关系）的无奈怅惋。

归于邱山，是因为"未能正吾君"。那么当陈宝琛带来"入对于君"的建议时，出山返城似乎成了合乎逻辑的选择。或因于此，甲子成为溥心畬一生行径的转折点。这年秋日，他结束了长达十三年的西山"隐居"，返回城中故园——恭王府萃锦园。对这段并非主动规划的"隐居"，他内心的情感是复杂的，故而在别离前作《忆清河二旗村居（并序）》（图9）：

岁次辛亥，京师乱，余年十六，避兵出奔，止是乡焉。自徂西山，十三年矣。感今伤昔，作为是诗。

昔我居东野，孤村背长川。稚子出负薪，雪中炊寒烟。少小读经史，未解希前贤。今闻草堂木，千寻参青天。浮云变无极，寒暑忽代迁。人生岂不化，百忧相率牵。不见昔人墓，今人犁为田。[1]

---

[1] 溥儒：《西山集》（卷三），载毛小庆点校：《溥儒集》，浙江人民美术出版社，2015年，第125页。

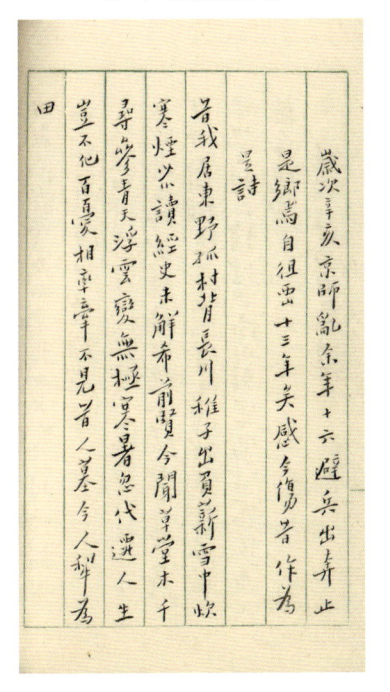

图9 手书《忆清河二旗村居（并序）》，天津图书馆藏

　　因避乱而来此山中，今为"君"故再别离。然山中数日，人间百年。所谓"浮云变无极，寒暑忽代迁"的悲歌，与其说是针对世事沧桑，不如说是针对自己"出世非己愿""入世又未卜"的命运状态。"今闻草堂木，千寻参青天"，恰是"感今伤昔"的情绪之"眼"。在出世、入世之间，溥心畲所代表的晚清遗民，充满了命运多舛的自我悼怜。曾经行之有效的"出入"二元结构，在新时代已然失效。他们没有新的方式调节自我，只能继续"少小读经史"所虚拟的优越感，支撑自己面对一个日新月异的新世界。"入山"如此，"出山"亦然。唯因于此，即便"出山"也难以获得"入世"之笃定，会不断产生情绪上对"入山"之回望。"去国悲寒雨，归家尚苦颜。将心寄孤鹤，何日更西还。"刚刚入城所写之《城中寄弟》，真实地显现了这种在"出""入"之间的往复与惆怅。

　　传统文人的"出""入"，是一种超越、领导世俗的主体建构行为，具有儒家世界的现实基础。也因此，他们才能获得社会的正向反馈，并继而塑造心理上的自我优越。但晚清遗民所面对的世界，却是"儒家系统"逐渐崩溃的时代。无论"以西补中"的温和改良，还是"打倒孔家店"的激进革命，文人占据道德制高点的"主体建构"，遭遇前所未有的挑战，并趋于瓦解。"出"以自我标榜,"进"以建功立业,很难再获得社会的积极响应,甚至成了"腐儒"的象征。虽然新生之"科学""民主"没有塑造出全新的国民心理,但却使旧的系统发生了价值观之紊乱、失效。中国,至此进入大过渡的时代,新旧处于杂糅的状态,双方都无力重构一个稳定、统一的"家国天下",于是都逐渐地成了脱离现实问题的"新潮流",抑或说是"旧染缸"。

应该说,进入20世纪以来,无论旧式文人还是现代知识分子,都面对着一个巨大的陷阱:思想最终服务于具体问题,成为现实的工具。他们很难在"形而上"与"形而下"之间,建立有效的"通道"。"形而上"的思想,因此丧失了介入现实的能力,成为空洞的宣传口号——需要时则被利用,不需要时则弃若敝屣。这种对待思想的功利化趋势,自然是躲在儒学外套下的晚清遗民所无法理解,也是无法想明白的。他们直观可感的是"入世以兼济天下"的路径,似乎突然间消失了。"兼济天下",是传统儒学思想走向现实的"通道",是从纲常道统之学走向经世济用之学的"通道"。借助于此,文人将自己的"形而上"嫁接到"形而下",成为社会秩序的领导者。但对晚清遗民而言,这条"通道"忽然消失了。一战风云、五四救亡、新文化运动等一系列儒家世界观从未面对的新问题,使晚清遗民的"思想"失去了现实践行的场域。曾经引以为傲的"少小读经史",一夜间成为"无用之学",成为"自我假想"与"真实世界"之间的一堵高墙,屏蔽了他们走向现实的能力。他们,仿佛是开在盛夏的雪莲,依旧晶莹剔透,却那般地不合时宜。丧失了先辈文人对现实的塑造力,晚清遗民的"儒学"无力解决当下的问题,"入世"空间也相应地萎缩。"兼济天下",逐渐成为"效忠旧君"的代名词。甲子"出山"的溥心畬,正是如此。

北京故宫博物院藏有一件溥心畬"臣"字款作品[1],折射了他的"出山入世"不过只是"效忠旧君"的一种方式。这件绢本《山水》(图10),以典型马、夏(马远、夏圭)笔法描绘了一处山涧小景:类似《踏歌图》

---

[1] 画作曾发表于詹前裕著述。詹前裕:《〈台湾近现代水墨画大系〉溥心畬——复古的文人逸士》,艺术家出版社,2004年,第15页。

图 10　溥儒《山水》　故宫博物院藏

图 11　马远《踏歌图》　故宫博物院藏

（图 11）的高耸垒崖，间有松枫之木，白衣高士倚卧石上，俯望涧流。就主题而言，这是表达"隐逸"的常见题材——山涧深住、松下隐居、清泉濯足等。画无题识，右下处落名款"臣溥儒恭画"，钤白文印"溥儒"。就"臣"字款及"恭画"而言，看似平常的隐逸之作，因赠送对象变得丰富起来。显然，这是一幅用心构思、创作的"进献"之作，非随意临仿。画中凋零的红枫，暗示了晚秋时节；挺拔之松与白衣高士构成了精神互文——岁寒而知松柏之后凋；山涧清流，亦是高洁之志的隐喻。问题是，溥心畬为何营造如此之境奉于溥仪？作为大清国仍然存在的象征，溥仪是不需要"隐逸"的。相反，在"臣民"的心中，他必须留在紫禁城成为一种精神寄托。故而，溥仪的出国计划才屡遭挫折。那么溥心畬为何要将一幅隐逸之图，献给并不要"隐逸"的溥仪？基于"进献"的严肃性，图像的选用并非随意。尤其，这些图像共同指向了历史深处的"文人气节"，暗示着"创作"是有着明确的意图。

或许，在溥仪看来，这件作品应该构不成珍贵的"物件价值"，它更像一种情谊的象征。溥仪与溥心畲之间，有着怎样的情谊？他们虽是堂兄弟，但恭亲王一支因与"帝位"较近（溥伟甚至有觊觎之心），故与溥仪关系并不亲密。溥心畲是以臣子的身份向溥仪进献一件自己的画作。款中"臣""恭"二字，正是该行为的直观显现。此时，溥仪在溥心畲心中仍是大清遗民"君国一体"的"施动对象"，并非血缘关系的兄弟。面对如此一位"施动对象"，史上常见的隐逸题材，因恭敬的绘画行为而成为"暗语"——画家本人正如所画之白衣高士，在山林崖涧中饮泉采薇。所以这幅作品与其说是献给皇上的礼物，不如说是臣子忠贞的自我表白，表白一种君君臣臣的伦理情谊。当然，这并非只是针对溥仪个人，它同时也针对了溥心畲心中仍然存在的"大清国"——因溥仪的存在而存在。

因此，山涧深住、松下隐居、清泉濯足等题材，在画面中成为遗民情操的喻体，向画作接受者塑造了一个画外主体——西山逸士溥儒。如果说这是溥心畲对个人身份的自我想象，那么进献对象溥仪，则是"想象"的保证与前提。正因为有溥仪这样一位旧君的存在，作为"臣子"的溥心畲才能将一幅常见题材转换为"报国孤臣事，微才圣主知"的自我感动，并构建出"君圣臣贤"的意义空间。或可说，这张看上去没什么特别的图像，其意义源自画家与预设观众（溥仪）的关系。它不是一幅为"绘画史叙事逻辑"而创作的作品，甚至它在被创作的过程中，都不被视作"艺术概念"控制下的图像生产。之所以选择这些图像，仅是它们能够恰当地表达政治立场，以及由此带来的情感抒发——精心构思的画作犹如一幅图像化的《陈情表》，向"效忠对象"娓娓道来。

这件"臣"款山水，之所以出现在今天的故宫博物院收藏目录，应是溥心畲于溥仪出宫（1924）前所献，未被带出而留于宫中。此后，在文物南迁的动荡岁月中，它"一如既往"地不被重视，一直保存在北京的库房里。它仿佛是被人遗忘的"曲目"，躲在历史深处，孤独地演奏着画家的内心独白。这份"独白"的历史际遇,俨然是晚清遗民的命运隐喻:虽然倾情出演了自己的角色,却终究只是舞台上无关紧要的过客——于寂寥中自我催眠,于寂寥中黯然退场。他们,无力参与 20 世纪正在发生的现实,诸如"民族国家"概念的产生,仍然抱着旧的"天下"体系理解"家国之忠",并围绕效忠对象——溥仪展开入世的抱负、理想。显然,结果有些不尽人意。如同这件"臣"款山水被闲抛闲置,他们在尘封的岁月中褪色凋零,无人问津。当然,如此评判有些"后世之明"的残忍。身为当事人的晚清遗民,无须服务于后世的历史逻辑,他们关注的,仍然只是自身的历史渊源。也即后世历史可以不选择他们,但他们同样也可以不选择正在发生的混杂现实,坚守从既有历史中获取的经验、概念乃至价值观。围绕"国家"的想象,正如此。

第 2 场

国的想象与表达

辛卯年（1951）正月，已居台湾的溥心畬思忆故人，创作了一幅书画合卷。在后来的发表中，这件作品被命名为《忆陈侍郎书画合卷》[1]（图12）。合卷分书、画两部分，画作高22厘米、长48.5厘米，描绘了一座孤岛之上的房舍；书法高29厘米、长156厘米，抄录1944年写给陈侍郎的一封书信。虽然山水田园是溥心畬常绘题材，但这张题记"西湖陈庄，苍虬侍郎故居"的画作，在看似惯常的景观中似乎隐藏了溥心畬的某种心绪。据画中题记，这张画描绘的是溥心畬记忆中陈侍郎在杭州的故居。但陈侍郎故居，与画中被水环绕的孤岛相符吗？陈侍郎的弟弟——陈曾则在《苍虬兄家传》中的记载，或能提供更为真实的描述：

> 太夫人调养半年，病遂愈，于杭州南湖正对雷峰塔苏堤购地二亩，建屋三椽，以为修养之所。兄亦于其傍筑屋二间，因迁居其中。[2]

显然，在杭州南湖与苏堤相对的方向上，并无溥氏画中的"孤岛"。"孤岛"，是曾讲学于国立杭州艺术专科学校（以下简称"杭州艺专"）的

---

1 杨新、许爱仙：《溥心畬书画集》（卷上），故宫博物院、紫禁城出版社，1997年，第130-131页。
2 陈曾则：《苍虬兄家传》，载陈曾寿著，张寅彭、王培军校：《苍虬阁诗集》附录一"相关传记资料辑录"，上海古籍出版社，2012年，第436页。

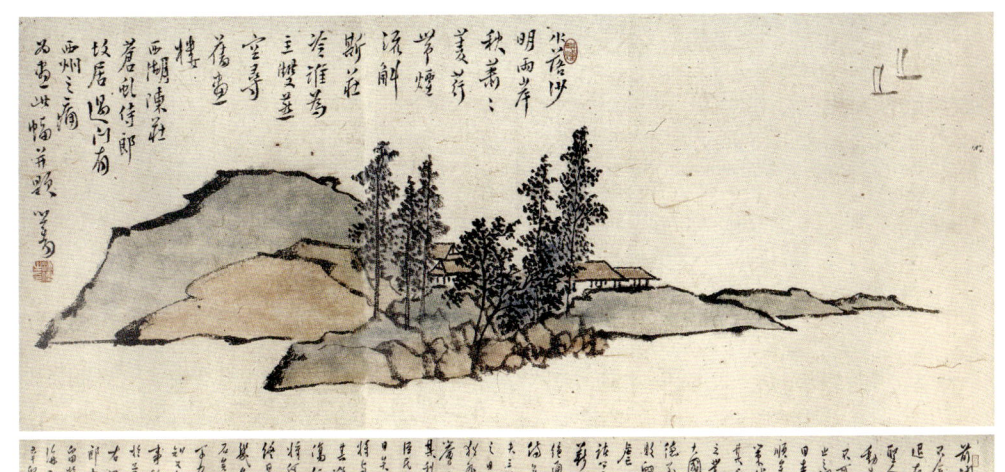

图12 《忆陈侍郎书画合卷》

溥心畬的一种想象。[1] "陈氏故居"在画中为何呈现出如此之想象？当然，中国画向来不以求真为目的。然仅此解释，似不充分。就画中所题"斛斯庄冷谁为主，双燕空寻旧画楼"[2]而言，"孤岛"是与"冷""空寻"等词汇相统一的图像经验。我们有理由相信："孤岛"的生成，是与诗文相匹配的视觉体验。但这并不意味着溥心畬的画面是以图解诗文的。相反，据溥氏作画配诗的习惯来说，诗文时常是图像完成后的即兴创作。然无论画先诗后，抑或相反，图文"互证"在溥氏笔下，是构成画面主题的常用方法。正如本幅画作，两叶孤舟和孤岛，与诗文落寞之情相映，共同将画作指向了被怀念的"陈侍郎"。

在溥心畬为我们提供的描述中，这位"陈侍郎"身处"孤岛"，是李白笔下"斛斯山人"一样的隐士。那么"陈侍郎"到底是什么人，以至溥氏会用如此之图文加以怀念？《苍虬阁诗集》现代版《前言》中，对陈氏有着如下描述：

---

[1] 溥心畬1947年曾定居杭州，并到过陈侍郎故居，留有《过陈苍虬侍郎故庄》诗一首："空馆余乔木，寒塘尚泊船。菱花飘细水，杨叶散浮烟。蕙帐人何在，衡门月自圆。江南未归客，来对旧山川。"（载《溥心畬先生诗文集·南游集》，台北故宫博物院，1993年，第10页）诗中"寒塘尚泊船"，应指陈侍郎故居在西湖边，并非湖中孤岛。
[2] 题中"斛斯庄"是以李白《下终南山过斛斯山人宿置酒》中"斛斯山人"转喻"陈侍郎"的"隐居"。

苍虬阁主人陈曾寿（1878—1949），字仁先，湖北蕲水人。光绪二十九年癸卯进士，官至广东道监察御史。入民国后不仕，奉母卜居杭州南湖。民国六年张勋复辟，授学部右侍郎，事败旋归。十四年应溥仪召至天津行在，又从至长春，任后师，及管陵园事。三十一年南归，遂不复出关。三十八年卒于上海。其家藏有元吴镇《苍虬图》，极喜摹写，因以名所居，并以名其集。其号尚有耐寂、复志、焦庵等，俱见心迹。终以"苍虬"一号最为人知。[1]

关乎陈曾寿之行状，我们很容易勾画出"大清遗民"的形象。"耐寂""复志"之类的名号，更是此情之直白。清亡后，陈曾寿以诗文交游，影响甚大，是当时遗民之代表人物。对他的诗，陈散原亦叹弗如：

> 比世有仁先，遂使余与太夷之诗，或皆不免为伧父。则仁先之宜有不可及，并可于语言文字之外落落得之矣。[2]

在末代皇帝溥仪的口中，陈曾寿更是"患难君臣，犹兄弟也"。[3] 这样一位声名显赫的遗民，显然得到了溥心畬的衷心尊崇。《忆陈侍郎书画合卷》题中的"西州之痛"，正是溥氏此情之表白。所谓"西州之痛"，典出《晋书·谢安传》，指谢安外甥羊昙因谢安辞世出殡于西州门而不过此门，某日醉过，望而痛哭。此典之所用，显现了陈曾寿在溥心畬心中的地位。确实，清亡后，溥氏以"旧王孙"的飘零感，在世事动荡中对仍忠于清廷的遗老旧臣，心存感念乃至情感寄托，是合乎逻辑的。

从溥心畬与陈曾寿的诗文交往看，现存最早一篇是溥氏《西山集》中的《送苍虬侍郎出关》[4]。这首五言律诗未标注时间，就内容分析，应作

---

[1] 张寅彭：《苍虬阁诗集·前言》，载陈曾寿著，张寅彭、王培军校：《苍虬阁诗集》，上海古籍出版社，2012年，第1-2页。

[2] 陈三立：《苍虬阁诗集·序》，载陈曾寿著，张寅彭、王培军校：《苍虬阁诗集》附录二"相关序跋资料辑录"，上海古籍出版社，2012年，第487页。

[3] 陈曾则：《苍虬兄家传》，载陈曾寿著，张寅彭、王培军校：《苍虬阁诗集》附录一"相关传记资料辑录"，上海古籍出版社，2012年，第437页。

[4] 诗文："雪满秦关路，风生辽水波。此行思赠策，弹铗莫空歌。赵客轻毛遂，荆人失下和。音书应不达，奇计近如何。"载《溥心畬先生诗文集·西山集》，台北故宫博物院，1993年，（转下页）

于 1932 年年初。诗中"此行思赠策""奇计近如何"句，与陈曾寿诗集中《将之大连留别芬庵年丈》[1]的"奇计常谈谁是非"吻合。诗题中所谓"出关"，应指 1932 年陈曾寿前往大连一事。在溥、陈二人的表述中，出关去大连的目的是"赠策（奇计）"。关于此次出行，《局外局中人记》的（辛未年十二月）十一日（1932 年 1 月 18 日）曾记："此奏因大兄次日奉上电召遂未用，拟到后看情形面奏。"此后二十五日（2 月 1 日）则云："大兄东行。"[2]

《局外局中人记》是陈曾寿与其弟陈曾矩的日记合编（从 1931 年 9 月到 1937 年 11 月），从陈氏兄弟视角较为细致地记录了伪满洲国建国事宜。上述两条日记表明：陈氏出关时间为 1932 年 2 月 1 日。而在陈氏奉召出行之前，应与溥心畬相见并谈及"赠策（奇计）"。因此，溥氏《送苍虬侍郎出关》一诗背后的"故事"应该是，身为"旧臣"的陈曾寿前往大连觐见"旧帝"溥仪之前，拜会了"旧王孙"溥心畬，并与之讨论了"奇计"。那么溥、陈言中之"奇计"，到底指什么？为何"赠策"要去大连？之所以前往大连，缘于日本占据东北，欲借溥仪谋求东三省独立。溥仪 1931 年年末到鞍山南汤岗子开始谈判，并于 1932 年 3 月 6 日签订《日满密约》。其间，"旧臣们"觐见溥仪，都邀乘船到大连而后转往汤岗子。陈曾寿 2 月 1 日赴大连，正是谈判的关键点。"奇计"，似应与谈判相关。当然，关于"奇计"的具体所指，今已无从明确。我们只可从当事人的一些记载中，辨识大概。早在 1931 年 9 月 23 日（九一八事变后数日），陈曾寿在给溥仪的奏折中曾言：

> 昔晋文公借秦力以反国，必有栾、郤、狐、先为之内主；楚昭王借秦兵以却吴，亦有子西等旧臣收合余烬，以为先驱。自古未有专恃外力，而可以立国者。此时局势，亦必东省士绅将帅先有拥戴归向

（接上页）第 7 页。按：台北故宫博物院所编《溥心畬诗文集》将溥氏 1925 年版的《西山集》单列，称《西山集》自书本。本文所引《西山集》为《溥心畬诗文集》中列于《西山集》自书本之前的《西山集》，故而出现 1925 年之后的诗文。

[1] 诗文："贪天已罪况居奇，辛苦弥缝敢息机？肝胆何缘分楚越，云龙从古赖凭依。食笾卧席从捐弃，奇计常谈谁是非？傅德保身廿年事，临岐郑重沾衣。"载陈曾寿著，张寅彭、王培军校：《苍虬阁诗集》（卷八）"壬申至甲戌六月"，上海古籍出版社，2012 年，第 208 页。

[2] 陈曾寿、陈曾矩：《局外局中人记》，载陈曾寿著，张寅彭、王培军校：《苍虬阁诗集》附录一"相关传记资料辑录"，上海古籍出版社，2012 年，第 451 页。

之表示，而后日本有所凭借，以为其扶助之资。此其时机，似尚未至……此时形势犹徘徊歧路之间，万不可冒昧轻动，陷于进退维谷之地也。[1]

陈氏奏折借晋文公、楚昭王的典故表明：复国不能单凭日本，而应"立于内借于外"，九一八时局中的时机并不成熟，故不应"冒昧轻动"以致"进退维谷"。为了进一步劝说溥仪不要离开天津，陈曾寿在1931年11月5日的奏折中再次提出："唯有请皇上密派重臣径赴日本，与其政府及元老西园寺等商洽，直接订约后，再赴沈阳，则完全而无失矣。"并附录了他强调"主权独立"的四条大纲。[2] 从事先拟定谈判条件并附录于奏折来看，陈曾寿言中之"重臣"，或有自期之意。但溥仪并未采纳陈氏之议，于数日后离开天津前往东北。而这在陈曾寿看来，恰是走向"进退维谷"。11月9日的日记中，陈氏记云：

上言，今乃知汝等着急之甚。憎仲言，此时亦不必悔。此时但求恢复如驻津时原状，可以出入自由，再谋进行……此事之起，由叔言奔走奉天、吉林，始成拥戴之局，不能说无功，惟欲汲汲诱上来连，系在自己掌握之中。可将上身旁诸人一齐隔绝，遂不惜挟外人以劫上。现不太自由，不知何时能如居津时耳。[3]

在陈曾寿的描述中，溥仪被罗振玉（叔言）挟日本之力而掌握，不得自由。这种"描述"是否真实，值得推敲。陈氏也"认可"罗振玉解决

---

[1] 陈曾寿、陈曾矩：《局外局中人记》，载陈曾寿著，张寅彭、王培军校：《苍虬阁诗集》附录一"相关传记资料辑录"，上海古籍出版社，2012年，第442页。

[2] 四大纲：一、用人行政之权，完全自主，日本不得干涉。二、训练新军如需用日本教练官时，由我自由聘雇；只司教练之事，不干涉统率调遣之权。三、两国订攻守同盟之约，无论对民国或俄国或欧美任何国有战事时，两国协同作战到底，利害共之。四、尊重历来已订条件，关于东三省铁路及一切悬案双方开诚商议，以共存共荣为主旨。陈曾寿、陈曾矩：《局外局中人记》，载陈曾寿著，张寅彭、王培军校：《苍虬阁诗集》附录一"相关传记资料辑录"，上海古籍出版社，2012年，第443页。

[3] 陈曾寿、陈曾矩：《局外局中人记》，载陈曾寿著，张寅彭、王培军校：《苍虬阁诗集》附录一"相关传记资料辑录"，上海古籍出版社，2012年，第446页。

了他曾提及的"复国前提"——东三省士绅将帅的拥戴，而他仍将溥仪表述为"受挟持"，将罗振玉表述为"挟外人以劫上"，并在"描述"中确立"忠奸之别"的自身形象。此举，或有"政治争宠"之心理。然，无论出自何因，有一点可以确定：当时陈曾寿眼中的"问题"，是溥仪的自由——"何时能如居津时"。故而1932年1月18日，陈氏拟交陈宝琛代递的奏折中再次言及："为今之计，宜先设法脱目前之羁绊，复在津之自由。"另，他还再次强调："建国之道，内治莫先于纲纪，纲纪不立，则无政治之可言。外交莫重于主权，主权不明，则无交涉之可办。纲纪之义甚大，最要者魁柄必操自上，不容臣下有把持之萌。主权之包甚广，最要者政令必出自我，不容邻邦成胁制之局。"也即，陈氏眼中之"溥仪自由"的背后，实际上牵涉国家内政、外交的双重"危机"。对东三省独立问题，陈氏在奏折中也明确为一次机会："故三省建立新国之举，已有欲罢不能之势。苟建新国，除请我皇上复位外，岂有他途？"但对这次机会，他表达了一种忧虑："然此机会至巧亦至危。或启我中兴之机，或蹈彼朝鲜之辙。"解决这种忧虑，取决于"我之所以自处耳"——"同一借秦之力也，而祸福迥殊。是无他，夷吾唯恐失于秦，反见轻于秦；重耳不遽许于秦，乃见重于秦也。"[1]

陈曾寿对时局的判断仍笼罩着"春秋旧典"之想象，颇具腐儒之嫌。但他对"建国"中蕴含的"危机"，却有着清醒的认识。虽无明确有效的解决方案，但强调"独立""自主"的主张，代表了一批遗民在东三省问题上的基本看法。显然，溥心畬正属于这一阵营。溥氏《送苍虬侍郎出关》中"音书应不达，奇计近如何"的关切之情，恰是"同于谋"的态度表达。言中之"奇计"，表面上针对"溥仪自由"，实则是政治立场的表述：

> 使内而国人，外而列强，皆晓然于皇上所处之地位，超然独立，并非日人之傀儡。[2]

---

[1] 陈曾寿、陈曾矩：《局外局中人记》，载陈曾寿著，张寅彭、王培军校：《苍虬阁诗集》附录一"相关传记资料辑录"，上海古籍出版社，2012年，第450页。
[2] 陈曾寿、陈曾矩：《局外局中人记》，载陈曾寿著，张寅彭、王培军校：《苍虬阁诗集》附录一"相关传记资料辑录"，上海古籍出版社，2012年，第451页。

避免成为"傀儡",正是溥心畬、陈曾寿之类的"遗民",在"东北独立"上的共识。这与急于利用"东北独立"恢复"清廷"的另一批遗民有所不同。在溥、陈看来,这种不惜丧失独立的"借力"是危险的,或会导致满洲"蹈彼朝鲜之辙",正所谓"若仰庇邻族,丧失主权,恐非列祖列宗之意"[1]。然而"旧帝"溥仪没有遵照"旧臣"陈曾寿、"旧王孙"溥心畬的"奇计"前行。现实,逐渐走向溥、陈意愿的反面。1932年3月《日满密约》签订,溥仪成为日本在"满洲国"的傀儡。面对"作嫔异门,为鬼他族"[2]的"旧帝",曾经共识的"旧臣""旧王孙",在后继选择上,却不再一致。陈曾寿虽然不赞同溥仪之"满洲国康德皇帝"身份,并将之比较"张勋复辟",认为"分明后剧非前剧,苦语何由诉九泉"[3],但他并未因此离开溥仪。

> 事仇难苟同,衔恩敢独异?坐视良不忍,轻去惭大义。[4]

这首约作于辛未年(1931)年末的诗表明:陈曾寿因受"皇恩"(衔恩)而不忍"坐视不管"。一般而言,或认为陈曾寿如此选择是出于他同皇帝近乎私人交往的关系。固然,陈氏之所以为存在着"君臣私交"的原因,但却绝非唯一的原因。在陈氏看来,轻言离去是有悖"大义"的行为。"大义",首先建立在"忠君"之上,是以"君臣之纲"为原则的"义"。正如陈寅恪在《王观堂先生挽词序》中所论:

> 吾中国文化之定义,具于《白虎通》三纲六纪之说,其意义为抽象理想最高之境,犹希腊柏拉图所谓Idea者。若以君臣之纲言之,君为李煜亦期之以刘秀;以朋友之纪言之,友为郦寄亦待之以鲍叔。其所殉

---

[1] 陈曾则:《苍虬兄家传》,载陈曾寿著,张寅彭、王培军校:《苍虬阁诗集》附录一"相关传记资料辑录",上海古籍出版社,2012年,第436页。
[2] 溥心畬:《臣篇》,载《溥心畬先生诗文集·寒玉堂文集(卷上)》,台北故宫博物院,1993年,第64页。
[3] 陈曾寿:《丁丑五月十三日》,载陈曾寿著,张寅彭、王培军校:《苍虬阁诗集》,上海古籍出版社,2012年,第270页。
[4] 陈曾寿:《题李木公肥遁庐图》,载陈曾寿著,张寅彭、王培军校:《苍虬阁诗集》,上海古籍出版社,2012年,第206-207页。

之道，与所成之仁，均为抽象理想之通性，而非具体之一人一事。[1]

"君为李煜亦期之以刘秀"的君臣之纲，或是陈氏"不忍离去"的深层缘由，即陈曾寿的行为依托于中国特殊的"抽象理想"——纲纪之说。其殉道成仁者，皆因此而为。溥仪作为陈氏行为之"施动对象"，与其说是"具体之一人一事"，不如说是"纲纪逻辑"的符号。在与如此之"符号"的交往中，陈曾寿塑造的也是"纲纪逻辑"中的"自我"，"自我"往往是在君臣关系中得以"表述"的形象。"旧臣"对"故国"的遗民情怀，首先体现为对"旧君"的不离不弃。因此，每每溥仪召唤，陈曾寿必从而应之。即便面对"东北建国"之傀儡，亦无避嫌之念。如此行径中的"故国"，是紧密联系于"故君"的想象。与之相应，遗民之期也必然是以"忠君"为内核的自我表述。或许，正是基于如此之"自我"，陈曾寿虽然没有接受"伪满"的外朝之职，却接受了"后师"等内廷职位，并尽忠于皇帝家务事——即管陵寝、教授宫中近支子弟文学之类。

陈曾寿"君国一体"中的遗民形象，原本也应该是"旧王孙"溥心畬的天然形象。基于血缘关系的"家国一体"，对溥心畬而言，更多出于一种理由坚守"君国一体"。事实上，他也曾经如此——在与溥仪的"君臣关系"中，想象了自己的"遗民身份"。现藏北京故宫博物院的一幅《山水》出自溥心畬，落款为"臣溥儒恭画"。这张较为成熟的马、夏风格山水，应是溥仪出宫（1924）前所献，后未被带出而留于宫中。此时的溥仪在溥心畬的世界中，仍是大清遗民"君国一体"的"施动对象"。画中"臣"字款及"恭画"一词，与其说针对溥仪个人，不如说是针对溥心畬心中仍存的"大清国"——因溥仪的存在而存在。面对如此之"君"，他通过惯常的隐逸题材——山涧深住、松下隐居、清泉濯足等，传达了自己相对于"国"的遗民情操。于是，溥心畬在画面"幽居情节"的塑造中，隐喻了画外主体——"西山逸士"的存在。如果说，这是一种身

---

[1] 陈寅恪：《王观堂先生挽词序》，载刘桂生、张步洲编：《陈寅恪学术文化随笔》，中国青年出版社，1996年，第3页。

份的自我想象，那么“献画对象”溥仪则是“塑造”的保证与前提。

我们还可在溥心畬为陆钟琦[1]撰写的《皇清诰授光禄大夫一等男山西巡抚陆文烈公神道碑铭》中，一窥“君国一体”下关乎“国”的理解。作为辛亥殉难的地方大员，满门尽忠的陆钟琦，显然是溥心畬敬重并怀念的人物。溥心畬《溥心畬先生诗文集·寒玉堂文集（卷上）》（图 13）仅收录了两篇为个人撰写的“碑铭”，一篇受主是陕甘总督多罗特（升允），另一篇就是这位山西巡抚陆钟琦。前者不仅是溥心畬岳父，同时也是他眼中“孤忠悲愤”[2]的大清忠臣。作为女婿，他自然有撰写“碑铭”的义务；可是与溥氏似无交集的陆钟琦，且满门皆故而无后人“邀写”的情况下，出现在溥氏仅有的两篇人物碑铭中，则应该是他的“忠烈”感染了旧王孙，并成为故国哀悼中的“移情对象”。诚如溥氏之叹：“呜呼，

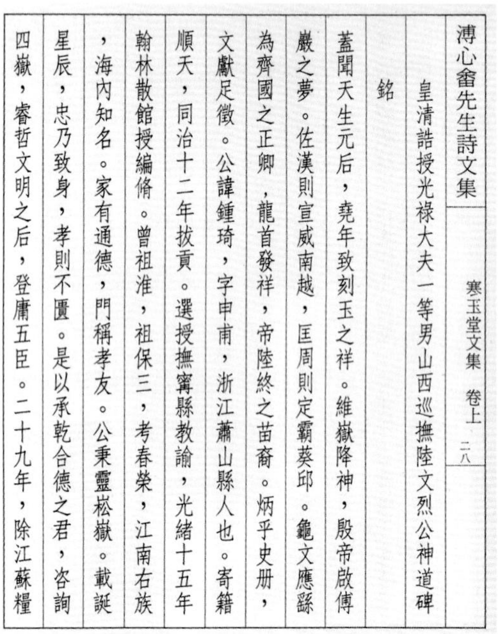
溥心畬先生詩文集　寒玉堂文集　卷上　二八
皇清誥授光祿大夫一等男山西巡撫陸文烈公神道碑
銘
蓋聞天生元后，堯年致刻玉之祥。維嶽降神，殷帝啟傳
巖之夢。佐漢則宣威南越，匡周則定霸葵邱。龜文應繇
為齊國之正卿，龍首發祥，帝陸終之苗裔。炳乎史冊，
文獻足徵。公諱鍾琦，字申甫，浙江蕭山縣人也。寄籍
順天，同治十二年拔貢。選授撫寧縣教諭，光緒十五年
翰林散館授編脩。曾祖淮，祖保三，考春榮，江南右族
，海內知名。家有通德，門稱孝友。公秉靈崧嶽。載誕
星辰，忠乃致身，孝則不匱。是以承乾合德之君，咨詢
四嶽，睿哲文明之后，登庸五臣。二十九年，除江蘇糧

图 13 《溥心畬先生诗文集·寒玉堂文集（卷上）》

1 陆钟琦（1848—1911），字申甫，顺天宛平（今属北京）人，本籍浙江萧山。光绪十五年进士，曾任溥仪之父载沣的老师。辛亥年，由江苏布政使擢任山西巡抚，到任仅二十二天遭遇兵变，全家被杀。

2 溥心畬：《皇清诰授光禄大夫太子太保大学士前陕甘总督多罗特文忠公神道碑铭》，载《溥心畬先生诗文集·寒玉堂文集（卷上）》，台北故宫博物院，1993 年，第 39 页。

忠臣比干之盘，尚传鸟迹；将军卫青之墓，犹余石麟。"[1] 对比干之忠、卫青之烈的感慨，绝非只为陆钟琦一人所发，而是关乎"忠烈"的乱世感慨。其后，萦绕着一种价值观：士人因忠烈获传世之誉。如此认知，也恰是身处乱世的遗民用以确认自身意义的内在逻辑。

遗民，作为政权更迭中的特殊群体，往往将"现实的生活"与"意义的生活"分离，从而在亡国际遇中，营造出价值归属感。这种"归属感"的表达，不仅需要历史中"经典遗民"的精神激励，同时也需要同代人之"道德典范"的自我感动。毫无疑问，陆钟琦满足了这种想象，他的"满门尽忠"正是大清覆亡之际"忠烈"形象的最佳代表，并因此成为遗民尊崇、悼念的对象。表面上看，尊崇、悼念只是针对陆钟琦，但实际却是遗民价值确认的"移情对象"——陆钟琦因"忠烈"而获得尊崇，也是遗民坚守"故国之忠"的理由。是以，陆钟琦出现在溥心畬的文集中，获得似无交往的"旧王孙"青睐，并不意外。他的忠烈形象，恰是溥心畬"哀于故国"的自我慰藉。无论陆钟琦本人面对"尽忠"的实际行为、反应如何，甚至他的儿子是不是革命党，都不重要。重要的是，他的全家遭遇可以确保"尽忠大清"的描述需要。所以，溥心畬为我们提供的细节描述，并非一定都是事实。尤其一些现场对话，更非局外人所能还原。因此，溥氏详细记录的"忠烈过程"应该是遗民圈的"流传版本"。诸如陆钟琦事先有"知其不可为而为"的决然：

> 召幼子敬熙曰："吾受天子命守此土，惟以死报国，无再计。"敬熙知父志决，入告母，母曰："臣之义也，吾惟从死而已。"敬熙还京师，见兄光熙，以难告。光熙如晋，谋结新军，防其为变。夫人唐氏将焚以殉，遣诸妇还，诸妇皆不肯行。[2]

将陆氏全家塑造为事先即已准备"欣然赴死"，与陆钟琦临难的突发

---

[1] 溥心畬：《皇清诰授光禄大夫一等男山西巡抚陆文烈公神道碑铭》，载《溥心畬先生诗文集·寒玉堂文集（卷上）》，台北故宫博物院，1993年，第32页。
[2] 溥心畬：《皇清诰授光禄大夫一等男山西巡抚陆文烈公神道碑铭》，载《溥心畬先生诗文集·寒玉堂文集（卷上）》，台北故宫博物院，1993年，第30-31页。

性、其子是革命党人的"描述"大相径庭。其实两个"版本"谁真谁假并不重要。重要的是，遗民圈为何选择前者？显然，"选择"取决于需要怎样的"陆钟琦"——"慷慨赴死"比"死于突发"更具道德合法性。这样的"死"对活着的遗民更具感召力，也更具"坚守"之慰藉价值。于是"事先决然"的陆钟琦，成为充满戏剧性真实的描述对象，并以此构建出遗民价值观的象征符号。或许，陆钟琦慷慨赴死的细节、理由，较之"死亡"更具价值——因为它不仅确认了"忠烈"的行为，同时也是遗民"忠于国"的自我参照。那么"被描述"的陆钟琦殉国，隐含了怎样一种逻辑？回到那段"视死如归"的描述，"受命天子"而"以死报国"的"臣之义"，正是陆氏成为典范的关键之所在，也是溥氏有感于陆氏的重要基础。就此而言，写作《皇清诰授光禄大夫一等男山西巡抚陆文烈公神道碑铭》时的溥心畬，对"忠于国"的理解是与"臣之义"相统一的。此间隐含的溥氏之"国"，显然也是"君国一体"化的想象，与陈曾寿并没有太大的区别。

然而，和陈曾寿谋于"奇计"之后，面对"康德皇帝"之溥仪，溥心畬与苍虬侍郎不再同步，甚至反对陈氏"辽东之行"。《忆陈侍郎书画合卷》中的书法，抄录了1944年他写给陈曾寿的信：

> 前闻有辽东之行，后以不合而去。甚善。易曰："知进退存亡而不失其正者，其惟圣人乎？"又曰："吉凶悔吝生乎动者也。"动不以时，且曰不可，况当存亡之际，行止之间哉。今满洲国家，日本所立也。名不正矣，言不顺矣。而又剪刈我公室，羁策我人民，申其符命，颁其重器。彼方奋累此之业，逞武人之志，并吞大国，万里趋利，西连德义，为天下敌，料其败衄将不旋踵。我助其虐，同其祸天下，谁能与之？诸公忘其累卵，安于积薪，郑无待晋之谋，蜀绝通吴之使，坐俟其败，不待无虞，儒窃惑焉。且夫三省之利，日本与俄共之。日本不能有，则俄取之，犹外府也。将于此时观衅而起，因其弊而乘其利，若劫乘舆，挟其臣民，北狩之祸，必见于今日矣。而于此时致身其间，将与其难，非智士也；不与其难，非忠臣也。杀身则伤仁，保身则害义，足下将何居焉？易曰："介于石不终日。"今满洲危

亡，见其几矣，足下之坚贞，介于石矣。去之不待终日，则犹可及也。得七月十日书，知又有辽东之行，近揆事势，远引易道，敢尽言于足下，亦惟少垂察焉。[1]

这封书信以《与陈苍虬御史书》之名收入《寒玉堂文集》，虽少数措辞有别，然大意相同——劝阻陈曾寿前往辽东。试比较《送苍虬侍郎出关》中的"奇计近如何"，溥心畬对陈曾寿前往东北之事，口气判若两人。原因便是"满洲国"为日本所立，名不正，言不顺。也即"国家"并非因溥仪而具合法性——建立在"君臣纲纪"上的"国家认同"发生了变化。原先那位"奇计"的呈献对象——"故君"，在书信中不再重要，只因一句"今满洲国家，日本所立也"而"隐身"。此后，关乎时局的判断、分析中，满洲亦非"国家"，是为他国夺利的地理概念——"三省之利"。对"三省"一词的使用表明溥心畬没有接受独立为满洲的东北，仍视之为"中国"的一部分。另，谈及日本与德国、意大利联合为"天下之敌"时，"天下"这个关乎"国家"的词汇，也不再指"中国"，而是"世界"。由此观之，书信背后的溥心畬绝非固守"君国一体"的观念，而是因时应变。尤其"世界"对"天下"含义的置换，明显受现代"国家地理"观念的影响。而具有如此意识的溥心畬，自然不赞同陈曾寿的"东北之行"：致身日俄逐利的东北，实乃投身"北狩之祸"，并非明智。溥氏之劝，发于时局之断，终乎个人得失，只字不言陈氏"忠君"之意。究其缘由，实乃"此君之国"名不正，言不顺，不具遗民尽忠的合法性。"故君依旧，然国非一"的观念是溥心畬与陈曾寿"故君犹故国"的差异之所在，并导致了两人"同谋"后的分道扬镳。

如果说陈曾寿"以君为国"的遗民情结，因效忠对象的实体化而相对确定。那么"君国"分离的溥心畬，遗民行为又将何存？遗民作为历史现象，源自中国人关乎道德的自我想象，其文化主体需因"忠孝"而具合法性。而中国传统社会结构的稳定，则往往取决于这种合法性在民间的"广

---

[1] 杨新、许爱仙：《溥心畬书画集》（卷上），故宫博物院、紫禁城出版社，1997年，第130-131页。

为流传"。文人，无疑正是它的创造者、传播者与执行者，并与之融为文化之象征体。甚至可以说，丧失了忠孝道德的象征，文人价值亦将无以为存。所以乱世更迭中的文人，常需"忠于故国"以显道德之象征。但"忠孝"从道德观念转变为社会行为，需要"施动对象"的确立，正如孝之于父母，忠之于君国。前者基于血亲关联，恒常不变；后者缘于社会确认，因时而变。问题在于"因时而变"的原则是什么？显然，没原则的"变"有悖道德象征。回答这一问题，还要回到"君国"何以成为忠的对象。[1]表面上，君直接代表了国——忠君，即忠国。实际上，君与国的"链接"需要合法性前提。在"家、国、天下"的结构中，"天下"是社会理想的最终诉求，由"国"而"天下"才是"君国一体"的合法来源——君与国的"等同"并非天然既定，它需诉诸天下之道义前提。或可这么理解：在中国文人的表述中，"忠君""忠国"并非最终目的，而是为了达到更进一步的"社会理想"的手段。而这正是"忠于君国"可以"因时而变"的内在原则。

当文人以此原则面对乱世时，"遗民行径"就获得了更具弹性的道德空间，溥心畬正是如此。当溥仪出任"名不正，言不顺"的"满洲皇帝"时，作为旧君之溥仪便与溥心畬的"国"不再具有关联性。因为在溥心畬看来，"未有效平原之智昏，贪百里而趋利。弃其天位，身职乱阶，而以为利者。"[2]"弃其天位，身职乱阶"，正是此时溥氏眼中的"康德皇帝"。基于此，他进而指出："非奉一人，即全臣节。资父事君，必有其道。臣之于君，无以过于父母。母之嫁者，有终恩之服，无竭力之义。"[3]"资父事君，必有其道"，意指"忠君"是有前提的，当"君"对于"国"的合法性丧失，臣自然不再需要"奉一人"。恰如面对母亲改嫁，有服从的情

---

[1] 当然，我们无须纠缠中国文化系统中概念的复杂性，如"忠"在《论语》中与"恕"相对，以"己欲立而立人，己欲达而达人"之义，与"己所不欲勿施于人"的"恕"共同构成"推己及人"的"修仁"方法。同时，它因个人"修仁"而运用在"为人谋"中，形成所谓"为人谋而不忠乎"[《论语（卷一）·学而》]、"臣事君以忠"[《论语（卷二）·八佾》]的衍生义，并为后世惯用。至于"忠"的各家解释，并非此处讨论目的。
[2] 溥心畬：《臣篇》，载《溥心畬先生诗文集·寒玉堂文集（卷上）》，台北故宫博物院，1993年，第62页。
[3] 溥心畬：《臣篇》，载《溥心畬先生诗文集·寒玉堂文集（卷上）》，台北故宫博物院，1993年，第64页。

分，但没有"竭力"之义务。"非奉一人，即全臣节"正是溥心畬放弃"君国一体"的道德解释。因此，同样"以死报君"，陆钟琦的"慷慨赴死"能感动溥心畬，而陈曾寿的"毅然前往"却成为"非智之举"。其中差异，正是"君"之于"国"的代表性。前者，君即为国，"奉君"即"臣之义"；后者，君已非国，"奉君"违背"资父事君，必有其道"的"道"。

"君国分离"，虽然解决了"弃君"行为的道德合法。但失去"臣之义"的溥心畬，又如何重建自己的遗民身份呢？抑或说，失去"君之国"这一效忠符号后，遗民的效忠对象又是谁？表面看，问题很简单——没有故君，仍有故国，效忠故国即可。但"国"是人观念世界中的一种想象，通常依托制度化的政权认同而存在。尤其近世"国家"概念尚未形成时，"国"在中国人的认知中往往是与"家"异质同构的"天子之家"，呈现为"某家"天下的表述。"故国"需要"故君"，才能形成明确所指。即便"故君"死亡，仍以"能指在场"的方式，完成遗民的"故国"想象。然而溥仪的行为导致这种"故国"想象失去"依托"。当"君国一体"的合法性遭遇瓦解，遗民就必须面对"变化"——关于国的想象。因为只有经过观念层面上的转换，遗民的自我身份才能获得重建。对此，溥心畬是如何实现"转换"的呢？在写给陈曾寿的那封信中，他对陈氏身陷"北狩之祸"曾做出"预言"："杀身则伤仁，保身则害义。"也即，前往东北的陈曾寿将面对"生不得、死不能"的矛盾际遇：生，可谓不忠，是为"害义"；死，不仅不智，而且"伤仁"。溥心畬的"预言"中，习惯合用的"仁义"被拆分为二，成为"对立"的两种状态。

"仁""义"是中国传统思想中最为常见的概念，相关解释、衍生不胜枚举。就字源而言，"仁"字"从人二"，意含"人与人"，带整体化道德理想之意味；"义"字"从我"，意含"个人"，带个体实践理想之意味。《说文解字》云："仁者人也，义者我也。谓仁必及人，义必由中断制也。"[1]"仁义"合用时，"仁"通常代表整体性理想，并通过个体化的"义"来践行。那么溥心畬的表述为何要将二字拆分且"对立"？在"杀身则

---

[1] 许慎撰，段玉裁注：《说文解字注》，上海古籍出版社，1988年，第633页。

伤仁，保身则害义"的背后，隐含着怎样的认知？其实，这句"预言"也可表述为一种潜在含义："杀身则成义，保身则成仁。"其意指：陈曾寿在"满洲国"败亡之际，选择死亡则成"义"，选择保命则成"仁"。前者，容易理解。所谓"杀身成义"，是指陈曾寿用"死"兑现他相对溥仪的"义"。此中，关于"义"的理解与溥心畬描述陆钟琦的"臣之义"相同，不外乎《论语·微子第十八》中子路所云："不仕无义。长幼之节，不可废也；君臣之义，如之何其废之？欲洁其身，而乱大伦。君子之仕也，行其义也。"是从个体出发的"君臣纲纪"。但后者却让人费解——为何"保命"反能"成仁"？这与儒家惯常所谓"杀身成仁"截然相反。《论语·卫灵公第十五》中孔子有云："志士仁人，无求生以害仁，有杀身以成仁。"夫子的"求生害仁，杀身成仁"，与溥心畬"求生成仁，杀身害仁"正好相反。就字面看，矛盾确实存在。但细辨之，则不然。夫子所谓"杀身""求生"是相同条件下的两种选择；而溥心畬"杀身""求生"的对象并不相同——"杀身"面对曾经具有"国"之合法性的溥仪，"求生"则面对现在不具有"国"之合法性的溥仪。

当"过去的溥仪"与"现在的溥仪"身份表述不统一时，"仁"与"义"的统一也就不复存在。所有遗民面对如此之"旧君"，都不得不面临"选择"：是从个人角度坚守曾经的"君臣纲纪"，还是从整体角度选择"资父事君，必有其道"的"道"。前者仍彰显个人的"臣之义"；后者则尊显整体性道德表述的"仁"。显然，"仁"是夫子之语的关键所在。所以溥心畬的"求生成仁，杀身害仁"，恰是夫子"求生害仁，杀身成仁"的深化、延展，而非否定。那么面对如此悖论之"未来"，溥心畬给陈曾寿的建议是什么？答案是"知进退存亡而不失其正"——出自《易传》对乾卦的解释。"知进退存亡"指在变化中选择，不执于一；"不失其正"指无论如何选择，都要有根本原则。这句话说给陈曾寿听，言下之意："忠君"固然可以，但在不同条件下需要重新选择，不能固执于此。东北之局，即便不"义"亦不失"仁"之根本。与其将自己投诸"二选一"的尴尬，不如及早选择不去面对。"不面对"不仅成"仁"，且因"不在场"而规避了"保身成仁而害义"。这在溥心畬看来才明智：不去东北，回避

"为君尽义"的局面，自然就不会"因义伤仁"。显然，在"仁""义"不再统一时，溥心畬选择以"仁"代"义"，并因此解决了遗民身份的"道德诉求"。

以"仁"代"义"表面上是一种取舍，其内在逻辑却是：溥心畬这样的遗民，对"国"的想象发生了变化。需要说明的是，"国"这个字在现代"国家"概念引入中国之前，其所指并不明确。一般情况下，它多指涉分封制下的行政单元。且，公、侯、伯、子、男各级封地皆为"国"。这些具有等级关系的"单元"，并非各自独立状态下的"国家"，而是城邦化大小区域，并与受封人形成政治象征性的存在。今人所理解的"国家"，在传统语境中更接近"天下""社稷"之类词汇，是与"天子""宗庙"融为一体的模糊概念。当然，由于"国"具有政治象征性存在的语义，一些具体应用也会产生类似于今天"国家"概念的衍生义。如《后汉书·寇恂传》："今天下初定，国信未宣，使君建节衔命，以临四方，郡国莫不延颈倾耳，望风归命。"[1] 后一个"郡国"之"国"，乃城邦之义。前一个"国信"之"国"，却与"天下"相当，略似今日之"国家"概念。应该说，这种词汇运用的模糊性在溥心畬身上也同样存在。《臣篇》谈及恭亲王时，云：

> 我祖忠王，股肱王室，临难受命，夹辅定功，懋亲明德，是称周召之勋，宗子维城，乃建延陵之国。[2]

"延陵"借春秋季札的典故，标榜溥心畬祖父之德。所谓"建延陵之国"并非建立自己的国家——"国"对应"分封"，指恭亲王的爵位。但在一些诗文中，"国"又有类似"国信"的运用。如"故国青山夕，荒园乱木交。芙蓉开旧馆，风雨落空巢。"[3] "碧岩秋高北斗悬，浩歌弹铗心茫然。年年故国悲乔木，风雨凄凉宝剑篇。"[4] 其中，"故国"的"国"与"延陵之国"的"国"，所指不同。这表明"国"在溥心畬的世界中亦非明确

---

[1] 范晔撰，李贤等注：《后汉书》（第三册卷一六），《邓寇列传（第六）》，中华书局，1965年，第620页。
[2] 溥心畬：《臣篇》，载《溥心畬先生诗文集·寒玉堂文集（卷上）》，台北故宫博物院，1993年，第65页。
[3] 溥心畬：《和叔明弟闲居韵》，载《溥心畬先生诗文集·西山集》，台北故宫博物院，1993年，第4页。
[4] 溥心畬：《古剑行》，载《溥心畬先生诗文集·西山集》，台北故宫博物院，1993年，第13页。

概念，而是模糊性的混融状态。当它意为"故国"时，常与"社稷"之类词汇等同并可替代。如《忆陈弢庵太傅》中的"社稷终难复，殷周事不同"[1]便可改作"故国终难复，殷周事不同"，乃"复国"无望的感慨之语。"社稷为国"的想象，是历代遗民的某种"共性"：鼎革易代之际，所忠者多是这种通于"社稷"的"国"。"首阳采薇"中，"不食周粟"之气节亦是效忠"殷商社稷"的遗民想象。所谓"社稷"显然与天子宗庙相关，是基于"君统"的国家想象。当"君统"合法时，"国"与"社稷"的等同亦合法。当"君统"失效时，"社稷之国"则面临挑战，需要观念的转向。《孟子·尽心下》中所谓"民为贵，社稷次之，君为轻"，正传达了类似观念："君"服务于"社稷"，"社稷"服务于"民"。"君"最终基于"民"而获得合法性，并使"社稷"具有"国"的等同性。这种关于"君统"的理解，潜藏了"社稷之国"的合法取决于"君"是否服务于"民"。而在孟子"仁民爱物"的思想系统中，服务于民，正是"仁"的体现，是为"君""国"的最终诉求。如果"君"未失之于民而亡国，"君"仍符合"仁"的要求，"君之社稷"便构成"故国"能指，成为"遗民"继续效忠的对象。在这种情况下，遗民通过对过去"社稷之国"的效忠行为，确立了自身的社会身份，并成为"仁"的道德象征体。一旦"君"被确立为失之于民的形象，不再符合"仁"的要求，上述效忠关系自然也就失去了合理性，正如溥心畬面对成为日本傀儡的"旧君"溥仪。

　　成为傀儡的"旧君"，意味着他所代表的"社稷之国"也将面临调整。遗民基于如此调整而重构"国"之想象，以及想象背后的新的道德象征。只有重获道德象征，遗民的"身份表述"才能获得重新确认。就此而言，溥心畬的"以仁代义"正是"国"之想象的外化。它是历史主体主动介入"自我确认""自我描述"的动态过程。因为这种动态过程的存在，历史主体并非后世所面对的一个客观客体，而是主动介入"我们所看的历史"的"编织"之中——即后世所看到的历史性景观，也是历史主体自我

---

[1] 诗文："群盗乱天纪，君王念葂芬。老臣扶幼主，衰世效孤忠。社稷终难复，殷周事不同。相逢旧都邑，流涕说辽东。"载《溥心畬先生诗文集·西山集》，台北故宫博物院，1993年，第15页。

观看中的想象性景观。如同我们借助各种材料呈现历史一样，历史主体也借助各种思想资源，呈现关乎自己的想象。我们是在历史主体想象的景观中，辨识了历史景观。亦如明清之际遗民群，行为逻辑与时常呈现出价值取向上的悖论。诸如自己不仕新朝，却鼓励后辈入仕新朝，等等。其发生逻辑，便类似溥心畬的"以仁代义"。自己不仕新朝，是基于"旧君"之"仁"而效忠其"社稷之国"，并由此构建自身合于"仁"的道德形象。但这一逻辑无须后辈践行。原因何在？"民为贵"也。对未失于"仁"的旧君，作为旧臣的自己需尽"臣之义"。但其后辈未曾为臣，故而可以因"民为贵"而重新选择，并构建出新的符合"仁"的道德形象。

从某种角度看，这种表述空间的弹性恰是中国士人创造的一套文化修辞，用以应对王朝更迭中的个人，乃至家族的身份想象。它牵涉了"仁""义""道""国""德"等系列概念的动态运用，并显现出方向之"确定性"与操作之"不确定性"共存的文化景观。每个介入其中的"主体"，都会基于相似观念做出差异性选择，并用个体经验的"可变"丰富了中国文化的历史。溥心畬，亦然。不同于明清之际遗民身份想象的隔代转换，他因"旧君"失节而不得不将"转换"完成于自身。并且，不同于"隔代"之后的遗民身份之消解，溥心畬的"转变"仍需延续其"遗民身份"。这种情况，可谓清民换代的一种特殊的遗民现象。而完成如此转变的关键点，则在于效忠对象的改变——由"君之国"转变为"仁之国"。所谓"仁之国"，即跳跃由"君"因仁而代表"国"的国家想象，转而基于"仁"的文化体验直接建构的国家想象。或许，正是源于如此之"转换"，身为皇室成员的溥心畬才会接受王朝更迭的逻辑表述：

> 是以人心厌莽之恶，而白水应符；黔首苦秦之暴，而赤帝受命。然世代盈虚，与之消息。[1]

王莽因恶（失于仁），刘秀替而代之；秦因暴（失于仁），刘邦替而代之。两则改朝换代的典故，隐含了溥心畬对于"君之国"合法性的审

---

[1] 溥心畬：《臣篇》，载《溥心畬先生诗文集·寒玉堂文集（卷上）》，台北故宫博物院，1993年，第61页。

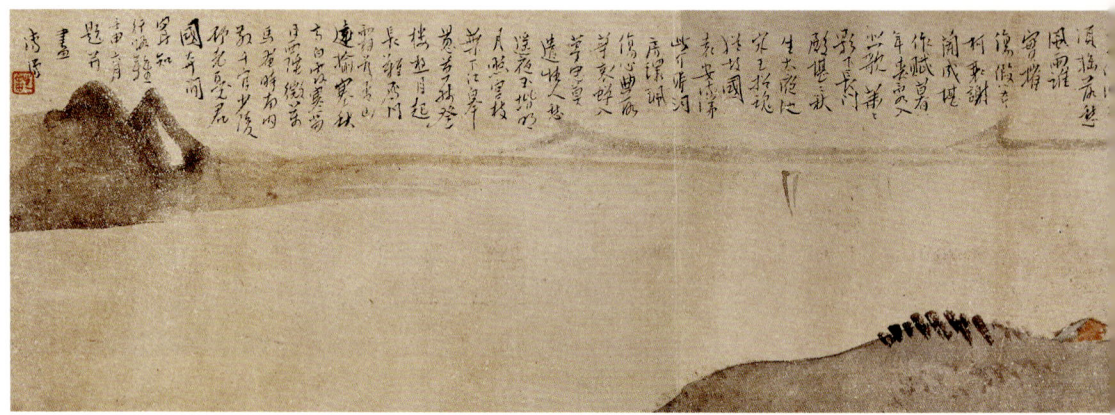

图14 溥儒《山水手卷》

视态度。在他看来，君之于国的合法性并非固定不变，"世代盈虚，与之消息"正显现出这种动态化的判断。也即，"君之国"须时刻维护自己因"仁"而立的文化身份，否则就将面临革鼎易代之变。接受如此之认知，溥心畬显然超越了自身与王朝的血统联系，转以普通士人之心面对："惟智者不惑，仁者不忧，中道而行，乃义之在。"[1] 言下之意，即以"仁"为中心的文化合法性，才是士人效忠的对象。与之相应，效忠对象的改变，也使溥心畬关乎自身的遗民想象发生了变化——其所遗者，实乃文化想象中的中国。诚如陈寅恪评王国维之死："则此文化精神所凝聚之人，安得不与之共命而同尽？"[2] 可谓对这类遗民的"一语中的"。于是，以"仁"代"义"的溥心畬，"知（陈曾寿）又有辽东之行，近揆事势，

---

[1] 溥心畬：《臣篇》，载《溥心畬先生诗文集·寒玉堂文集（卷上）》，台北故宫博物院，1993年，第61页。
[2] 陈寅恪：《王观堂先生挽词序》，载刘桂生、张步洲编：《陈寅恪学术文化随笔》，中国青年出版社，1996年，第4页。

远引易道，敢尽言于足下，亦惟少垂察焉。"¹ 所为者何？正是对陈氏忠于"君之国"而伤于"仁之国"的担忧。在溥心畬看来，如此行径实"非智士也"。或许，溥心畬言下之意：为失于"仁"的君尽忠，其"君之国"的前提不再，所忠者亦为空。而失去合法的所忠对象，忠义行为岂非"孤忠"？

如若将此联系1951年《忆陈侍郎书画合卷》中孤岛上的陈氏故居，这幅感怀故人的书画合卷，在尊崇、痛念的心绪之外，似乎还渗透了某种更为复杂的感怀：同为乱世臣，仁义两难全；采薇人不再，遗岸别孤忠。就此而言，溥心畬笔下看似普通的山水营造，意趣却发生了变化。《忆陈侍郎书画合卷》如此，余者亦然。诸如现藏天津人民美术出版社

1　杨新、许爱仙：《溥心畬书画集》（卷上），故宫博物院、紫禁城出版社，1997年，第130-131页。

的一幅《山水手卷》（9.9 厘米 ×116.8 厘米）[1]（图 14）创作于 1932 年溥仪签约后不久。画面由右至左，从起伏的山峦描绘到野寺游旅，看似惯常的山水隐逸主题，然其所言、所托，却是有关"故国"的文化想象。画上题四首七律，其中，"宋玉招魂""袁安流涕""少陵野老"等典，或以忠臣遭佞，或以老臣扶孤，或以文辞忧君的意义表述，反向构建了自身的遗民身份。[2] 也即，在文本与图像的相互改造中，所用之典故中的国家寄托与其说是所指清晰的表忠对象，不如说是由辞与图共建的一种"文化中国"的自我寄怀。从某种角度看，正是 20 世纪特殊的社会际遇，才使得溥心畬这样的遗民具备了不同于前朝遗民的文化表述——在政权性国家与社会分离的现代意识中，他们的遗民身份更多地依托于历史相关的文化想象。这种特质使他们在看似相同的图像经营中，却产生了不同于前人的意义表述。

---

1 该画作于壬申年（1932）六月，正是溥仪签约后不久。画面自题四首七律，皆托物怀国之意。题跋："昔日千门万户开，愁闻落叶下金台；寒生易水荆卿去，秋满江南庾信哀；西苑花飞春已尽，上林树冷雁空来；平明奉帚人头白，五柞宫前梦碧苔。微霜昨夜蓟门过，玉树凋零恨若何；楚客离骚吟木叶，越人清怨寄江波；不须摇落愁风雨，谁实摧伤假斧柯；袁谢兰成堪作赋，暮年丧乱入悲歌。萧萧影下长门殿，湛湛秋生太液池；宋玉招魂犹故国，袁安流涕此何时；洞房环佩伤心曲，落叶衰蝉入梦思；莫遣情人怨遥夜，玉阶明月照空枝。叶下江皋蕙草残，登楼游目起长叹。雁门霜落青山远，榆塞秋高白露寒。当日西陲征万马，盖时南内散千官。杜陵野老忧君国，弃闲宁知行路难。壬申六月题并画。溥儒。"钤印：心畬（朱文）、抱经（朱文）。见《中国近现代名家画册：溥心畬》，天津人民美术出版社，1996 年，第 10—13 页。
2 图见《中国近现代名家画集·溥心畬》，天津人民美术出版社，1996 年，图 10—图 13。

第二幕　精英主义的困顿

作为现代艺术的早期代表人物，林风眠的命运沉浮通常被视为艺术史的内部现象。本片段以"北京艺术大会"引发的"艺术与社会"之命题为线索，将林氏置于政治语境、文艺理论以及人际交往的历史网络中，以期在整体史的视角下检讨"写实——现代"框架的局限性，进而揭示艺术政治一体化的时代脉络中，持现代精英主义立场的现代艺术所面对的"现实困境"。

第 1 场

艺术与社会的时代命题

1927 年 5 月 11 日,"北京艺术大会"在国立北平艺术专科学校(以下简称"北平艺专")开幕。次日,《晨报》以《艺术大会开幕盛况,艺专校景一新,观者甚为踊跃》为题,《世界日报》以《若火如荼,昨日之艺术大会,观者千人,批评极佳》为题,给予了大体一致的报道。这两份新闻稿,都刊登了艺术大会的标语口号:

> 打倒模仿的传统的艺术!打倒贵族的少数独享的艺术!打倒非人间的离开民众的艺术!提倡创造的代表时代的艺术!提倡全民的各阶级共享的艺术!提倡民间的表现十字街头的艺术!全国艺术家联合起来!东西艺术家联合起来!人类文化的倡导者世界思想家艺术家联合起来![1]

值得注意的是,标语口号在当天传播中就出现了一些用词甚至内容上的差异。诸如同天刊登在《晨报》的"记载"就与《世界日报》有所出入。[2] 相对而言,《世界日报》所载"三打倒、三提倡、三联合"更为准确。

---

1 《若火如荼,昨日之艺术大会,观者千人,批评极佳》,载《世界日报》1927 年 5 月 12 日第 6 版。
2 《晨报》的记载:"打倒模仿的传统的艺术,打倒贵族的少数独享的艺术,提扬(倡)全民的各阶级共享的艺术。提扬(倡)民间的表现十字街头的艺术,全国艺术家联合起来!东西艺术家联合起来!人类文化的唱(倡)导者,世界思想家艺术家联合起来!!"见《艺术大会开幕盛况,艺专校景一新,观者甚为踊跃》,载《晨报》1927 年 5 月 12 日第 6 版。按:北京艺术大会的口号,在开幕当天即出现传播"差异"是一个颇有趣味的现象。这表明公众在当时对这一口号的理解与接受,就已然差强人意。

《海灯》1927年第1期为《北京春季艺术大会特刊》，曾以《艺术大会之使命》为题，刊登了与《世界日报》几乎一致的标语口号。[1]（图15）从打倒、提倡到联合，北京艺术大会发出掷地有声的宣言，释放了狂飙突进的创作热情。（图16）如果将它和1932年决澜社的现代主义宣言比较[2]，我们会发现两者精神气质完全相同：以创作为方向，强调打倒一切旧艺术的勇气与激情。

北京艺术大会的标语口号，仿佛现代主义在中国美术界的早产儿，充满律动激情而略显突兀，却又符合逻辑。将"三、三、三"结构进行归纳，艺术大会的目标非常明确：以打倒模仿的旧艺术为基础，提倡创造未来的新艺术，强调全世界思想家与艺术家的联合。该主张之精神内质，与《霍普斯会宣言》、中国美术展览大会征稿启事一脉相承。或可说，创造话语犹如1924年霍普斯会至1927年艺术大会的内在线索，也是林

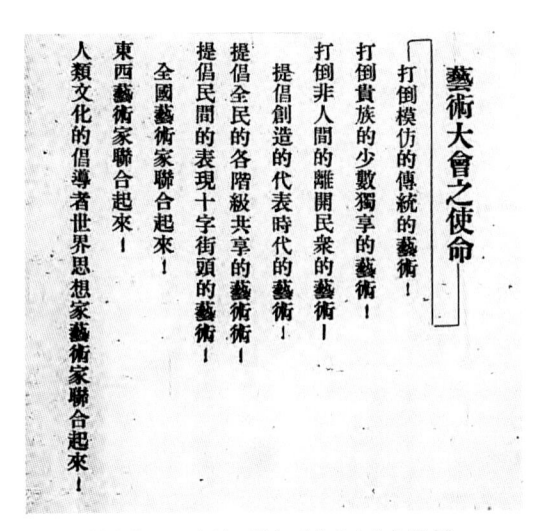

图15 《海灯》1927年第1期之《艺术大会之使命》

---

[1] 《海灯》杂志所刊的运动口号与《世界日报》所刊内容，仅一字之差："提倡全民的各阶级共享的艺术术"，多出的一个"术"字，当为《海灯》排版之误。详见《艺术大会之使命》，载《海灯》1927年5月25日第1期，《北京春季艺术大会特刊》，第48页。

[2] "我们厌恶一切旧的形式，旧的色彩，厌恶一切平凡的低级的技巧。我们要用新的技法来表现新时代的精神。……二十世纪的中国艺坛，也应当现出一种新兴的气象了。让我们起来吧！用了狂飙一般的激情，铁一般的理智，来创造我们色、线、形交错的世界吧！"决澜社同人：《决澜社宣言》，载《艺术旬刊》1932年10月第1卷第5期，第8页。

图16 林风眠在北京艺术大会的留影，拍摄于北平艺专二校门前，人物从左起为王代之、杨适生、黄怀英、林风眠、焦增铭

凤眠成为"林风眠"的重要逻辑。然而这么刚猛、直接的革新口号，在当时似乎有些水土不服。林风眠便曾因标语口号一事遭遇教育总长刘哲的"质询"：

> 刘谓：若就此点说起，余不能不就所闻，向足下说明，自鄙人就任教长之日起，外间抨击足下者，除上述三项外，有谓足下系蔡元培、李石曾死党，本年暑假曾到南京谋事，因无相当位置，故又北来。然办学以人才为前提，足下既为艺术界人才，无论有无党派关系，只要能实心办学，与学生前途不生妨碍，当然置之不理。惟就艺专过去现象而论，如前次艺术大会打倒字样到处粘揭，此等字样用之于下等社会，促其易解，或可说得下去，若用之于学校之中，姑不论白话文应否废止，但青年脑筋中弥布此种打倒不合作之刺激名词，必

收不良之结果。盖某事可以打倒，其他无不可打倒也。余初闻此讯，即派刘司长（风竹）到校查勘，并令撕去，中国有中国之国性，其所以能维持四千年之历史而不堕者，亦惟有此国性，打倒若与改善改良同，当时为何不易用。[1]

这次谈话发生在 1927 年 9 月 2 日，距"北京艺术大会"开幕不过短短数月。其间，林风眠受到匿名信的攻击，北平艺专校长的工作面临挫折。其实匿名信并非林氏遇挫的真正原因，刘哲的"谈话"表明，更主要原因还是蔡元培的政治动向。1927 年的中国政局剧烈震荡，在南北对峙中相继发生"四一二政变""宁汉合流""国共合作破裂"等重大政治事件。这一年，已经南下的蔡元培，以国民党元老的身份参与了南方政权的诸多活动，成为北方政权的"敌对势力"。这使得与蔡氏渊源颇深的林风眠，遭遇职业生涯的一次危机。当然，党派问题似乎不便成为处理他的理由。于是艺术活动中的不当行为就成为"攻击"他的理由，而艺术大会的标语口号，正是其中最为重要的"理由"。另外，刘哲与林风眠的谈话还显现出：蔡元培、胡适等五四运动参与者南下后，北京出现了一次"五四逆流"。刘哲对"白话文"及"打倒"的态度，清晰表明了反对变革的保守立场。因此，林风眠在当时遭遇到政治与文化的双重压力。今天的我们很难想象，刘风竹撕去艺术大会标语口号时，他的内心应是怎样一种失落感。不谙政治的林风眠，其失落之心态并不关乎个人命运，而指向了内心的艺术理想。面对刘哲的"质询"，他以艺术家的思维回答：

艺术之范围至广，所谓打倒者，系以铲除旧的，促进新的为主，当时因打倒二字易惹人注目，故袭用此语，绝无别的作用。[2]

在林风眠的内心深处，艺术是一项至高而单纯的事业，并没有太多世俗世故的东西。抑或因此，他在欧洲即为蔡元培所看重，从而有机会回国

1、2　《刘哲昨与林风眠谈话——匿名信所攻击林者全已了解》，载《晨报》1927 年 9 月 3 日第 7 版。

施展自己的艺术抱负。他也确实没有让蔡元培感到失望。因为无论身处怎样的环境，林风眠始终都保持了他们相识之时的初心：以创造中国的未来新艺术为己任。北京艺术大会，不仅是霍普斯会在中国的延展，也可以说是林氏对蔡氏之期盼的某种回应。[1] 应该说，北京艺术大会试图打倒的旧艺术，并非特指中国的旧艺术，而是世界范围内的旧艺术；其试图创造的新艺术，亦然。此次大会的重要参与者克罗多便曾宣称：(图17)

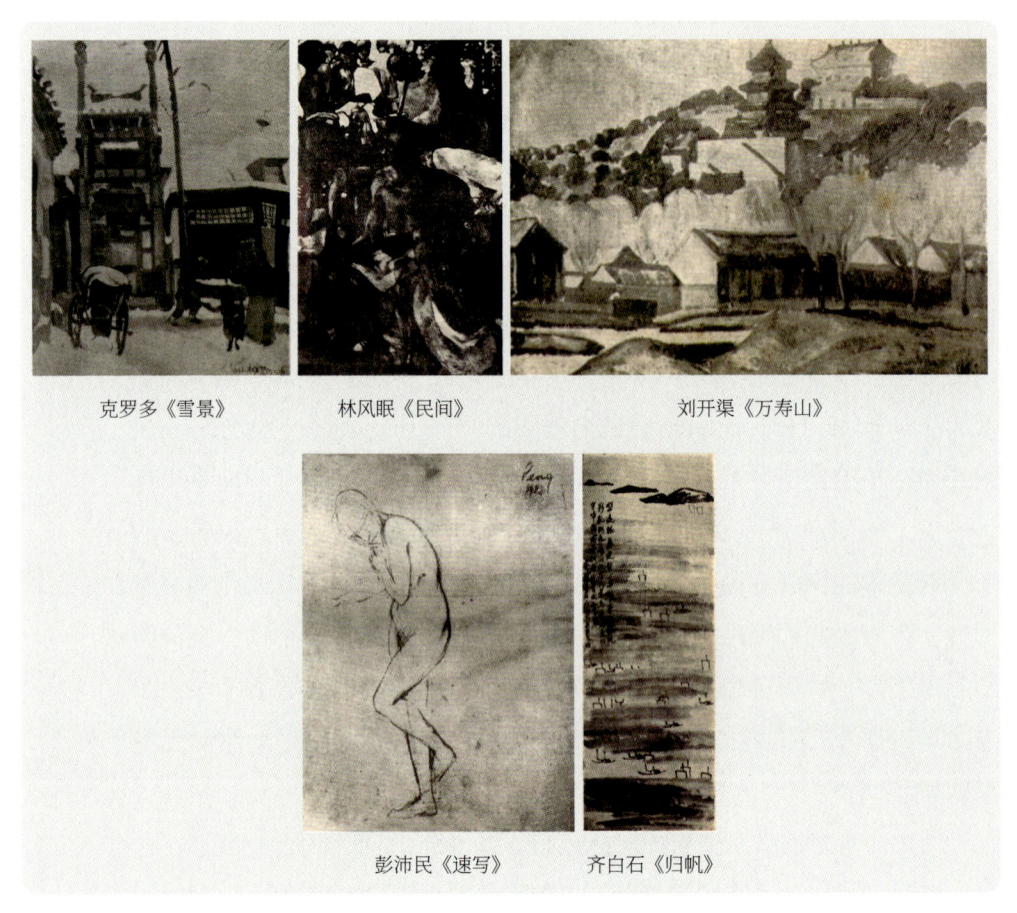

克罗多《雪景》　　　林风眠《民间》　　　刘开渠《万寿山》

彭沛民《速写》　　　齐白石《归帆》

图17 《晨报·星期画报》1927年第2卷第85期，第1页。艺术大会参展作品

---

[1] 蔡元培曾表述："夫欧洲美术参入中国风，自文艺中兴以还日益显著；而以今日为尤甚。足以征中西美术，自有互换所长之必要。采中国之所长，以加入欧风，欧洲美术家既试验之；然则采欧人之所长以加入中国风，岂非吾国美术家之责任耶？"蔡元培：《中国美术展览大会目录·序》，载《中国美术展览大会目录》一书，今已难见。但蔡元培这篇序言，却被李风《旅欧华人第一次举行中国美术展览大会盛况》全文转录。载《东方杂志》1924年6月第21卷第16期，本文所引，见第33页。

> 艺术并没有什么国界的区别，中国画，或俄罗斯画，法国画，这种名词实在不能成立在艺术上。这种分类，系一种限制的不活动的死的，都是没有什么关系的艺术，除假的艺术应当铲除之外，我们只有直捷（接）明白的说一句，"绘画"而已。[1]

消除国界，是艺术领域最为彻底的"世界主义"。作为林风眠的得力"外援"，克罗多显然与林氏共享了这一观点。从某种角度看，该观点也恰是《霍普斯会宣言》的另一种表达："将来西方可因此而产生新的艺术。东方亦可因此而产生特别的艺术。两方面之新艺术，又可调和再生。以至于无穷。这便是世界艺术将来之新生路。"由此可知，林风眠为20世纪20年代中国美术界带来的，是基于世界主义的创造之路。有趣的是，这再次印证了创造观念流行于中国的全球化背景。从1923年到1924年，人在本国的刘海粟与远在欧洲的林风眠，共同构成了艺术领域世界化、网络状的有关"创造"的话语生产。[2] 在他们看来，创造是可以超越中西区隔，实现"全世界思想家与艺术家联合起来"的有效手段。

克罗多的外国身份，仿佛是艺术大会口号——"全世界思想家与艺术家联合起来"的生动注脚。时人杨适生在批评艺术大会未达"艺术集中"之目标时，向我们透露出克罗多在这场声势浩大的运动中，曾经起到过的某种"引导性"：

> "艺术集中"这是对民众宣传的绝好手段。但此处所谓集中，不是量的种类的集中，乃是有创造精神的画风的集中。此次本校发起之艺术大会，本系取法于法国沙龙（Saloon）办法。其不同处，沙龙在法国社会，已有一种权威，凡愿参加展览者，须受该会之审查，一经该会展览则声价十倍。我国社会情形略有不同，文人相轻，自古已然。一般画家，平日既少联络，且门户之见太深，勇于创作者尤少。

---

1 克罗多讲述，李树化译：《艺术大会的评价》，载《海灯》1927年5月25日第1期，《北京春季艺术大会特刊》，第1页。
2 有关刘海粟的相关论述，参见杭春晓：《石涛的"民国声誉"——基于全球视野的知识考察》，刊于《文艺研究》2020年第8期。

艺术大会初时本拟成立一强有力之审查委员会，严格审查出品，终以习尚不惯，仍采克罗多教授之建议，所有作品混合陈列，此本系一种迁就办法。但既抛弃"画风集中"原则，艺术运动的效率便因之减少。[1]

杨适生之所以强调"艺术集中"，源自他对艺术大会所寄予的厚望，是出于理想主义的"想象"。但在实际操作中，这个目标却很难实现。当时的北京无法出现如其所想的集中性的作品。关于艺术大会参展作品的"质量"，克罗多亦坦然承认：

其中的作品好的当然很多，但坏的亦属不少。第一的缺点，在作品中很少能表现有音乐的意味的及基础很坚固的，但其中有以清淡的墨色谐和的音调表现其个性的特别的一种作风。其他最使人可惜的地方，就是以其青年热烈的兴趣，而压迫在传统的方法之下，变为纯粹模仿的艺术。[2]

"音乐的意味"，是克罗多基于现代主义立场而强调的带有形式主义特征的"风格"。这类作品在北京的匮乏，并不让人意外。而把艺术大会办成"林风眠们"预想的"艺术集中"，几乎没有任何可能。克罗多所批评的"纯粹模仿的艺术"才是当时主流作品。对这类画作，李朴园的批判更为尖刻：

那些老先生们是没有办法了，去便让他们去吧；独有一般学国画的青年们，自己年纪正轻，正好立定脚跟，竖起脊梁，既学艺术，便应当睁开眼睛，放开肚皮，先看看你的目标在那（哪）里，再看看你脚下的路线对否；如果不管三七二十一，低着头，垂着眼皮，只管跟着别人的脚踪儿走，假使你的老师走错了路，难道你一定以身殉之才好吗？话虽然不好一概而论，究竟大多数学国画的青年都是一个

---

1 杨适生：《整个的艺术运动》，载《海灯》1927年5月25日第1期，《北京春季艺术大会特刊》，第3页。
2 克罗多讲述，李树化译：《艺术大会的评价》，载《海灯》1927年5月25日第1期，《北京春季艺术大会特刊》，第1-2页。

样子的！[1]

面对"一个样子"的北京画坛，杨适生所希望的"画风集中"只是空中楼阁的奢望。似乎早已意识到这一局面，克罗多（图18）预见性地提出"迁就办法"，且最终被组织方接受。其实，这股新势力站在中西调和的立场上，并非一味地排斥中国的传统，正如克罗多对齐白石的认可以及他所谓"特别的一种作风"。但是，刚回国的他们对中国画基于临摹的演进史缺乏了解，加之"创造话语"所带来的关乎"模仿"的负面判断，从而对旧艺术的批判过于简单，整体上有些水土不服。从某种角度看，"中西调和"所蕴含的世界主义思维，在理论上具有重要的价值，但实际操作层面上不如"全盘西化"或"坚守传统"，因为后者更为直观、明确。甚至，它与似乎同样采用了"中间路线"的"中体西用"也不一样。显然，"中体西用"有着更为明确的主次关系，有着"中国中心主义"的基本立场，在操作层面上也就自然更为具体化。

"中西调和"在执行上，显然更容易面对"怎样的东"与"怎样的西"的质疑。虽然它在理论上消解了"××中心主义"的束缚，使艺术家面对中西资源时可以采取更加开放、自由而灵活的"姿态"。但遗憾的是，林风眠所处的20世纪20年代缺乏相关人文思想的深度检讨，缺乏相关理论的系统阐释。"中西调和"在"西化"与"传统"的夹缝中，很容易陷入进退维谷的尴尬。即便今天，后现代理论在人文社科领域全面开花，全球化已从世界主义的历史实践上升为明确的理论意识，然而在具体的文化场景中，我们还是会面对百年前林风眠曾经遭遇的"困境"：长时间段内显现功效的"全球化"与短时间段内就要成效的"区域需求"，构成一种操作上的矛盾。亦如，林风眠主导的北京艺术大会，"全世界艺术家联合起来"的口号响彻云霄，但具体执行又该如何？简单组合在一起，差强人意；追求"画风集中"，又难以实现。更有甚者，具体到一件作

---

[1] 李朴园：《艺术大会与艺术运动》，载《海灯》1927年5月25日第1期，《北京春季艺术大会特刊》，第5页。

品，什么样的"中西调和"才是恰当的？这些问题成为热衷于运动以推动艺术进步的青年林风眠的"阿喀琉斯之踵"。振臂一呼的激情，固然给人们带来希望，但"万千呼应"却需要具体的执行方案。或许，中年后的林风眠在看似沉寂的"人生"中，正是以持续性的绘画实践来医治年轻时的"阿喀琉斯之踵"。

是故，推动北京艺术大会的林风眠，不仅面临着前述政治、文化之双重压力，还面临着"中西调和"在实现方式上的尴尬际遇。这使得艺术大会难以圆满，在遭遇"保守势力"诘难的同时，还要面对"革新团体"内部的失望情绪：

> 在这样散漫的没有纪律的展览会里，我们所希望艺术大会的一种热烈的革新的空气！新派画风的集中，完全失望了。多数观众自然得不到什么鲜明的启示，就是校内多数徘徊歧途的青年作家，他们渴望着艺术大会能够给他们一种慰藉、指导。结果，这样的模糊，毫无一些刺激的力量，他们多么抱怨呵！春季艺术大会眼看着失败了？这失败的原因，还是在艺术大会组织上不能贯彻原来的主张。[1]

图18 《晨报·星期画报》1926年第2卷第54期，第1页。克罗多像

这种失望似乎无法避免。否则，前述之"迁就办法"就不会出自曾与马蒂斯共同办展的克罗多。深入中国现场的克罗多深知北京这样的文化场

---

[1] 杨适生：《整个的艺术运动》，载《海灯》1927年5月25日第1期，《北京春季艺术大会特刊》，第4页。

域无法"复制"自己的异国经验，故而提出"所有作品混合陈列"。这种被批评为"迁就"的方法，表面上是无法"贯彻原来的主张"，实际上却是更为务实的选择。殊不知，杨适生所期望的纯粹艺术大会不过是理想主义情怀下的"空想"。任何试图将理想落地的决策者，都不得不面对现实作出调整。彼时林风眠正是如此。不仅艺术大会这么系统性的工程需要如此，就连聘请克罗多来华任教一事，他也无法"一人独断"，不得不另想办法：

> 外传余借支薪水，实因法人克罗多住在舍下，学校无钱供给，若请克由学校支薪，又恐他人援例，故余不得已，以己之薪，转给伊用，此层请总长原谅，并调查真相。[1]

在向刘哲作出的解释中，林风眠聘请克罗多的方式竟然是"借支薪水"。那么聘请克罗多有无价值？《第一次春季艺术大会》曾以官方口吻肯定了这一选择：

> 本校自林风眠先生主持校务后极力发挥艺术家办艺术学校的精神，延聘专家改订课程实行专科教室制，一时东西艺术家，荟萃于吾校，尤以法国之克罗多影响最大；彼之画风与教法，具有独到之处，故学生研究兴趣，因之提高。[2]

但即便如此，聘用克罗多仍需要曲线救国——因担心他人反对而无法"由学校支薪"，不得不采用非常规处理办法。这表明林风眠面对的"现实"，是一张错综复杂的网络，绝非年轻而缺乏资历的他可以完全掌控。故而在北京推动新艺术运动，对林风眠而言是一项充满挑战的工作。甚至，原定5月1日开幕的设想，也曾因警察干涉而推迟。[3] 种种迹象表明，

---

[1] 《刘哲昨与林风眠谈话——匿名信所攻击林者全已了解》，载《晨报》1927年9月3日第7版。
[2] 《第一次春季艺术大会》，载《海灯》1927年5月25日第1期，《北京春季艺术大会特刊》，第43页。
[3] "校长林风眠及教授王代之等所发起，后经该校评议会通过，即组筹备委员会由教员与学生合作、筹备一切，原分春秋两季举行，春季定于五月一日，因受警厅干涉，遂得延至今日。"《北京艺术大会·点缀上林风光》，载《大公报》1927年5月12日第3版。

林风眠在当时的工作曾遭遇多重挫折。问题在于,我们该如何看待这些挫折?如果将成功定义为"北京艺术大会能如其所愿般地成为法国沙龙展一样的展览",林氏毫无疑问失败了。恰如杨适生所说——"我国社会情形略有不同",在北京举办一场巴黎样式的沙龙展,无论如何也达不到预设目标。然而将这场新型展览的出现,放在北京乃至中国的具体场域,我们或会发现:林氏充满激情的"努力",虽未达到预期效果,却也有着彼时之特定价值。北京艺术大会的一张海报,形象地描绘了当时的"现实":整齐排列且蔓延无尽的床铺之上,全是熟睡不醒的人们;艺术大会被比拟为巨大的晨钟与太阳,在"病床"上空带来声响与光明。海报配文,亦如艺术介入社会的"宣言":(图 19)

  艺术好似晨钟,要唤醒一般梦中的民众;艺术好似太阳,要在这样的社会里给人们一线曙光。[1]

图 19 北京艺术大会海报

---

[1] 该海报发表于《北洋画报》1927 年 6 月 25 日第 98 期,第 3 页。

这张充满浪漫主义情绪的海报，仿佛美术界迟到的"五四运动"——宣称艺术可以如科学、文学一样，参与社会改造。这个观点在林风眠半年后发表的《致全国艺术界书》中，得到更为清晰的表达：

> 九年前中国有个轰动人间的大运动，那便是一班思想家文学家所领导的"五四"运动。这个运动的伟大，一直影响到现在；现在，无论从哪一方面讲，中国在科学上文学上的一点进步，非推功于"五四"不可！但在这个运动中，虽有蔡子民先生郑重告诫，"文化运动不要忘了美术"，但这项曾在西洋的文化史上占著了不得的地位的艺术，到底被"五四"运动忘记了；现在，无论从那（哪）一方面讲，中国社会人心间的感情的破裂，又非归罪于"五四"运动忘了艺术的缺点不可！不论"五四"在文学同科学上的功劳多大，不论"五四"在艺术上的罪过好多，到底"五四"还是文学家思想家们领导起的一个运动！全国的艺术界的同志们，我们的艺术呢？我们的艺术界呢？起来吧，团结起来吧！艺术在意大利的文艺复兴中占了第一把交椅，我们也应把中国的文艺复兴中的主位，拿给艺术坐！[1]

艺术与社会的关系，是20世纪中国文艺重要的命题之一。或可说，从洋务运动以器物之用改造社会、辛亥革命以制度之用改造社会，到五四运动以思想之用改造社会，不断深化的"改造维度"，构成了中国近代社会演变的"递进逻辑"。1935年，胡适的一篇文章曾"再谈五四运动"：

> 我们在民国八九年之间，就感觉到当时的"新思潮""新文化""新生活"有仔细说明意义的必要。无疑的，民国六七年北京大学所提倡的新运动，无论形式上如何五花八门，意义上只是思想的解放与个人的解放。[2]

---

1 林风眠：《致全国艺术界书》，载《贡献》（旬刊）1928年1月15日第5期，第16页。
2 胡适：《个人自由与社会进步》，载《独立评论》1935年5月第150号，第2页。

其中所谓五四运动之要义是"思想的解放与个人的解放",可以理解为通过"人的改造"实现社会改造。那么,如何实现"人的改造"?显然,"人的改造"需要介入"人得以生产"的系统,实现人在社会中的"被塑造过程"从旧机制中"解放"出来。而决定人被塑造的重要因素,即意识形态。职是之故,五四运动实际上就是一场意识形态的改造运动。那么,问题在于怎样塑造全新的意识形态?答案有很多,文学艺术毫无疑问是其中最重要的手段。胡适在谈"健全个人主义"时,便列举了易卜生的文学作品:

> 我们当日介绍易卜生(Ibsen)的著作,也正是因为易卜生的思想最可以代表那种健全的个人主义。[1]

因此,以白话文为载体的文学革命,成为意识形态改造的重要手段。但在这场"轰动人间的大运动"中,原本应与文学同样发挥作用的艺术,却被遗忘了。蔡元培意识到这一点,呼吁这场运动"不要忘了美育"。[2] 但蔡氏略显孤独的声音,收效甚微。五四运动中的美术,终究未曾深入社会运动,以至林风眠将之批评为该运动的缺点——"无论从那(哪)一方面讲,中国社会人心间的感情的破裂,又非归罪于'五四'运动忘了艺术的缺点不可!"之所以如此批评,显然他对"艺术介入社会"的现状有所判断,并有所自期:"我们也应把中国的文艺复兴中的主位,拿给艺术坐!"

基于此,青年时期的林风眠热衷于艺术运动。从欧洲的中国美术展览大会(图20)到北京艺术大会,他都一以贯之地试图创造新艺术以推动社会变革。这使得发生在中国的艺术大会,获得了一张世界性的地图——由留学生绘制的从西方流到东方的路径。彼时之东方与西方,也因此具备了联动性。同时,因为强调艺术介入社会,林风眠不得不面对一个

---

[1] 胡适:《个人自由与社会进步》,载《独立评论》1935年5月第150号,第3页。
[2] "在这种环境中讨生活,什么能引起活泼高尚的感情呢?所以我很望致力文化运动诸君,不要忘了美育。"见蔡元培:《文化运动不要忘了美育》,原载《晨报》1919年12月1日"周年纪念增刊",本文所引见高平叔:《蔡元培年谱长编》(中),人民教育出版社,1996年,第258页。按:蔡元培原文为"不要忘了美育",至林风眠表述时才变为"不要忘了美术"。

图20 《东方杂志》1924年8月25日第21卷第16号。
林风眠（第三排右三）参加中国美术展览大会的合影

问题：是为艺术而艺术，还是为社会而艺术？创作中强调"自我"的林风眠，曾发表《艺术的艺术与社会的艺术》一文，向世人给出了答案。该文开篇就抛出了这一看似棘手的问题：

> 我们研究艺术的人，应当首先决定我们的态度，我们从事艺术上之创造，究竟是为艺术的还是为社会的呢？[1]

其实，这就是20世纪20年代中国文学界最为激烈的争论议题——"为艺术"还是"为人生"。现行历史叙事，常将这场争论简化为：代表"艺术派"的创造社与代表"人生派"的文学研究会"水火不容"。确实，这两个文学社团在20年代初就此发生过热烈争论。1931年，鲁迅在《上海文艺之一瞥》中就曾谈及此事：

> 这后来，就有新才子派的创造社的出现。创造社是尊重天才的，为艺术而艺术的，专重自我的，崇创作，恶翻译，尤其憎恶重译的，与同时上海的文学研究会相对立。那出马的第一个广告上，说有人"垄断"着文坛，就是指着文学研究会。文学研究会却也正相反，是

---

[1] 林风眠：《艺术的艺术与社会的艺术》，载《晨报·星期画报》1927年5月22日第58号"艺术大会号"。

主张为人生的艺术的,是一面创作,一面也看重翻译的,是注意于绍介被压迫民族文学的,这些都是小国度,没有人懂得他们的文字,因此也几乎全都是重译的。并且因为曾经声援过《新青年》,新仇夹旧仇,所以文学研究会这时就受了三方面的攻击。[1]

鲁迅以皮里阳秋的笔法,将创造社类比为"鸳鸯蝴蝶派"的才子文学。这极大地刺激了郭沫若,导致他撰写《创造十年》予以反击:

总之,我应该感谢鲁迅先生,我读了他那篇《一瞥》,才决心来写这部《十年》。但我在这儿还要附带着声明一笔,我这《十年》倒并不是小说——记得国内另一位小说家宣言过:我是没有做小说家的资格的,因为我的笔太直,不曲,没有象鲁迅先生的那样曲。是的,这层我自己是很承认的,假使要曲才配做小说,那我实在是不配做小说家。据说小说是"寒带",那么只适宜 Eskimo(爱斯基摩人,居住于北美洲北部寒带——原注)那样的小人去住,我也就敬谢不敏。[2]

郭沫若以"小人"回敬鲁迅,是当年文坛最为引人瞩目的"裂痕"。如此"裂痕",并非简单之敌对"阵营"所能概括。对为人生还是为艺术的分歧,郭沫若并不认可:

文学研究会和创造社并没有什么根本的不同,所谓人生派与艺术派都只是斗争上使用的幌子。雁冰在当时虽有些比较进步的思想,他的思想便不见得和振铎相同。文学研究会的几位作家,如像鲁迅、冰心、落华生、叶圣陶、王统照,似乎也不见得是一个葫芦里的药。……在我们现在看来,那时候的无聊的对立只是在封建社会中培养成的旧式的文人相轻,更具体地说,便是行帮意识的表现而已。[3]

---

[1] 鲁迅:《上海文艺之一瞥》,载林贤治评注:《鲁迅选集·杂感 I》,广西师范大学出版社,2018 年,第 261-262 页。

[2] 郭沫若:《〈创造十年〉发端》,载单演义、鲁歌编注:《鲁迅与郭沫若》,徐州师范学院 1979 年学报增刊,第 66 页。

[3] 郭沫若:《创造十年》(节录),载单演义、鲁歌编注:《鲁迅与郭沫若》,徐州师范学院 1979 年学报增刊,第 67 页。

一句"行帮意识"，郭沫若以自嘲的方式，消解了创造社与文学研究会的理论分歧。何以如此？因为为艺术还是为人生，看似对立，却互为校验。早在 1921 年，唐隽在《艺术独立论和艺术人生论底批判》中就曾指出："我以为艺术的本旨原是独立的，原是与人生有关系的。说他与人生有关系也可以，说他要独立也可以，但两者不可立于绝对的地位互相反对。所以不能说艺术对于人生发生关系，便失去了独立的价值。又不能说艺术独立便与人生没有关系。"[1] 唐隽试图消除为艺术、为人生的"二元对立"，将其视为一种互补关系："我确是以为这两个论调是相谋而成的，并不是极端相反的。"[2]

　　唐隽为我们补充了一种更为整体化的思想视域：艺术派与人生派的争论，不是根本立场上的非此即彼，而是各有侧重的"强调"——出于具体原因的论争策略，也即郭沫若所说的"斗争上使用的幌子"。对此，郭氏在 1925 年上海大学的演讲中也曾有所呼应：

> 有人说文艺乃有目的的，此乃文艺发生后必然的事实。为艺术的艺术与为人生的艺术这两种派别大家都知道是很显著的争执者。其实这不过是艺术的本身与效果上的问题。如一株大树，就树的本身来说并非为人们要造器具而生长的，但我们可以用来制造一切适用的器物。科学亦如此：如自然科学，纯粹科学的研究，是在探讨客观的真理，人类即使不从而应用之，其所研究之真理是仍然存在的。[3]

　　身陷争论中心的郭沫若，用本质、功用关系调和了看似对立的"观点"——譬如树木自我生长与人类之利用、科学之客观真理与人类之应用。而在为人生还是为艺术的论战发生现场，类似的看法并不罕见。后世在描述这一论争时，调和观往往被忽略，对立论则被放大，并以此形成整

---

[1] 唐隽：《艺术独立论和艺术人生论底批判》，载《东方杂志》1921 年 9 月 10 日第 18 卷第 17 号，第 46—47 页。
[2] 唐隽：《艺术独立论和艺术人生论底批判》，载《东方杂志》1921 年 9 月 10 日第 18 卷第 17 号，第 50 页。
[3] 郭沫若：《文艺之社会的使命》，载《文学》1925 年 5 月第 4 期，第 2 页。

体上非此即彼的火爆场景。事实上，人生派并不忽视自身的语言建构，艺术派同样也会注重社会功用。基于如此语境审视林氏之《艺术的艺术与社会的艺术》，我们会发现：热衷艺术运动的林风眠，在艺术与社会关系的思考上，恰是那个时代文艺理论争鸣在美术界的"延长线"。因为他对该命题的认知，也是一种调和论。该文抛出问题后，引证了西方学者的不同看法，并认为：

> 从前欧洲的学者在艺术上争论之点，总离不了"艺术的艺术"和"社会的艺术"两方面，极端争执，视为无法调和，而变成两不相容之态度，其实这种过于理论的论调，愈讨论愈复杂，如同讨论美的问题，竟谈到上帝上面去了。[1]

显然，站在艺术家立场的林风眠，认为这种理论争论没有太大意义。他态度鲜明地宣称艺术创作的独立性。[2] 那么，看似为艺术而艺术的林风眠，又如何看待艺术与社会的关系？

> 由作家这一方面的解释，我们就同时想到其他方面的影响，因为艺术家产生了艺术品之后，这艺术品上面所表现的就影响到社会上来，在社会上发生功用了。由此可见，倡艺术为艺术者，是艺术家的言论，"社会的艺术"者，是批评家的言论。两者并不冲突。[3]

就此，他用了类似郭氏之"本质—功用"的关系，消解了由西方理论之争延伸至中国的"冲突"——"这种无谓的争执，据我个人的观察，渐渐由西方偷到东方来了。"[4] 但以本质与功用的关系理解"为艺术"与"为社会"，看似调和了对立，却也存在着理论上的"陷阱"。诸如，郭沫若列举的树木与科学研究，其"本质"的产生并非人所创造。这一点与艺术截

1　林风眠：《艺术的艺术与社会的艺术》，载《晨报·星期画报》1927年5月22日第58号"艺术大会号"。
2　"艺术根本系人类情绪冲动一种向外的表现，完全是为创作而创作，绝不曾想到社会的功用问题上来。如果把艺术家限制在一定模型里，那不独无真正的情绪上之表现，而艺术将流于不可收拾。"林风眠：《艺术的艺术与社会的艺术》，载《晨报·星期画报》1927年5月22日第58号"艺术大会号"。
3、4　林风眠：《艺术的艺术与社会的艺术》，载《晨报·星期画报》1927年5月22日第58号"艺术大会号"。

然不同。因为艺术是人的创作行为，发生之初就隐含着"目的"。从某种角度看，为人生还是为艺术的争论，指向了艺术家创作发生时的立场，而非将创作行为与社会影响分隔后的"本质"与"功用"。林风眠似乎意识到这一点，在谈完本质与功用两不冲突后，他又补充了艺术创作应该具有的"人类精神"：

> 艺术家为情绪冲动而创作，把自己的情绪所感到而传给社会人类。换一句话说：就是研究艺术的人，应负相当的人类情绪上的向上的引导，由此不能不有相当的修养，不能不有一定的观念，我们在过去的艺术史中所得来的经验是什么呢？我们可以说艺术是创造的冲动，而决不是被限制的；艺术是革新的，原始时代附属于宗教之中，后来脱离宗教而变为某种社会的娱乐品。现在的艺术不是国有的，亦不是私有的，是全人类所共有的，愿研究艺术的同志们，应该认清楚艺术家伟大的使命。[1]

林氏之答案，隐含着精英主义的"立场"。他不认为创作应该服务于具体的现实。[2] 艺术家应独立于社会，为艺术而艺术。那么，如此方向之下，又该如何保证"创作"能够作用于社会呢？此时，一个抽象的概念——"人类精神"，成为两者之间的桥梁。在林风眠看来，既非国有亦非私有的艺术，"应负相当的人类情绪上的向上的引导，由此不能不有相当的修养，不能不有一定的观念"。艺术，也因此成为脱离社会具体现实，用以表达人类整体之抽象精神的"创造的冲动"。它的"革新"，指向全人类共有的思想蓝图。应该说，林风眠用抽象的社会性，取代了具体的社会现实。关于这一点，时为北平艺专学生的刘开渠，说得更直接："艺术是以人生为内外，但是这种人生是不涉人生的人生，是经过一种东西的溶化的人生。不是现实世界的肤浅的人事。"[3]

---

[1] 林风眠：《艺术的艺术与社会的艺术》，载《晨报·星期画报》1927年5月22日第58号"艺术大会号"。
[2] "如果是这样，艺术家将变为多数人的奴隶，而消失其性格与情绪之表现。"林风眠：《艺术的艺术与社会的艺术》，载《晨报·星期画报》1927年5月22日第58号"艺术大会号"。
[3] 刘开渠：《严苍浪的艺术论》，载《晨报·副刊》1927年2月24日1525号，第37页。

第 2 场

走向民众
——精英主义的历史挑战

艺术所服务的人生,并非具体之现实人生,而是被抽象化的"溶化的人生"。基于此,林风眠在倡导艺术介入社会的同时,也就能够力保艺术自身之独立性,并在"本质—功用"的基础上,进一步就艺术发生之初的"目的",解答了艺术与社会的关系。然而,就在看似解决了郭沫若的理论陷阱时,他却为艺术赋予了浓厚的精英主义色彩:视艺术家为"人类精神"的发现者,并因此而具有宣传、教化之伟大使命。前述北京艺术大会的那张海报,被比拟为晨钟与太阳的艺术,正如此。它悬在熟睡的普罗大众之上,以唤醒并给予人们希望。这种艺术观是崇高的,带有理想主义的浪漫气质。它塑造了作为精英阶层存在的艺术家形象,秉承着改造社会大众的历史使命。它不同于中国传统艺术的内向性自我塑造——精英阶层在审美趣味上的共识、把玩,而强调主动面对社会的外向性责任。这表明20世纪的中国艺术,作为一种概念获得了重构。其最显著的逻辑,是从私密空间向公共空间的转换——无论作品的收藏、展示系统,还是它被创作的目标乃至方式。当林风眠声称表现十字街头的艺术时,他已改变中国关乎艺术的理解方式,使之成为显性的、社会化的意识形态。这也是20世纪中国艺术试图改变自己在文化结构中地位的一次呐喊——"艺术在意大利的文艺复兴中占了第一把交椅,我们也应把中国的文艺复兴中的主位,拿给艺术坐!"

但理想与现实,总是有所出入。当林风眠发现"五四运动"遗忘了艺术,试图振臂一呼,向公众宣扬艺术的价值时,无论画家的创作还是公众对艺术的理解，都无法支撑他的理想。对普通人来说，艺术虽然从高门大院走向十字街头，却仍是远距离的猎奇对象，而非思想更新的认知对象。林风眠强调精神体验的精英化艺术，相对话剧、小说之类的文学作品，乃至此后出现的木刻版画类的美术品，在传播上还是有些曲高和寡。应该说，这类作品在当时中国尚属陌生的"外来者"，很难成为思想的引领者。公众与艺术产生互动，绝非朴素之理想所能推动。现实场域中，精英艺术往往需要神话的光环，才能在大众中成为意识形态的建构者。年轻的林风眠缺乏这样的光环，其自期的目标过于沉重。稍值得庆幸的是，不谙世故的林风眠，意外获得蔡元培的青睐，留学归来即执掌当时唯一的国立艺专。虽然现实存在着诸多龃龉事，难以随心所欲，但北平艺专校长这一身份，还是让他能够调用一定资源，推动艺术对社会的"介入"。北京艺术大会正是这种能力的显现。这场林氏首秀虽然难称完美，甚至还遭到各方批评，却也在一定程度上引发公众对于艺术的关注。各类媒体对它都进行了及时的报道，艺术大会在当时俨然成为社会性的公共事件。[1]（图21）

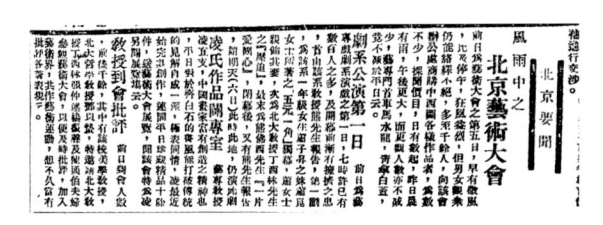

图21　时媒关于北京艺术大会的报道

大量新闻在媒体中出现，或有一定之主动宣传的原因，却也从一个侧面显现了当时的艺术大会盛况。虽然它无法像小说、戏剧一样引发全社会的强烈反响，但作为新事物在招致批评的同时，也触发了一定的反思。尤其它的口号——打倒贵族艺术，创造全民共享的艺术，表现十字街头的艺

---

[1] "前日为艺术大会之第五日，早有微风，比及停午（车），狂风益烈，但男女观众仍能络绎不绝，多至千余人，向该会办公处商购中西图各样作品者，为数不少，探闻价目，日有数起，昨日晨有雨，午后更大，而更观人数亦不减少，艺专门首车马水龙（车水马龙），青伞白盖，竟不减于平日云。"《风雨中之北京艺术大会》，载天津《益世报》1927年5月17日，第4张。

术，很符合文艺功能论的时代议题，也自然容易引发相关讨论。北京大学教授邓以蛰看展[1]后，在《现代评论》发表《民众的艺术》一文。该文虽以《为北京艺术大会作》为副题，然其正文却与艺术大会完全无关。通篇读下来，不仅没有认同"本质—功能"之模糊逻辑，甚至也不认可所谓抽象的人类精神。分别讨论了两种民众艺术——民众自身创造的艺术与为民众创造的艺术，认为精英艺术无法成为民众艺术。[2]因此，无论是传统中国画还是现代新派画，都不符合邓氏之民众艺术的标准。对这两类作品，邓以蛰评述：

> 中国现今的艺术只是艺术家的艺术，不是民众的艺术了。何以言之？因为它只是艺术的艺术：一切用艺术的眼光来批评都是对的。譬如一钩一画都有它特殊的笔法，退而及之一木一石，一幅画，百幅画乃至千幅画都是特殊的。特殊的说法，是言其超过自然而另有一境界；换言之，不同乎民众自然的感情。自然的感情可以人人相通，可以不假言诠自然相通的……欧洲此刻也正提倡为艺术而有艺术，不是为别的，所以有未来派立体派种种运动。意境虽高，只也是特殊的了。[3]

邓氏对传统文人画与欧洲现代主义，并无极端否定之观点。他认为它们有意境，但并非"不假言诠自然相通"，是"特殊的""不同乎民众自然的感情"的艺术。但邓以蛰认可的是一种去精英化的艺术——既不同于为艺术而艺术，也有别于为人生而艺术：

> 民众的艺术非得从民众自身发出来的不可；从外面强塞进去的艺术也罢，非艺术也罢总归是不成的。[4]

---

[1] 邓以蛰参观北京艺术大会，天津《益世报》曾有报道："前日到会人数，其后千余，其中有该校美学教授，北大哲学教授邓以蛰，特邀请北大教授丁西林、张仲述、杨振声及陈通伯夫妇参观艺术大会，以便及时批评，加入艺术界，共作艺术运动，想不久当有批评各著表现云。"《风雨中之北京艺术大会》，载天津《益世报》1927年5月17日，第4张。

[2] "为艺术而有艺术的艺术只是艺术家同鉴赏家的艺术；民众的艺术，必得民众自己创造的，给民众自己受用的才是呢。"邓以蛰：《民众的艺术》，载《现代评论》1927年第6卷第131期，第9页。

[3] 邓以蛰：《民众的艺术》，载《现代评论》1927年第6卷第131期，第8-9页。

[4] 邓以蛰：《民众的艺术》，载《现代评论》1927年第6卷第131期，第9页。

这一看法预示了 20 世纪中国文艺最为重要的革命方向：从去精英主义走向反精英主义。该进程伴随着抗战救亡、艺术政治化的时代潮流，逐渐成为此后岁月的主旋律。[1] 当然，这是后来的历史进程，并非强调"民众自身发出"的邓以蛰的观点。就邓氏而言，去精英化的目标，是改变艺术难以介入社会现实的局面。单论这一目标，他与林风眠是一致的。林氏之所以热衷于艺术运动，就是为了提升艺术参与社会之意识形态的建构能力。但是两人对用怎样的艺术介入社会，答案却是不同的。林氏基于绘画训练，以精英立场强调艺术对社会的引导性；而留美学习哲学的邓以蛰，从"民众艺术"概念入手，认为居高临下的"强塞进去的艺术"不能实现艺术介入社会之最终目标。是以，邓氏虽认同艺术大会的口号、目标，却不认可实际展出的"结果"。《民众的艺术》一文正是这种态度的曲折显现。该文注明"为北京艺术大会作"，却对大会活动只字不提，仅从理论层面探讨"民众艺术"的实践方向，委婉地表达了邓氏对于北京艺术大会

---

[1] 艺术领域中的精英主义动向，在 20 世纪中国是一个颇具研究价值的问题。毫无疑问，传统文人画的精英立场，在晚清画坛即因商业发展带来的"雅俗共赏"而有所松动。然而，即便 19 世纪晚期上海地区流行的带有大众趣味的画作，其发生机制还是文人阶层的画家因商业需要而对"大众"的适应，与清代扬州画派并无根本区别，基本仍属传统绘画审美样式的嬗变。进入 20 世纪，这种情况有所改变。艺术与大众的关系不再局限于商业机制，而更体现为建构新社会所需要的意识形态。因此，走向大众成为艺术的政治自觉，并由此带来了精英主义的历史变迁。诸如"为人生"与"为艺术"，从表面看是文艺功能之争，实际却是服务社会之功能化艺术观，对精英主义之自娱艺术观的一次"冲击"。因"为人生"所蕴含的外向于社会生活的潜在逻辑，艺术与大众的关系越来越成为显性话题。概括而言，它大致经历了"去精英主义"与"反精英主义"两个阶段。前者，往往是具有精英意识的知识分子因为社会理想而进行的主动选择，从五四文学革命到邓以蛰的"民众艺术"，乃至林风眠的"走上十字街头"，皆如此。值得注意的是，这类"努力"并非精英群体对精英主义的自我放弃。恰恰相反，他们是因精英身份而做出适应现代社会转型的"转变"。从某种角度看，现代社会为"大众"的政治内涵带来了全新含义，也为精英群体的社会责任带来了全新注脚。基于此，从五四开始，知识分子很难彻底回避文艺与大众的关系，并多以批判传统士大夫文艺的方式实现这种面向大众的"转身"。但知识分子的主动"转身"，并非将自己变为真正的大众，而多将大众假设为文艺的功能目标，以反思、检讨传统士大夫文艺来实现一定程度的"去精英主义"。这便导致他们的根本出发点仍然是精英主义，并不得不面对出发点与目标之间的矛盾："这就造成了文学革命诸人难以自拔的困境：既要面向大众，又不想追随大众，而是指导大众。"（罗志田：《道出于二：过渡时代的新旧之争》，北京师范大学出版社，2014 年，第 140 页）应该说，这种情况伴随文艺政治化的时代趋势而逐渐获得改变。从文学革命（美术革命）经由左翼文艺运动发展为革命文学（革命美术）、抗战文学（抗战美术），乃至政治运动中的各种艺术命题，文艺与大众的关系逐渐由精英知识分子的"主动选择"转变为"被动选择"，成为文艺不得不面对的重大问题。与此相应，"去精英主义"也逐渐发展成为"反精英主义"。"大众"不再只是假设的目标，而成为文艺的根本出发点。它决定了文艺创作的方式方法、形式表达，乃至审美品质与阅读模式。

的批评：参展作品无法代表展览所提出的口号。

相对邓以蛰，朱应鹏的批评更为直接："不是开山水花卉画的展览会，开'平沙落雁'一类音乐的演奏会，只要在街头巷尾，贴了许多标语，就算是'民众艺术运动'了。"[1]这篇名为《致林风眠》的"公开信"，发表在1927年5月7日的《艺术界》。此时，北京艺术大会因故推迟未开幕，但朱氏之"檄文"却已发表。有关艺术大会的资讯，朱氏从何获取？文章发表在开幕前，说明组织策划者中有人与朱氏关系密切而有所交流。他们似乎有着一致的看法：虽然尊重林风眠，敬佩"致力文艺运动"的行为，且认可大会宗旨："你在灰色的北京城里，居然不断的努力于中国文艺运动，举行'艺术大会'，令我十分钦佩。不过我有许多意见，不吐不快，现在写下来，请教先生。"[2]但对展览的操办却有异议："这个大会既然把'打倒非民间的离开民众的艺术''提倡全民的各阶级共享的艺术''提倡民间的表现十字街头的艺术'各种口号提了出来，那么便应该切切实实去做。"[3]

何谓"民众艺术"？朱应鹏与邓以蛰持相似之观点。[4]基于此，他甚至对展出"旧画"爆以粗口：

> 这一次的艺术会，加了许多旧画家、古乐家，这是根本错误之事，旧画之提倡山林隐逸思想，古乐家只能替孙传芳一类人物去"润饰鸿业"，（？）是我们应该明白的。这类东西，在民众方面，真是"干你妈的屁事"，如何也可以用来冒充？[5]

朱氏之骂，今天看来实在有些失礼，很难想象林风眠读后又当如何？然朱氏之激烈措辞，恰恰显现出林氏所面对的某种"困境"。一般而言，我们很容易将他后来的诸多人生逆境，视作现代主义艺术在中国的不

---

[1] 朱应鹏：《致林风眠》，载《艺术界》（周刊）1927年5月第十六期，第2页。
[2] 朱应鹏：《致林风眠》，载《艺术界》（周刊）1927年5月第十六期，第1页。
[3] 朱应鹏：《致林风眠》，载《艺术界》（周刊）1927年5月第十六期，第1页。
[4] "所谓民众艺术，一定要是一般平民——即为自号为'士大夫'者所看不起的人——让他们自己出来创造，让他们自己去享受。这才是真正民众的艺术。"朱应鹏：《致林风眠》，载《艺术界》（周刊）1927年5月第十六期，第1页。
[5] 朱应鹏：《致林风眠》，载《艺术界》（周刊）1927年5月第十六期，第2页。按：引文中的"（？）"为原文所有，其意不详。

合时宜。确实，林氏的"中西调和"作品，很难让当时的观众直观理解。但更深层的原因，在于他的精英主义立场所带来的世俗之困：一方面，他因内心之精英自期而与世俗权力相处不洽，践行理想往往取决于蔡元培的个人状态；另一方面，这种立场与"去精英主义"的大方向相悖，难能顺势成为中国文艺的主流形态。或可说，北京艺术大会引发的诸多"反应"，教育总长刘哲代表了前一种情形，邓以蛰、朱应鹏的批评则属于后者。前一种情形，如若获得蔡元培一般掌权者的理解、支持，尚可在一定程度上加以协调；而遭遇后者，却表明林风眠热衷的精英主义艺术运动与预设的民众主义目标，实是相互抵触。在当时的社会环境中，这种矛盾难以调解。

精英主义自期赋予林氏独特之人格魅力的同时，也为他带来了诸多的现实困境。无论人事经营抑或文艺观念，他的理想情怀都与中国之现实脱节。在20世纪艺术史中，林风眠仿佛孤独的彗星，瞬间耀眼后便流浪在寂暗的夜幕中。北京艺术大会是他的第一次闪烁，带着狂飙突进的青春冲动，试图将他在欧洲感受到的艺术感染力"搬运"到沉闷的北京，以践行艺术介入社会之目标。虽然这次努力未达预期之效果，但未减损他坚持艺术介入社会的热情。或许，艺术大会口号的广为传播，也算得上是一种慰藉。更重要的还在于，蔡元培在南方政权获得了新的话语权，可以给予他新的帮助。

北京艺术大会开幕后不久，蔡元培出席了国民党中央政治局会议第一〇二次会议，提案变更教育行政制，推动以大学区为教育行政之单元。最终提案获得通过，国民党中央政治会议当即咨请国民政府办理。[1] 成立大学院，推行大学区制，并非蔡元培的一时之兴，而是基于他关乎教育之独立的长期思考。早在1922年的《教育独立议》中，相关设想即已

---

[1] 高平叔：《蔡元培年谱长编》下（1），人民教育出版社，1996年，第51页。按：国民党中央政治会议咨文如下："为咨行事：第一百〇二次政治会议，准蔡元培委员提出教育行政委员会呈文一件，请变更教育行政制度，以大学区为教育行政之单元，区内之教育行政，由大学校长处理之。凡大学，应设研究院，为一切问题交议之机关。特拟具大学区组织条例八项，及大学行政系统表，请核议施行等语。当经决议：由国民政府核议施行。相应录案，并检奉原呈附件，咨请查照办理。此咨。"

成形。[1] 但它为何到 1927 年才践行呢？原因也很简单，1912 年出任民国第一任教育总长的蔡元培，其实很快就退出了权力中枢。自 1917 年执掌北京大学后，其社会身份只是大学校长，难以推行全国教育行政系统的改革。1927 年，已经 60 岁的蔡元培作为国民党元老，迎来了自己政治生涯的高峰时刻。该年 4 月，他出席在上海举行的国民党中央监察委员会会议，被推选为主席，与吴稚晖、张静江、邓泽如等国民党元老一起发出"护党救国"的通电；4 月 18 日，他在南京国民政府成立仪式上，代表中央党部向代表国民政府的胡汉民授印；6 月 13 日，他被任命为中华民国大学院院长，并于 10 月 1 日主持成立大学院。[2]

蔡元培的政治生涯看似与艺术无关，却在当时影响甚至决定了艺术生态的格局之变。理解这种微妙的互动关系，一个细节值得注意：蔡元培被任命为大学院院长后，6 月 17 日晨，林风眠从天津"放舟南下"。林氏南下之目的，《北洋画报》刊载《艺专校长过津记》云"殆为艺术事业而旅行者"。（图 22）至于具体事业为何，作者未曾言明。[3] 当时南北尚未统一，那么身为北平艺专校长的林风眠选择南下，其目的显然与艺专无关。且南下之时机，恰逢蔡氏出任大学院院长后数日，联系林氏 11 月就职大学院教育委员会委员来看，两者似应存在着某种关联。对此，刘哲、林风眠 9 月 2 日的对话，从一个侧面提供了辅证：

---

[1] "分全国为若干大学区；每区立一大学；凡中等以上各种专门学术，都可以设在大学里面，一区以内的中小学校教育，与学校以外的社会教育，如通信教授、演讲团、体育会、图书馆、博物院、音乐、演剧、影戏……与其他成年教育、盲哑教育等，都由大学办理。"蔡元培：《教育独立议》，《新教育》1922 年 3 月第四卷第三期，第 318 页。

[2] 参见高平叔：《蔡元培年谱长编》下（1），人民教育出版社，1996 年，第 1 页。

[3] 《北洋画报》1927 年 6 月 25 日第 98 期，第 3 页。在刊登北京艺术大会的一些参展作品与海报的同时，还刊登了名为《艺专校长过津记》（作者署名"小隐"）的消息："十六日初夜，闲谈于武越许，忽有笺自大华饭店来，云有北平艺专教授在彼候武越往谈，初未知为谁氏也。予以为或为王石之等，故亦偕往，既至直上楼头，皓月凉风，爽气袭人衣袂，座间数人，欢然握手，则知有艺专校长林风眠先生，来笺所云，为汪申先生，艺专图案系主任，武越留学法国时旧友，邀同林汪同来大华者，为高阳李叔陶君，符先生之哲曾嗣也。谈次知林君将取海道赴沪，殆为艺术事业而旅行者，略谈艺专近况，谓共有五系，即中画、西画、戏剧、图案、音乐，内中学生以习西画者为最多，戏剧系主任为熊佛西君，音乐系主任前为萧友梅，今辞职他就，尚无人继任云。汪君云，将于津门举行一艺术展览，出品为极有价值之绘画等件，多为艺同人精心结撰之品，将来大华饭店中又增一赏心悦目之集会，其盛况可预卜也。旋由武越请汪君为予速画一像，极能传神阿堵，至为心感，比散去已夜半矣。林先生已于次晨放舟南下，汪君则留津筹备展览云。"

足下系蔡元培李石曾死党，本年暑假曾到南京谋事，因无相当位置，故又北来。[1]

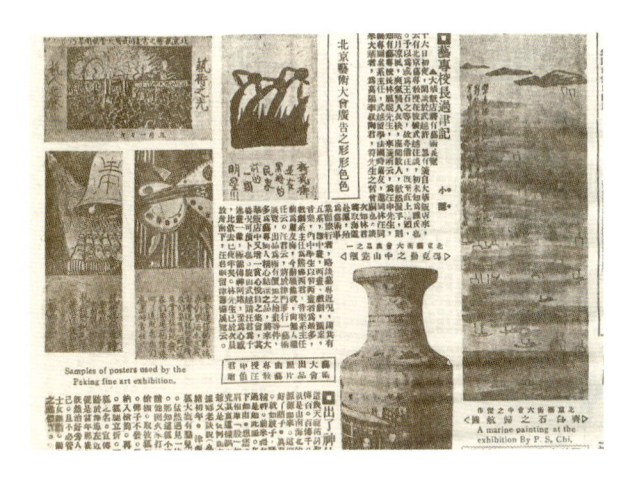

图 22 《北洋画报》1927 年 6 月 25 日第 98 期，第 3 页。在刊登北京艺术大会的一些参展作品与海报的同时，还刊登了《艺专校长过津记》

刘哲认为"林氏南下"就是为了"谋事"。这种看法虽属猜测，却表明林风眠因蔡元培而有"南下"之机会，在当时并非秘密。刘氏认为林氏北归是因为没有获得与北平艺专校长相当之位置，是因为对蔡氏艺术之教育布局缺乏了解。当他与林风眠谈话时，蔡元培虽已出任大学院院长，却未展开真正的工作。大学院直到 10 月 1 日方才成立。其后月余，大学院艺术教育委员会宣告成立，林风眠正是这一委员会的主任委员，并于 11 月 27 日、12 月 27 日出席艺术教育委员会的第一、第二次会议。由此推论，林氏北归并非没有相当之位置，而是因为大学院艺术教育工作尚未开始。大学院的正式会议记录[2]中，林风眠排名仅次于蔡元培，可见新设之

---

[1] 《刘哲昨与林风眠谈话——匿名信所攻击林者全已了解》，载《晨报》1927 年 9 月 3 日第 7 版。
[2] 第一次会议地点为"上海法界马斯南路九十八号"，出席人员为："蔡元培、林风眠、王代之、杨杏佛、高鲁、周峻、李金发、吕彦直、萧友梅"[《大学院艺术教育委员会第一次会议录（一六年十一月二十七日）》，《大学院公报》1928 年 2 月，第 1 年第 2 期，第 57 页]；第二次会议地点为"南京成贤街大学院会议厅"，出席人员为："蔡元培（杨杏佛代表）、林风眠、吕澂、李金发、高鲁、王代之、萧友梅（杨杏佛代表）、李重鼎（王代之代表）"[《大学院艺术教育委员会第二次会议录（一六年十二月二十七日）》，载《大学院公报》1928 年 2 月，第 1 年第 2 期，第 59 页]。按：两次会议地点变化，显现了大学院成立初期的活动中心为上海，直至 1928 年 12 月方才转至南京。这一点，可与 6 月林风眠南下上海相印证。

委员会中的林氏地位。两次会议的讨论事项，主要围绕"举办全国美展"与"创办国立艺术院"，皆由林风眠负责。相关提案中，大学院教育委员会对彼时北平艺专的"评价"颇为不堪：

> 中国鼎革以来，各种学校日渐推广；惟国立艺术学校，仅于民国七年在北京设立一校，然几经官僚之把持，军阀之摧残，已不成其为艺术学校矣；况经费困难，根本组织即不完善耶！我国民政府，为厉行革命教育方针，尤不可不注意富有革命性之艺术教育；急谋所以振兴之。除北伐成功，将北京学校收回扩大，以为发展华北艺术教育之大本营外；以中国地域之广，人口之众，教育当务之急，应在长江流域，设一国立艺术大学以资补救，而便提倡；此本会向中华民国大学院建议创办国立艺术大学之最大理由也。[1]

该评价以官方口吻出现在提案中，应是蔡元培、林风眠的共识。刚从北平艺专辞职的林风眠直言北平艺专"几经官僚之把持，军阀之摧残，已不成其为艺术学校"，可谓"尖锐"。很难想象，刘哲看到如此评判后，该如何回忆自己的"趾高气扬"。显然，刘哲正是那些所谓的"官僚"。当他评判林氏"无相当位置"时，林氏内心却已有南下事业之蓝图——创建更高级别的国立艺术大学。无疑，这一场景对刘哲而言颇具嘲讽意味，因为他居高临下质询的对象，对他并不以为然。在希望"派一妥人续办艺专"后，林风眠明确表示"余自今以后，拟切实研究学术，著点画册以自治，并无想在艺专讨生活之心"[2]。言辞间，对刘哲这样的世俗权力，林氏不仅没有任何弱势心态，反而有着某种潜在的心理优势。想来，数月后对北平艺专的讨伐，在他面对刘哲时就应成稿于胸了。

得到蔡元培支持的林风眠，面对刘哲自然有着如此之底气。短短两个月后，他成为南方政权艺术教育委员会的重要成员，开始负责全国美展的筹办及国立艺术院的创办。这两项事业，相对北平艺专校长的位置毫不逊

---

1 《创办国立艺术大学之提案摘要（大学院艺术教育委员会提）》，载《大学院公报》1928年2月，第1年第2期，第45页。
2 《刘哲昨与林风眠谈话——匿名信所攻击林者全已了解》，载《晨报》1927年9月3日第7版。

色。甚至在未来的"规划"中，北平艺专只是华北艺术教育的大本营，而国立艺术大学才是代表国家的教育机构。从某种角度看，蔡元培的呵护使林风眠在保持内心骄傲的同时，还能获得世俗层面的发展空间。于是，林氏以艺术运动介入社会的热情，并未因为北平艺专的"挫折"而折损。南下办学计划与全国美展的推行，反而给了他更大的空间。这是刘哲在"质询"林风眠时无法预见的"未来"。[1] 但面对世俗权力，拙于交往的林风眠不会永远如此顺心如意，尤其当蔡元培的政治生涯受挫后。

从某种角度看，和世俗权力不善交道的林风眠，得到蔡元培的青睐，并在20世纪20年代成为中国美术场域的主角，是一件幸运的意外事件。他的人生不会永远这般幸运。《益世报》1928年2月14日，有一则"国立艺术院"的消息，报道了蔡元培委任林风眠为艺术院院长后的规划："该院设立于西湖，风景天然，为东亚之冠，将来大学院并拟划该处为艺术区。期望林氏本其创造之精神，努力完成此最高艺术学府，倡兴东亚艺术，为人类文化上作有力之贡献云。"[2] 在蔡、林的构想中，国立艺术院是隶属大学院的最高学府，重要性远非北平艺专可比。但艺术院后来的发展却非如此，"期望"与"结果"的落差，表明林风眠不再"幸运"的现实困境。1930年，《上海评报》刊登了一篇名为《蒋梦麟奚落林风眠》的文章，为我们描述了世俗权力下的"林风眠"：

> 及蔡去蒋来，便把艺专看不起，时扬言要停办，合并于浙大，缩小范围，不一而足，后只将艺院改为艺专，亦云幸矣。时因西湖博览会让屋事，林氏过于强硬，又大为张静江所不满，楚歌四面，幸有蔡氏令媛及其壻（婿）从中干（斡）旋，始得相安无事。今年是蒋部长整顿学校的年头，亦曾垂青到西湖艺专，又扬言要再贬其校格。林氏

---

[1] 1957年5月10日，林风眠接受李树声的采访，曾回忆他与刘哲的这段对话："张作霖进入北京，他说艺专是共产党的集中地。后叫刘哲（当时的教育部部长）找我谈话。这次谈话形成一种审讯的样子，各报记者均在，报纸曾以半页的篇幅报道了这次谈话。时间是在张作霖执政的时候，李大钊同志死后不久。记得当时刘哲曾问：'你既是纯粹的学者，为什么学校里有共产党？'自从这次谈话之后，我只好悄悄离开北京，到南京投靠蔡元培，然后到杭州创办国立艺术院。"（李树声：《访问林风眠的笔记》，载《美术》1990年第2期，第21—22页。）
[2] 《国立艺术院内容，已委林风眠为院长》，载《益世报》1928年2月14日第4张，第16版。

原是热心教育的，受不过他的奚落，亦说纵贬至初中程度，我还是要干。林氏有如此以软受硬之才，恐蒋氏亦无法对付也。可惜此次林氏冒然偕西湖教员以作品赴日展览，日方无大好感，蒋梦麟更有机可乘了，想以后林氏回国又多增障碍也。[1]

蒋梦麟是蔡元培的学生，从北京大学到南京国民政府一直追随蔡氏，本应自然地成为林风眠的"支持者"。但事实却让人惊讶，蒋梦麟与林风眠的关系非常紧张，以至为时媒津津乐道。由此可见，林风眠未得世俗交往之要义。其归国之初的事业顺遂，取决于蔡元培的胸襟与眼光。一旦失去这样的"前提"，林氏便进退失据，甚至动辄得咎。除与蒋梦麟的关系紧张外，他还得罪了国民党元老之一的张静江。也就是说，他不仅不善于营造权力网络，反而时常面对四面楚歌的困境。若非蔡元培女儿——留学归来并任教艺专的蔡威廉及其丈夫林文铮（也是林风眠同乡同学）的"斡旋"，恐怕蔡元培游离权力中枢后不久，林氏的校长职位就已终结。但即便得到"蔡氏令媛及其婿"的帮助，他的校长生涯也是不甚如意——被嘲为"以软受硬之才"。

林风眠之所以身陷如此困境，或是因为专注艺术过于坚持自己而拙于"交际"。这种性格可被视为文人风骨，但在处理世俗事务时却非优点，甚至还会带来麻烦。1957年，林风眠接受李树声的采访，曾专门提及一次政治"危机"：

> 《痛苦》画出来后，西湖艺专差一点关了门。这张画曾经陈列在西湖博览会上，戴季陶看了之后说："杭州艺专画的画在人的心灵方面杀人放火，引人到十八层地狱，是十分可怕的。"戴季陶是在国民党市党部讲的，这番话刊登在《东南日报》上。[2]

戴季陶之所以如此评价林风眠治下的杭州艺专，固然基于两人不同的

---

[1] 选科生：《蒋梦麟奚落林风眠》，载《上海评报》1930年8月10日第3版。
[2] 李树声：《访问林风眠的笔记》，载《美术》1990年第2期，第22页。

认知背景，但也不排除林氏与世俗权力相处失当之缘由。作为精英主义者的林风眠，与世俗权力的关系是一个颇有趣味的话题。精英主义者，通常既是世俗权力的代表者又是世俗权力的对立面。他们身份的双重性，显现出一种微妙的互动与制衡机制。诸如作为艺专校长的林风眠，既是世俗世界的权力掌控者，也是蒋梦麟等人所代表的权力的"对应者"。蒋梦麟也如此，面对林风眠是权力的掌控者，面对民国政府所代表的权力则又是"对应者"。或可说，精英主义者与世俗权力的关系，颇具"暧昧"之色彩：一方面，他们要和世俗权力保持距离，以塑造自己超越世俗的主体形象，确保个体的道德合法性；另一方面，理想的"实践"发生在世俗的网络中，他们在保持距离的同时还要得到世俗权力的扶助。也即，精英主义者在建构"不为五斗米折腰"的虚幻的道德制高点时，还必须面对并处理世俗权力的真实关系。平衡具有背离性的这两个"方向"，对精英个体而言既是挑战也是机遇。它处理的妥当程度，往往决定了个体的现实际遇，乃至理想的实现程度。显然，林风眠不具备这种平衡能力。他缺乏方式与手段的直率、强硬，在蔡元培看来是艺术家性情，却难为蒋梦麟、张静江、戴季陶等人接受，以致他的教育生涯因民国政府的权力变迁而江河日下，最终只能从自己一手创办的杭州艺专黯然离场。

1938年3月14日晨，林风眠致信赵太侔、常书鸿，宣告自己执掌杭州艺专的职业生涯彻底终结：

> 风眠服务艺术界十余年矣，本欲尽其绵力使艺术教育发扬光大。不图时局影响，两校合并，十年基础毁于一旦，言之痛心。兹幸两校员生均已安全抵达，新校亦已组织就绪，艺术之一线生机，尚望两兄努力维持，勿令完全毁灭也。风眠体力素弱，不胜繁剧，经呈部辞职。惟杭校员生随弟多年，不无念念。务希两兄力予维护，勿使流离。是所感盼，专此顺颂。政安。[1]

信中所谓之"时局影响"，指1937年卢沟桥事变后的全面抗战。日

---

[1] 林风眠：《林风眠长短录》，中国青年出版社，2014年，第192页。按：标点为引者所加。

军 8 月 13 日进攻上海并逐渐占领江浙之地，杭州艺专被迫内迁。林风眠率艺专师生沿浙赣线，经贵溪龙虎山，过长沙、常德，至 1938 年年初安顿于湖南沅陵。此时，北平艺专亦退于此。教育部为使内迁学校集中力量继续办学，着手诸校合并事宜，其中便包括南北艺专合并。关于林风眠在两校合并中的"经历"，彭飞的《一九三八年林风眠辞去国立艺专主任委员始末——林风眠研究之五》通过国家历史档案馆所藏当事人，如林风眠、常书鸿、李朴园等写给教育部部长陈立夫及主持艺专合并事宜的国民党内政部次长张道藩的信件，较为详细地还原了数次"倒林"之风波。彭飞的研究表明，此事由张道藩谋划，目标不仅针对林风眠，还指向杭州艺专的"蔡元培派"。[1] 在这一过程中，林风眠试图掌握主动权。他曾致信陈立夫言明两校合并乱象源于权力不集中，要求教育部赋予自己更大"权力"。[2] 在给教育部部长的信中，林风眠对风潮缘由的分析是准确的。但他却没有看到：何以不设权力集中的校长制？何以在合并中采用校务委员会制？并非陈立夫、张道藩等人不明其理，恰恰相反，混迹官场的他们深谙此道。之所以用权力架空"主任委员"任命林风眠，目的就是为了让他"形同木偶"。林氏离去后，他们立即恢复了校长制，意图几乎不再"掩饰"。遗憾的是，林风眠未能了然于此。

若将这次离职对比 1927 年，我们会发现当事人的心态截然不同。1927 年离开北平艺专时，林风眠从容淡定，因为背后站着蔡元培，可以提供更大的机会。但 1938 年的林风眠，却不再有着十年前的"南下空间"。此时的蔡元培已远离权力中枢，寓居香港。丧失世俗权力的支持，

---

[1] "林风眠离去后，教育部便于六月恢复国立艺专校长制，另委张道藩的留德同学——德国柏林大学哲学博士，原中央大学教授、美术史论滕固为校长。滕固就职后，第一件事情就是裁员，林文铮、蔡威廉等教授都被辞退，杭州艺专教师基本上都走了，仅剩下方干民、赵人麟、李朴园、雷圭元、王子云等几位教师，北平艺专的教师基本没走，滕固是按照张道藩的意图行事。张道藩的目标不完全是林风眠，而是蔡元培。"彭飞：《一九三八年林风眠辞去国立艺专主任委员始末——林风眠研究之五》，载《荣宝斋》2006 年第 1 期，第 277 页。

[2] "倘钧座仍认风眠回校较为适合，敬请钧座提高主任委员职权，最低亦希望给主任委员用人进退权，风眠方有办法解决风潮。回忆风眠在北平杭州为艺专校长十有三年，办事顺利，所有教职员学生从无谰言。推言其理，以风眠有权故。今则主任委员形同木偶，格于校务委员会章则连进退一书记亦不可能，遑论其他应办事务？"林风眠：《致陈立夫信函》，现藏国家历史档案馆。本文转引自彭飞：《一九三八年林风眠辞去国立艺专主任委员始末——林风眠研究之五》，载《荣宝斋》2006 年第 1 期，第 276 页。

离开国立艺专的林风眠，不再有机会开辟"新事业"。他虽然再次拜会蔡元培，却无法解决现实困境。这次会面，反倒像他们在美术教育领域之"合作"的落幕式。1939年3月10日，无路可循的林风眠，致信曾批判自己的戴季陶，争取重返国立艺专：

> 兹有恳者风眠，自前年冬率杭州艺校西迁，历经湘赣诸地，于去年春到达沅陵。奉令与北平艺校合并，改为国立艺术专科学校。不幸当时因迁移问题发生风潮。风眠为该校前途计，不得已向教部自请辞职，来港暂息。近闻该校正在迁移昆明途中，而新校长又有他就之意。风眠自思在该校十有余年，总愧无建树，惟值兹抗战建国期间，正应发奋努力为民族艺术复兴立永久之基础。故敢请先生在立夫先生处，代为一言，使风眠再往主持该校。或请，先生俾以其他工作，则私心感德，毕生不忘。[1]（图23）

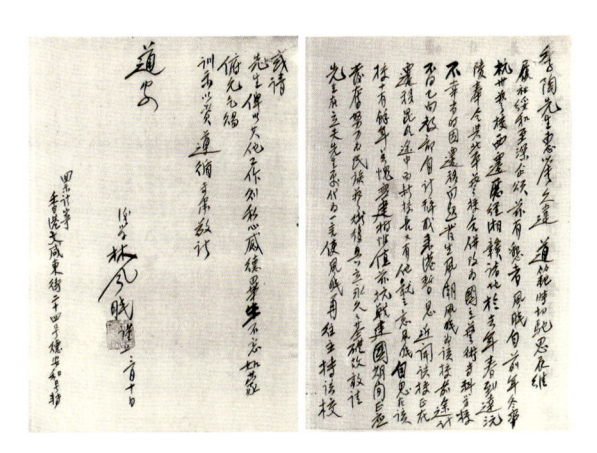

图23 林风眠致戴季陶信

在这封"情真意切"的信中，林风眠的心理优势荡然无存。精英主义的骄傲，面对世俗权力俯身低头，几近恳求的措辞令人嗟叹不已。可即便如此，这封信依旧石沉大海，没有任何回响。林氏重返国立艺专的愿望如幻影一般破灭，最终只是在陈布雷的帮助下，出任国民党政治部设计委员

---

1 林风眠：《致戴季陶信》，现藏中国第二历史档案馆，宗卷号：五/2855，"国立艺术专科学校教员辞职就职及资格审查的有关文书"，第153-154页。按：标点符号为引者所加。

会委员，获得用以谋生的些许薪金。[1]但设计委员这一虚职，远离了他回国后一直热衷的事业——艺术教育与艺术运动。仿佛从舞台中心突然消失的背影，他在缺乏光照的角落，开启了独自探索的孤寂之路。应该说，这次转折不仅是林风眠个人的命运转折，也如一面镜子折射了彼时中国文艺路径的变化。就在林风眠离开国立艺专后，新任校长滕固开启了"教学改革"，重要举措就是取消"绘画系"，将国画、西画分科。而艺术无国界，新绘画需站在中西交互的基础之上，曾是林风眠个人艺术践行全球化方向的路径，也是国立艺术院创办之初引以为傲的办学方针。[2]

1924 年，蔡元培在欧洲观看中国美术展览大会时，也持有同样的观点。或因于此，蔡元培、林风眠在中国美术教育领域，开启了亲密无间的合作。（图 24）林文铮在有关杭州艺专"教育大纲"的文章中，贯彻了这样的观点：将国画、西画的"分离"视作"艺术界之不幸"，并认为"本校异于各地者"是打破了这种区分，"根据历史与西方现代艺术的趋势"

图 24　林风眠参加中国美术展览大会的作品《摸索》

1　汪涤：《林风眠之路——林风眠生平、创作及艺术思想述评（1937—1977）》，载林风眠百岁诞辰纪念画册文集编辑委员会：《林风眠之路：林风眠百岁诞辰纪念》，中国美术学院出版社，1999 年，第 55 页。
2　"本校绘画系之异于各地者即包括国画西画于一系之中。我国一般人士多视国画与西画有截然的鸿沟，几若风马牛之不相及，各地艺术学校亦公然承认这种见解，硬把绘画分成国画系与西画系，因此两系的师生多不能互相了解而相轻，此诚为艺界之不幸！我们假如要把颓废的国画适应社会意识的需要而另辟新途径，则研究国画者不宜忽视西画的贡献。同时，我们假如要把油画脱离西洋的陈式而成为足以代表民族精神的新艺术，那么研究西画者亦不宜忽视千百年来国画的成绩。总之，一切艺术，即如表面上毫无关系的音乐与建筑，在原理上是完全贯通的。现代西方新派绘画已深受东方艺术的影响，而郎世宁的国画又岂非国画可受西方影响的明证？根据历史与西方现代艺术的趋势，我们更不宜抱艺术的门罗主义以自困。"林文铮：《本校艺术教育大纲》，载《亚波罗》1934 年 3 月第 13 期，第 1182-1183 页。

寻求绘画超越区域历史限制的"完全贯通"。但蔡元培远离权力中枢，林风眠失去主导权，甚至林文铮也丢掉了国立艺专教职，这种开放性便戛然而止。国立艺专迁至昆明，清除林氏思想的行动随即展开。滕固在 1939 年 2 月 15 日的《改进校务情况及关于发展国画艺术培养中小学艺术师资的意见》中指出：

> 查国画为我国先民制作之所遗，国际声望之所在，前杭校对于此点颇多忽略，前平校国画方面之师生多未随来。本校现有选习该科之学生，不及十人，用是不能多延名师。拟于暑期招生，特予注意，并设法收纳有天才及素养而资格年龄不相当者，予以特种之训练；俾吾国固有之艺术庚（赓）续发扬，以增加民族至高之文化，至精之信念。[1]

所谓"前杭校对于此点颇多忽略"，正是指林风眠单设绘画系的教学主张。1939 年暑期，由潘天寿主持的国画系正式招生，宣告林风眠、林文铮引以为傲的"绘画系"终结。表面上看，这种改变是不同个体有关美术教育的观念分歧带来的变化。实际上，更深的原因来自世俗政权的文化取向。滕固推动国画、西画的分科，目标非常清晰："俾吾国固有之艺术庚（赓）续发扬，以增加民族至高之文化，至精之信念。"言辞间，民族主义取向与 20 世纪 20 年代出现的世界主义截然不同。何以如此？答案隐藏在 1927 年中国政局的变化中。南京国民政府的成立，标志着中国政治结构的重大转变：从北洋时期军阀政权向国民党制统政权的转变。相对北洋政权在文化上的"无为而治"，南京政权在文化上提出了明确的方向，并推动三民主义文艺运动（1929）、民族主义文艺运动（1930）、新生活运动（1934）等诸多带有管控色彩的文化运动。这些运动的核心目标，即以统一意识形态的方式建构，加强南京政府的政治合法性。

南京政府成立之初的"环境"并不乐观。彼时，国际社会认可的中国

---

[1] 滕固：《改进校务情况及关于发展国画艺术培养中小学艺术师资的意见》，载沈宁编：《滕固艺术文集》，上海人民美术出版社，2003 年，第 414 页。

政府是北洋政权,国民党内部接受的则是汪精卫在武汉成立的政府。如此之局面下,南京政府成立之初便高举孙中山的旗帜,叶楚伧在1927年4月18日的典礼致辞中指出:

> 迁都南京,为先总理之遗志。国民政府恢复党权,排除共产党及他党内之暧昧分子,脱离阴谋中心之武汉政府。[1]

蒋介石在《中国建设之途径》中,亦是同一论调。[2] 以"三民主义"为核心的意识形态,成为南京政府体现党国意志的根本内容。它在不断证明自身具有正当性的同时,也展开了对异类思想的排斥与清洗。共产党人领导的左翼文艺,便被视为宣扬阶级斗争的无产阶级文艺路线而遭遇打击。20世纪30年代的中国文艺,因此被描述为革命左翼与反动右翼之间的斗争史。这种二分法,虽然一定程度上呈现了国共两党的政治斗争在文艺领域的"延长线",却也存在着认知遮蔽。从某种角度看,两者都强调意识形态的建构,虽各自信仰不同而有所斗争,但让文艺服务于意识形态的基本思路却是一致的。是故,秉承自由主义精英立场的"纯艺术",成为他们共同反对的颓废的、萎靡的艺术。这是一种充满吊诡色彩的共性:看似斗争的不同路线,却共同决定了20世纪中国文艺的主导性方向。诚如布迪厄所言:

> 由于文学场和权力场或社会场在整体上的同源性规则,大部分文学策略是由多种条件决定的,很多"选择"都是双重行为,既是美学的又是政治的,既是内部的又是外部的。[3]

美学与政治的双重"选择",使南京政权治下的文学艺术与社会权力的关系尤为密切。虽世俗政权干预文艺创作在中国历史上未曾间断,但将

---

1 《老国民党系组织南京政府正式成立·南京十八日东方社电》,载《晨报》1927年4月21日第2版。
2 "我们要在20世纪的世界谋生存,没有第二个适合的主义,只有依照总理的遗教,拿三民主义来作中心思想才能统一中国。"蒋介石:《中国建设之途径》(1928年7月18日),载张其昀主编:《先总统蒋公全集》第1册,台北中国文化大学出版部,1984年,第577页。
3 [法]皮埃尔·布迪厄,刘晖译:《艺术的法则——文学场的生成和结构》,中央编译出版社,2001年,第248页。

它纳入国家体制的运行且加以引导、管控，使之成为国家机器的重要工具，无疑肇始于南京政府。它使得20世纪文艺越来越依赖"外部因素"，而非"内部因素"。当然，所谓"内部""外部"之别，是基于后世艺术史的学科意识加以区分的。历史现场中，"既是内部的又是外部的"才是"文学策略"的真实状态。"学科界定"常常遮蔽作为整体存在的现场，忽视学科意识之外的社会因素对于艺术现象的"介入"。正如林风眠代表的现代主义，在20世纪中国的命运常被置于艺术的传统、现代之争，实际上与此看似无关的南京政权却可能是更为重要的参与者。换言之，中国早期现代主义的式微并非由艺术史内部的风格竞争所决定，而更取决于艺术史外部的权力运作。20世纪30年代后，无论左翼还是右翼的文艺运动，都将现代主义视作有悖意识形态建构的颓废的艺术。身处如此趋势之中的林风眠，自然遭遇各种否定、非议：

> 林风眠自任西湖国立艺专校长以还，成绩极为平庸，所育人才均不能出人头地，徒然排除异己巩固地盘，刻下该校教授除一二人为艺坛所重外，均为极平庸人之作家。似此状况，焉能满足目前中国环境之需求。故该校之忠实学生多抱悲观，而教育当局亦多不满，林地位之摇动，不自今始。客岁汪氏秉政，曾一度拟以高剑父接充斯职，而高即以组织中央艺术院为请，汪已应允。推想其意，亦不过将西湖国立艺专改组为"中央艺术研究院"，而内部另设一研究班，以收纳各美术专门学校之毕业生，共治于一炉，专学高氏所创之新派画而已。闻汪意，本拟今春实行拨款三十万与高氏创立该院，及改组西湖国立艺专，岂料惨遭剧变，故该院不得不保留现状。而林风眠又安然渡过难关，仍可在湖上高枕无忧矣。林氏深感位高必危，乃想奋斗与人争一日之长短，故美事叠兴、有足以一记者：于四月五日至十二日，曾举行春季艺术大会。内容计分展览、音乐、戏剧。一周来参观者不下万人，闻收效极大。林氏高兴不已，更决定本年秋赴京，举行秋季艺术大会，内容扩大，展览部分将有大幅之民族主义之历史画陈列，歌剧则演浮士德、话剧则选世界各剧及民族性之历史剧。又于五月二日开联欢会。晚间全体师生湖上提灯，并放焰火，九时后登陆聚坐操场举

火作烽火会，火光下表演游艺。同时由李朴园负责每周撰稿，专发表大捧林氏，及该校主要教授，借以获取舆论之同情。惟闻西画科主任李超士自经文学家何勇仁批评其作品带有月份牌气味后，该校学生对彼已不信任，林不得不进行物识在京沪负有盛名之作家继任云云。[1]

这篇报道为我们描述了一个风雨飘摇的"林风眠"。在《林风眠奋斗挣扎》的标题之下，身为杭州艺专校长的林风眠，显得一无是处。面对"学生多抱悲观，而教育当局亦多不满"，其"地位之摇动"由来已久。虽不排除该文因"立场"而有所夸张，但所涉之事实却应非杜撰。就戴季陶对杭州艺专的评判看，南京高层对林风眠的不满恐怕不是什么秘密。而引发戴氏批评的正是林风眠1929年创作的《人类的痛苦》（图25）。关于这件作品，1957年的林风眠接受李树声采访时提出因共产党员遇害而创作的说法[2]，并成为后世分析该作的重要前提。但在新中国语境中解释早年创作，是否掺杂了获取政治合法性的动机，却值得后人警惕。

林氏早期之巨幅油画，因艺专西迁不便携带而留在杭州，并最终毁于战火。现幸有民国印刷品，虽难以辨析细节，却能观其大概。从《摸索》到《人道》（图26）、《人类的痛苦》[3]等，基本都是横向构图的巨制，成为当时林风眠主题性创作的稳定样式。郎绍君先生将这类构图形式概括为"横长迫塞"[4]，类似于今天广角镜头的视觉效果，具有宏大的场景感，可以

1　愚公：《林风眠奋斗挣扎》，载《上海报》1936年5月27日第1张第4版。
2　"后来又画了《痛苦》。这个题材的由来是因为法国的一位同学到中山大学后被广东当局杀害了。他是最早的共产党员，和周恩来同时在国外。周恩来回国后到黄埔，那个同学到中山大学。国民党在清党，一下被杀了。我感到很痛苦，因之画成《痛苦》巨画，是一种残杀人类的情景。"李树声：《访问林风眠的笔记》，载《美术》1990年第2期，第22页。
3　《摸索》发表于《东方杂志》1924年8月25日第21卷第16号，第26-27页之间的无页码页；《人道》发表于《晨报·星期画报》1928年2月5日第119期；《人类的痛苦》发表于《上海漫画》1929年6月8日第59期，第6页。
4　"最具代表性的《渔村暴风雨之后》（1923）、《摸索》（1924）、《人道》（1927）、《痛苦》（1929）、《悲哀》（1934）等，都是横长构图，画中人物大多直立或直坐，且多特写式近景处理，空间迫塞，好像是透过一孔扁横的窗格所望到的狭窄室内景象。这些作品旨在揭露社会的黑暗、凶险、不人道，传达一种悲哀和沉痛的情绪，描绘受刑、死亡、哀悼种种情状，采用上述横长迫塞的构图形式，无疑是十分恰当的。"郎绍君：《创造新的艺术结构——林风眠对形式语言的探索》，载郎绍君：《现代中国画论集》，广西美术出版社，1995年，第106-107页。

图 25 《人类的痛苦》

图 26 《人道》

帮画家超越具体的时空限制，进入全景式精神世界。《摸索》跨越古今中外的人物群像，正运用了这种"超越性"。全景式精神表达，堪称林风眠早期创作的主要特点。其人物形象往往没有特定的现实所指，而是象征性的视觉能指。《人类的痛苦》的主题风格与其他作品并无区别，很难看出1957年"解释"的特殊原因。就现存印刷品而言，这幅画与《摸索》《人道》一样，也是人物群像图。画面以明亮色调的裸体女性为中心：一人站立，一人横躺，一人后仰，其后另有一站立者。她们的身后，是深暗沉郁的人群：既有戴镣铐的受难者，也有麻木僵硬的施暴者。将这张1929年的作品与1927年的《人道》比较，人物形象、镣铐枷锁，以及主体人物与背景人物的明暗对比等，几乎完全相似。甚至，两幅画还出现了相同的呈90度下垂的左手臂：色彩沉重的手臂充满暴力感地伸向明亮的女人体，仿佛罪恶之隐喻。无论手臂的形态还是手的形状，如出一辙。这是一个值得我们重视的细节：因为命名为《人道》与《人类的痛苦》的不同画作，共同出现了这只醒目且具象征性的手臂，表明它们是类似主题之下的创作。《人道》与《人类的痛苦》的主题，到底是什么？就画面而言，确如林风眠所说的，是"残杀人类的情景"。但描绘"残杀"的意图是什么？林文铮专门评价《人道》，认为它象征了世界范围内的人类本性。[1] 显然，林文铮的阐释试图将画作主题从具体现实提升到人类的整体精神。考虑到两林之熟稔，且这一解释完全符合林风眠当时的艺术认知——"研究艺术的人，应负相当的人类情绪上的向上的引导"。[2] 我们有理由相信，林文铮的阐释正是林风眠的创作意图。或许，林风眠这一系列的创作与当时中国的战乱杀戮存在着一定关系，但目标肯定不仅于此。郎绍君先生就此曾论及：

> 林风眠创作《痛苦》，不完全是针对国民党"清党"屠杀这一历史事件，也表达他对人类自相残杀这一现象的痛心，即在主题上仍是《人道》的延续。因见不人道而呼唤人道，因见残杀而表达痛苦，痛苦所呼唤的仍是人道——这是林风眠的创作动机。[3]

当时的林风眠，在艺术上有着某种野心——以痛苦的知觉承载人类的觉醒。这是上帝式的精英主义视角，带着悲天悯人的情感，在流动的笔触中宣泄现代主义的批判精神。他试图将直面"人类"的精神感知以悲剧性的视觉样式述诸绘画。这是一种英雄主义的自我预期，推动他投身艺术、介入社会的运动中，并获得蔡元培的持续性支持。但类似蔡元培这样的知音，在现实层面不会"反复"出现。当蔡氏淡出权力系统后，林氏人生亦如其艺术风格一般，走向了"悲剧"。基于少年丧母的惨烈记忆，林氏性格深处仿佛天然具有某种悲剧情结。早在1924年创作的《生之欲》（图27），画面看似高剑父风格的动物画，命名却来自叔本华：

> 据林文铮先生回忆，蔡元培对此画十分欣赏，说它"得乎技，进

---

[1] "这一幅不是描写被自然摧残的苦痛，而直接描写人类自相残杀的恶性，作家沉痛的情绪，可于人物之姿态及着色上领略得到！我们试举目四顾，何处不是人食人的气象？从横的方面看起来，这幅画可以说是中国现状之背影，亦即是全世界之剖面图！从纵的方面看起来，可以说是自有宇宙以来人类本性的象征！"语出林文铮《美展会中之六家》，本文所引为《晨报·星期画报》1928年2月5日第119期之《南京美展评语》对林文的引用。
[2] 林风眠：《艺术的艺术与社会的艺术》，载《晨报·星期画报》1927年5月22日第58号"艺术大会号"。
[3] 郎绍君：《慰藉人生的苦难——林风眠艺术的内涵》，载郎绍君：《现代中国画论集》，广西美术出版社，1995年，第80页。

乎道矣！"蔡元培在这里说的"道"，应是指《生之欲》传达的精神内涵，这内涵和《摸索》有着相近的意向——试图用绘画语言述说形而上的理念。"生之欲"本是叔本华表达他的悲观论时所用的概念。他认为，人的欲望乃一切痛苦之根，即便欲望满足而得快乐，快乐之后其痛苦更甚；知识愈广，所欲愈多，其痛苦亦弥甚，因此，欲、生活、痛苦，是三者而一的。[1]

图27 《小说月报》1928年第19卷第8期，第3页。《生之欲》

叔本华以悲剧意识开创非理性主义先河，认为生命意志是主宰世界运作的力量。这种思想对林风眠极具吸引力：

> 30年代在杭州艺专学习过的画家，有的还记得林风眠喜爱引用康德与叔本华的话来说明艺术审美……林风眠作品的悲剧性内容是从整个人的命运的不幸诉说的，而并无具体的社会性所指，这点确有似叔本华。但与其说他感染了叔本华的悲观论，莫如说他借助于叔本华对人生的悲剧感受揭露了现实中的罪恶。[2]

林风眠迥异于传统绘画，亦非写实的鸿篇巨制，得到了蔡元培的认

---

[1] 郎绍君：《慰藉人生的苦难——林风眠艺术的内涵》，载郎绍君：《现代中国画论集》，广西美术出版社，1995年，第77页。
[2] 郎绍君：《慰藉人生的苦难——林风眠艺术的内涵》，载郎绍君：《现代中国画论集》，广西美术出版社，1995年，第83页。

同，但却未能如其预想一般在运动中影响公众。他精心创造的"视觉奇观"不仅没有塑造中国观众的"现代主义眼光"，甚至其悲天悯人的精神诉求，也遭遇"视而不见"：

> 林君的构图，算是在中国是顶放胆的一个画家；如像《贡献》《海》《南方》。他底笔致豪放，很有跃动的气概的。他底裸体多怪气。中国的洋画家，抽象的表现，人体可怕要林君算最好。不过沉闷的色用得不很好。他底作品是有超形的美的。可是我们在那儿寻找不出伟大性来。[1]

这是后来任"左翼作家联盟"组织干事的张泽厚，在1929年全国美展时给予林风眠的评价。他肯定了林画的构图与笔致，但对其"怪气""用色"加以批评，并最终断定"寻找不出伟大性来"。张氏评判"中国洋画家"的方式，并非现代主义的视角，其所谓构图、笔致等概念，仍源于中国传统。林氏追求的现代视觉冲击与悲剧色彩的精神感，在当时成为不合时宜的漠视对象。如同一次"错位"，受现代主义影响的林风眠，仿佛盛开在寒冬的春花，用尽力量却没有回响。其"艺术野心"在当时难以获得广泛的认同。更有甚者，相对民间批评，国民党政要戴季陶的评判，则堪称严苛。[2] 主抓意识形态的戴季陶无法认同林风眠的创作，显然因为《人类的痛苦》之类的作品，不仅不是"三民主义"意识形态的塑造者，还是潜在的破坏者。戴氏所谓之"十分可怕"，正指向了这种潜在的破坏性。对强调文艺服务于意识形态的南京政权而言，文艺应该是既定思想的传播者，而非异见者。现代主义强调思想之独立，对主流意识形态往往持有批判立场，故而也常与官方之意志发生摩擦，难以充任政治的传声筒。于是《人道》《人类的痛苦》等作品，试图以狰狞、残酷的视觉场景唤醒民众，在戴氏看来便是"在人的心灵方面杀人放火"。因为它们容易引发抗争意识，不利于思想管控。

---

1 张泽厚：《美展之绘画概评》，载全国美术展览会编辑组发行的《美展》1929年5月4日第九期，第8版。
2 "在人的心灵方面杀人放火，引人到十八层地狱，是十分可怕的。"戴季陶评语，见李树声：《访问林风眠的笔记》，载《美术》1990年第2期，第22页。

第 3 场

民族主义方向下的政治场域

　　国家意识形态寻求民众对既有权力的服从，以强化政权及相关政策的合法性。它需要感化民众、统一思想，使之团结在政府的意志之下。现代主义的精英话语，与此格格不入。是故，戴季陶对林风眠的批评并非某种暂时性的、局部性的"插曲"，而是整体性的象征事件。或可说，中国现代主义的早期命运不仅是文艺现象，更是政治现象。北洋时期的现代艺术亦非世俗权力的"服务者"，但也算不上"异见者"，因为当时的北洋政府未曾出现明确的意识形态管控机制。甚至鉴于现代主义与西方文化的亲缘性，反而使之在新文化运动中获得了一定的发展空间。无论留欧的林风眠、林文铮、吴大羽等，还是留日的关良及本土的刘海粟，20 世纪 20 年代悉数登场，从不同角度推动了现代主义艺术的早期发展。第一次全国美展出现的"二徐之争"，恰是这种"推动"的具体成果。然而，一旦南京政府确立以"三民主义"统一意识形态后，现代主义的生存空间便陡然萎缩。在文艺服务政治的方向下，不利于国家意识形态的文艺，很难获得世俗权力的资源补给，甚至还会成为打击、排挤的对象。

　　1929 年 6 月 4 日，国民党中宣部召开为期三天的"全国宣传会议"，通过了《确定适应本党主义之文艺政策案》《规定艺术宣传方法案》。这标志着南京政府初步确立以国家干预的形式引导、管理文艺创作的基本方针，其核心要义便是意识形态的建构目标——文艺服务于政治合法性的表述与宣传：

　　　　过去一年来，吾党之宣传工作，如誓师北伐，如济南惨案，如清党西征，如关税自主，如实行国历，如克复平津，如裁兵建国，如训政建设，如地方自治，以及最近之讨桂讨冯，均曾引起民众之注意与同情，于吾党进行上以莫大之赞助，惟本部细察民众此种对党之热诚，实全持总理人格之伟大，与其主义感人之深切，吾党必须更进一步，设法使民众继续维持其过去对党之热诚，而养成其爱护党国之情操，欲达此目的，必须以浅显通达之文字，解释高深博大之理论，尤其在以艺术的手腕，从多方面来阐明枯燥艰窘的学理，方能引起民众阅读的兴味，而得精确的认识与了解，此本部今后对于民众宣传之计划也。[1]

国民党中宣部在会议纪要中，明确了今后的工作目标——借助文艺推动民众对于政治的"注意与同情"，并指出这种热诚得益于"总理人格之伟大，与其主义感人之深切"，而"继续维持"则需要借助文艺来"阐明枯燥艰窘的学理"。自此，政治对文艺的影响，在20世纪愈演愈烈。将文艺视作宣传工具以实现政治目标，似乎成了一种时代趋势。其肇始者——国民党中宣部，在确定目标后便立即着手推动了"三民主义文艺运动"。时任国民党中宣部部长的叶楚伧，在该会议结束后撰写并发表了《三民主义的文艺底创造》一文，指出创造新文艺对国家建设的重要性。[2] 而文艺之所以被视为"立国基础"，正是因为文艺对意识形态的建构具有非常明确的"价值"。

南京政府成立之初便高举"三民主义"，其文艺"立国"自然也就会述诸"三民主义"。"三民主义"是孙中山革命思想的理论表达，最早出现在1905年11月他为《民报》撰写的发刊词。该文追溯了欧洲及中国的社会与历史，将民族、民权、民生组合在一起表述革命之目标。作为理论，彼时之"三民主义"感性而随意，缺乏系统性与框架性。是以，这一

---

[1]《全国宣传会议纪录（附表）》，载《江西党务月刊》1929年7月10日第6期，第30页。
[2] "在不久以前，中央宣传部召集了一个全国宣传会议，在这个会议里面，发生了一个没有办法的提案，这件案子大家认为重要，全体一致决定，交中央宣传部设计办理。这案子的内容是这样，我们在革命以后，种种创造工作之中，要创造一种新文艺，要创造出中华民族的文艺，三民主义的文艺。因为文艺创造，是一切创造根本之根本，而为立国的基础所在。"叶楚伧：《三民主义的文艺底创造》，载《中央周报》1930年"新年增刊"，第15页。

概念出现后的二十多年里，廖仲恺、胡汉民等包括孙中山本人，都对它进行了不断地阐释与完善，并最终成为孙中山逝世后的思想遗产。但即便如此，"三民主义"诞生之初的"杂烩"性质，也一直未能很好地解决，以致它很难成为逻辑严密的思想体系。

是以，"三民主义"虽然被奉为至高思想，但却缺乏实际有效的践行通道，从而流于形式主义化的空泛信仰。或许，正是基于这一理论的自身问题，三民主义文艺运动也缺乏相应的实际成果。叶楚伧倡导的"三民主义文艺运动"，更多体现为文艺政策的表达，而非文艺创作的实践。关于政策目标，时任国民党中宣部副部长的刘芦隐，在中央党部纪念周的演讲中，说得更加明确：

> 三民主义的文艺这一个名词，是汉民先生、叶楚伧（伧）先生和我们几个人，有一天谈起现在中国文艺幼稚的情形，觉得大家要提倡一种理想的文艺之必要，于是汉民先生就说我们应该提倡一种三民主义的文艺，而这个名词就因是而起了，后来楚伧先生发表一篇文，题为《创造三民主义的文学》。更把我们需要一种理想文艺的感想和期望，说得更明白，但是两先生所谓三民主义的文艺，意思是说中国现在所需要的文艺，是要能为中国民族整个利害打算，从种种事实与题材方面去发扬我们的精神生活，或道破我们共同的高尚的希望和思想，或咏叹我们过去的事迹，或写我们现实的人生的情感，或描绘我们理想的人生，而其影响都能把整个国家社会指点向中国民族所应走的大道上前进。明了这个思想，就晓得我们用三民主义的文艺这一名词，是使大家认识中国所需的文艺，乃一种有益于国家社会和个人的文艺，而不是一种于国家社会个人都毫无益处的文艺，尤其不是拿这么一个名词给我们中国的文艺作家，自己和自己去分什么宗派，立什么门户。[1]

三民主义文艺运动的目标，不是为了创造文艺流派，而是为了统一文艺的整体功能，即政治实用主义之目标。这一论调为世俗权力打开了掌控

---

[1] 刘芦隐:《三民主义的文艺之意义》，载《浙江教育行政周刊》1930年7月19日第46期，第1-2页。

文艺的大门，成为推动或反对具体创作的武器。曾经参加 1929 年全国宣传会议的金平欧，还因此提出了"反革命文艺"概念。[1] 将文艺视作革命与反革命的二元对立，使政治干预文艺更加具有合法性，并在后来成为常见的社会话语之一。所以，三民主义文艺运动在具体创作的推动上看似不成功，但却为政府提供了管制文艺的基本思路，并与中宣部、CC 系等组织形成了行之有效的运作机制。这套机制在随即而来的民族主义文学运动、新生活运动，乃至抗战文艺中，越来越成为决定性的力量。1930 年 11 月 24 日《民国日报》的一篇报道，暗示了这种"力量"的出现：

> 一向沉闷的首都，从来受着文艺的潮流之冲击，但近年来却大大的不同，文艺的空气也渐渐的浓厚起来了。文艺的团体，不要说，是多得很的；文艺的刊物，我们走到任何书铺里去，皆可以看到几份的，这却是在首都空前所未有的新气象。
>
> 这些新兴的文艺团体与文艺刊物，虽各有各的主张，但其立场总是大致相同的，即以民族或三民主义为其立场。从事于此等工作的园丁，皆以为发挥民族主义的文艺或三民主义的文艺，是他们唯一的责任。[2]

这些文艺团体与文艺刊物，正是文艺管控的"毛细血管"。它们依靠《规定艺术宣传方法案》建立起了运作体系并获得了相应的经费支持。如朱应鹏曾在采访中谈及的"中国文艺社"[3]，便有着极为丰厚的政府津

---

[1] "所谓现代文艺，决不是悲歌厌世，颓废不振，或歌舞升平，消磨岁月的落伍文艺，也不是宣传反动思想，使社会秩序因之扰乱，构成社会病态的'破落'（普罗）文艺；而是暴露旧的罪恶，指示新的光明之三民主义的文艺。因此我们可以说：文艺离开为'人生'，就是死的文艺；文艺违反三民主义的原则，就是反革命的文艺！"金平欧：《文艺与三民主义》，载《新湖北》1930 年 6 月 15 日第 2 卷第 11 期，第 1-2 页。

[2] 武：《首都的文艺空气——三民主义的文艺作品的提倡》，载《民国日报》1930 年 11 月 24 日第四张第二版。

[3] 朱应鹏在 1931 年接受《文艺新闻》采访时说："中国文艺社，是三民主义的文艺，他们的作品我看得极少，但是我知道他是由于党的文艺政策所决定的，而所谓党的文艺政策，又是由于共产党有文艺政策而来的；假如共产党没有文艺政策，国民党也许没设有文艺政策。"《朱应鹏氏的民族主义文学谈》，载《文艺新闻》1931 年 3 月 23 日第二号第 2 版。

贴。[1]而受到政权资助的团体虽然各有主张，其基本立场却都是相同的——以民族主义或三民主义为责任。值得注意的是，《民国日报》将民族主义与三民主义并置，表明南京政府在推动三民主义文艺未有实际成果之下的"转向"。对此，《晨报》社长且为 CC 系骨干的潘公展，曾在文章中明确设问：

> 中国国民革命是三民主义的革命，三民主义是整个的，在中国提倡革命文艺，自然应该提倡三民主义的文艺，为什么默认民族主义的文艺运动可以负起推进国民革命的责任呢？[2]

从三民主义到民族主义，是国民党文艺政策的自我否定，还是自我深化？显然，提出这一问题的潘公展认为"转变"并非否定三民主义，而是一次深化：

> 我们从整个的三民立场看来，也觉得民族主义的文艺运动，实在是推进国民革命的一种重要而又切实的基本工作，何以故？第一，我们确切地承认三民主义是一贯的，是连环性的，换言之，是整个的，可是从三民主义发生的程序来看，在事实上，在理论上，却均有一个先后。中山先生曾说过：世界各国，都是先由民族主义进到民权主义，再由民权主义进到民生主义，三民主义发生的程序，就不能外乎此例。中山先生在决心革命的初期，首先使他受着刺记，当然是一八四〇年以后中国民族受了满洲人和帝国主义者两

---

[1] "该社中央月有津贴一千二百元，主干为左恭等。因经济来源富裕，故能收集一批作家，如沈从文等。月有月刊，已出至二卷一期，格式颇似小说月报，闻每期约印五千册左右。另有周刊一种，系附于中央日报，占大道之地位。"《首都文坛新指掌》，载《文艺新闻》1931 年 3 月 23 日第二号第二版。按：该报道除了谈及接受中央津贴的"中国文艺社"之外，还报道了诸多接受各级国民党党部津贴的社团及其刊物，表明南京国民政府对文艺的层层支助体系："开展文艺社 京市党部对此社每月津贴一百二十元，适为中国文艺社十分之一。负责人俱为青年，执笔者为曹剑萍等。月刊出至七期，每期印行一千五百册左右，因提倡民族主义文艺故，销数颇佳。周刊附于新京日报，占雨花地位，已出十五期。卜少夫主编。流露社是寄生在拔萃书店的一个文艺社团，经费亦由中央津贴，只有月刊一种，现已出至五期，销略与开展月刊不相仲伯，每期约印一千册。线略社 主干为何酒黄，京市党部月贴六十元，起始出橄榄半月刊。其余尚有只有组织，而并无单独发行刊物之社团颇多，如游魂社等，以后记者当按期作有特定时间事象之通讯，以飨我阅者。"
[2] 潘公展：《从三民主义的立场观察民族主义的文艺运动》，载《湖北教育厅公报》1930 年 7 月 31 日第 1 卷第 7 期，第 2 页。

重外族势力的压迫的事实，中法战争后，一八八五北京条约缔定的一年，就是中山先生决心革命的一年，而日本维新以后一八九四年，中日战争的结果更使他感觉中国民族独立运动的必要，对于革命抱着无穷的希望，所以就整的世界说，民族民权，和民生三个问题在现代正是需要同时解决，而就二三百年以来，尤其是最近八十多年以来，中国所最需要解决的问题而论，还是一个民族问题，中山先生最初革命的动机是在求中国民族的独立，就是他的遗嘱上面还是说：余致力国民革命，凡四十年，其目的在求中国之自由平等。故三民主义尽管是一贯的，尽管是连环的，但这个一贯的连环却总有一个起点；那便是民族主义。如果没有辛亥革命的脱离满清一族宰制，决没有共和政府的建立；如果不努力于不平等条约的废除和一切外国特权的取消，决不能见本国实业的发展和国民经济的充裕，这是显而易见的事实，由此可知三民主义的革命，在一方面，固然待最后的民生主义的实现，而后可认为完全成功，在另一方面，却必先从最初的民族主义入手，而后才是切于实际。故要求政治上的平等，经济上的平等，必先求整个民族在国际地位上的平等；换言之，我们固然用政治运动去促成民权主义的实现，可以用社会运动去促成民生主义的实现，三民主义诚然是整个的，可是实现三民主义的工作在事实上不能不分工合作，以收殊途同归的效验。所谓民族主义的文艺运动，实在就是民族主义各种方法中间一种必要而且根本的工作吧了。所以从三民主义发生的程序上看，三民主义既然植其基础于民族主义之上，而民族主义的文艺运动就不啻时时刻刻以新鲜的血液灌溉着民族主义的根苗，其有助于国民革命的推进，毋待烦言，故民族主义的文艺运动，在中国的确可以唤醒民族意识，而为逐步完成三民主义的国民革命打下很深固的基础。[1]

---

[1] 潘公展：《从三民主义的立场观察民族主义的文艺运动》，载《湖北教育厅公报》1930年7月31日第1卷第7期，第5-6页。

这段冗长的论述看似复杂，其实是简单逻辑的来回往复。潘公展以阶段论分解了三民主义的革命目标，将民族、民权、民生视为程序化的先后关系，推导出"三民主义尽管是一贯的，尽管是连环的，但这个一贯的连环却总有一个起点；那便是民族主义。"在他看来，相对三民主义的并置组合，"从最初的民族主义入手，而后才是切于实际。"事实亦然，三民主义看上去全面，却存在着架构松散而莫衷一是的弊端。对此，蒋介石亦曾感慨三民主义让民众无所适从。[1] 就执行而言，民族主义比三民主义更加明确。[2] 应该说，用民族主义的明确性取代三民主义的模糊性，不仅是国民党文艺政策的转向，也是南京政府之意识形态调整的内在逻辑。南京政府在成立之初高举孙中山的旗帜，是出于团结当时政治力量的现实需要，故而未对三民主义的各种版本加以甄别。但随着政权稳定及"反共清党"新局面的出现，执掌权柄的蒋介石，最终选择了"戴季陶主义"。

戴季陶主义，即孙中山秘书戴季陶所从事的"纯正的三民主义"之理论阐释。接受儒家教育并留日学习法律的戴季陶，曾追随孙中山进行国民革命，其思想在流变中显现出丰富的维度：从"君主立宪"到"民主共和"，从"地方自治"到"中央集权"，从"马克思主义介绍者"到"反共理论建构者"。作为政治理论家，他影响最为深远的工作还是对三民主义的理论改造。1925年，《孙文主义之哲学的基础》和《国民革命与中国国民党》先后发表，成为他改造"联俄联共"之三民主义的重要著述，使侧重于革命目标之表述的三民主义转向了意识形态化的信仰建构，为国民党的"清党运动"提供了理论基础。早在五四运动时期，接触马克思主义的

---

[1] "有的以为三民主义近于国家主义，有的以为三民主义近于共产主义，现在可说正是一个思想很纷杂的时代，使得我们四万万同胞无所适从，不知究竟是怎么一回事，究竟是听哪一种说法好，究竟要怎样的制度才适合中国的需要。"蒋介石：《中国建设之途径》（1928年7月18日），载张其昀主编：《先总统蒋公全集》（第1册），台北中国文化大学出版部，1984年，第577页。

[2] "大家如果不懂民族主义的意义，没受民族主义教育的机会，中国的国民革命是难得有希望的。纵使中国国民革命成功，新中国建立，开宗明义，就当注重民族主义。"蒋介石：《党化教育的重要》，载贝华主编，文化编译馆编辑：《蒋介石全集》（上册），文化编译出版社，1937年，第150页。

戴季陶，便警惕"阶级斗争"带来的"过激主义"[1]，并因此对国共合作持有保留态度。孙中山逝世后，他虽奉三民主义为圭臬，却毫不犹豫地剔除了孙中山"联俄联共"的基本政策，使之成为"纯正的三民主义"。

戴季陶对三民主义的"纯化"，主要基于两个方向：一是厘清三民主义与共产主义。二是建立以民族主义为起点的民生史观。基于孙中山曾表述"民生主义，就是社会主义，又名共产主义。即是大同主义。"戴氏不得不在《孙文主义之哲学的基础》中加以辨析：他认同两者目的、性质相同，却强调了它们在哲学基础与实现方法上存在着根本差异。[2] 之所以如此，是因为他认为中国革命面对的并非阶级问题。[3] 因而不接受阶级斗争所带来的无产阶级专政，自然也就无法认同"联俄联共"的三民主义。显

---

[1] 戴季陶在1919年发表《对付"布尔色维克"的方法》一文，曾就中国现实谈及"过激主义"的"可怕"之处："在中国今天这样'智识程度''经济程度'都极幼稚的时代，要想使多数的人，明白经济学上'生产''分配'的道理，已经是狠不容易的。那里会有正确的'布尔色维克'发生呢？这个道理，我是承认的。但是因为这样，所以更觉可怕。你们看看，这几年来，在这里捣乱中国的，是甚么东西？就是士农工商而外的一个'无产阶级'的游民。这种可怜的人，有人招揽起来，给他一杆枪、一件号衣，就叫做'兵'。没有人招揽他们，便专靠打劫过日子，就叫做'匪'。合全国算起来，这样没有'正当的职业''固定的生活'的人，总要上千万。他们生活上精神上的不安，差不多是到了极点的。如果万一'布尔色维克'的思想，侵到了他们这个阶级里面！他们本来是靠'破坏'和'掠夺'过日子的，本来是没有一点'判断能力'的，本来是不懂得'文明'是甚么东西！一下爆发起来，挂上'布尔色维克'的假面，干他野蛮掠夺的勾当，那危险的境象恐怕比俄国还要加上几倍。到了那个时候，国里的'生产机能'破坏了，外国人的势力，一定也乘势侵进来了。那些'游民国体'，固然是全体覆灭。可是中华民国的国运，恐怕也就从此告终呵！"季陶：《对付"布尔色维克"的方法》，载《星期评论》1919年6月22日第三号第四版。

[2] "一，民生主义在目的上与共产主义完全相同。因为共产主义与民生主义所要解决的问题是相同的。二，民生主义在性质上与共产主义完全相同。因为共产主义与民生主义都是突破了国界，以全世界为实行主义的对象。三，民生主义与共产主义。在哲学基础上，完全不同。共产主义，是很单纯的以马克斯的唯物史观为理论的基础。而民生主义，是以中国固有之伦理哲学的和政治哲学的思想为基础。四，民生主义与共产主义。在实行的方法上，完全不同。共产主义以无产阶级之直接的革命行动为实行方法，所以主张用阶级专政，打破阶级。民生主义，是以国民革命的形式。在政治的建设工作上，以国家的权力，达实行的目的，所以主张革命专政。以各阶级的革命势力，阻止阶级势力的扩大，而渐进的消灭阶级。"戴季陶：《孙文主义之哲学的基础》，载《云南省教育会会刊》1927年9月1日第三卷第十一号，第7页。按：该文最早发表于1925年，如1925年7月27日的《民国日报》副刊《觉悟》。

[3] "中国的社会，就全国来说，既不是很清楚的两阶级对立，就不能完全取两阶级对立的革命方式，更不能等到有了很清楚的两阶级对立才革命。中国的革命与反革命势力的对立，是觉悟者与不觉悟者的对立，不是阶级的对立。所以我们是要促起国民全体的觉悟，不是促起一个阶级的觉悟。"戴季陶：《孙文主义之哲学的基础》，载《云南省教育会会刊》1927年9月1日第三卷第十一号，第13页。

然，戴季陶对孙文主义的哲学检讨实现了"民生"与"共产"的概念甄别，从而为"反共清党"奠定了理论基础。不仅如此，他还对民族、民权、民生这个松散的"组合"，进行了逻辑重构。他以三民主义就是救国主义为线索，确定了民生主义的本体性质。[1] 这使得三民主义成为具有哲学意味的民生史观，也因此更加意识形态化。那么，又该如何理解民族、民权、民生与民生史观的关系？戴氏认为，这三个概念正是实现民生史观的方法[2]，并进一步辨析了三者之间的关系：

> 民族主义是三民主义革命的第一步工作，也可以说是实行民生主义的基础。就是要达解决民生问题的目的，便要先排除障碍民生的恶势力。要排斥障碍民生的恶势力，第一便先要民族自身具备一种伟大的能力，把国家和民族的地位扶植起来。脱离帝国主义的压迫，造成完全自由独立的国家。民族主义的重要，完全是在这一点。民权主义是为甚么呢，就是要解决民生问题。必定要人民自身来解决，才是切实，才是正确。所以为了解决民生问题，就非建设人民的权力不可。尤其非建设起在政治上经济地位上立于被压迫地位的农工阶级的权力不可。所以三民主义中的民权主义，是主张全体人民男女的普通直接民权。如此看来，我们就可以晓得。先生所领袖的国民革命，最初的动因，最后的目的，都是在于民生。[3]

表面看，戴季陶对三民主义的"纯化"是以民生为中心。实际上，民生史观也只是他将看似分裂的"三民"进行逻辑化的理论努力。对于具体工作的展开，他更为明确地指出"民族主义是第一步工作"。显然，能与国家主义结合的民族主义，才是意识形态控制最为有效的手段。基于三民

---

[1] "去年先生对一般国民党的党员说：'我是为实行民生主义而革命的。如果不要民生主义，就不是革命。'我们就这一个意义上，也可以看得出民生主义实在是三民主义的本体，三民主义并不是三个部分。就本体上看，只有一个民生主义。"戴季陶：《孙文主义之哲学的基础》，载《云南省教育会会刊》1927年9月1日第三卷第十一号，第7页。

[2] "就方法上看，才有民族、民权、民生三个主义。"戴季陶：《孙文主义之哲学的基础》，载《云南省教育会会刊》1927年9月1日第三卷第十一号，第7页。

[3] 戴季陶：《孙文主义之哲学的基础》，载《云南省教育会会刊》1927年9月1日第三卷第十一号，第6页。

主义是救国主义的逻辑，他认为：

> 因为三民主义，系促进中国永久适存于世界。所以说三民主义就是救国主义。在三民主义的讲演方面，开宗明义，就是说明这救国的道理。大家如果要研究三民主义的真义，第一就要看清楚三民主义的目的，是在救国。离开了救国的热诚，就没有三民主义。若说到救世界的问题，也是三民主义者终结的目的。但是在历史的关系上面，没有了我们的国家，便连我们也没有了。何有于世界，所以孙先生说，"我们要提倡民族主义，自己先联合起来，推巴（己）及人。再把各弱小民族，都联合起来。共同用公理打破强权。强权打破以后，世界上没有野心家。到了那个时候，我们才可以讲世界主义。"[1]

至此，戴季陶完成了纯化三民主义的真实目的：以"民生"架构理论逻辑，但在实践中却强调"民族"。从某种角度看，戴季陶主义就是民族主义视角下的三民主义，并因此与传统儒学发生了关联。[2] 他之所以强调孙中山思想就是仁义道德的思想，就是为了将其与国家主义的意识形态相结合。[3]

强调"民族"的戴季陶主义，逐渐成了南京政府进行意识形态管控的理论基础，也因此对文化艺术界产生深远影响。从三民主义文艺向民族主义文艺的转向，正是这种影响的显现。如果艺术史之叙事逻辑被锁定在后世界定的学科意识中，那么此类因素大概率会被轻视，甚至忽视。相对艺术史之内部因素的视觉与风格等，它们常被视为外部因素，被主观排除在研究中心之外，从而成为辅助性的背景材料。殊不知，这种内外有别的学科意识，阻碍了历史对象的"整体展开"。诸多看似学科之外的因素，却是历史参与者需要切实面对的现实，并进而决定了视觉与美学的选择。或

---

[1] 戴季陶：《孙文主义之哲学的基础》，载《云南省教育会会刊》1927年9月1日第三卷第十一号，第1页。

[2] "中山先生的思想，完全是中国的正统思想。就是继承尧舜以至孔孟而中绝的仁义道德的思想。在这一点，我们可以承认中山先生是二千年以来中绝的中国道德文化的复活。"戴季陶：《孙文主义之哲学的基础》，载《云南省教育会会刊》1927年9月1日第三卷第十一号，第14-15页。

[3] "恢复起中国民族创造文化的能力，建设出继往开来的新国家新社会。用革命的工夫，把埋没了几千年的社会连带责任主义，在三民主义的青天白日旗下，重新发扬光大起来。"戴季陶：《孙文主义之哲学的基础》，载《云南省教育会会刊》1927年9月1日第三卷第十一号，第19页。

可说，这些被后世学科意识"忽略"的外部因素，恰是艺术史进程的有效组成部分。诸如滕固用中西绘画分科取代林风眠的中西绘画不分科，表面看是两人美术教育的观念差异，实际却远非如此简单。滕固的改革目标非常明确：

> 俾吾国固有之艺术赓（赓）续发扬，以增加民族至高之文化，至精之信念。[1]

只从美术学科的背景看待这一目标，似乎很好理解：滕固是一位受过德国艺术史专业训练的专家，其《唐宋绘画史》堪称当时研究中国传统艺术的扛鼎之作。他的教学观念与留欧学习现代艺术的林风眠有所不同，并不让人惊讶。但看似符合学科意识的解释，却忽视了滕固的政治机缘对这一美术现象的决定性作用。滕固，在后世描述中以研究美术史著称，但在现实生活中却是热衷于政治活动的行政官员。1930年1月28日的《铁报》曾经刊登了一篇非常有意思的报道：

> 先前我见到滕固的作品，总以为他是一个文坛上很有希望的青年，不料他竟由文学家一跃而为党官，荣膺了江苏省党部的执委。真可说是踌躇满志，不负所学了。一经踏进仕途，另换上一副面目，习气不自觉地沾染的一个十足、野心同时亦不断地逼着他向理想上所应拟的尊荣之路上跑。于是他愚鲁得勾结溧阳的刀匪（或说是改组派）希图达某种目的，不幸事迹败，浪亡命。虽欲再度其往昔摇笔杆的生涯，尤不可得。以前执委的荣耀，更是不堪回首，实在是孽由自作，又怨谁来。世间不乏官迷的文人，视此得毋憬然，曷若安守本分之为愈啊。[2]

这篇名为《惜滕固》的时事小文，为我们描述了一个面目完全不同的"滕固"。该文或因政治立场而失之偏颇，但所涉事实却并非毫无根据。

---

[1] 滕固：《改进校务情况及关于发展国画艺术培养中小学艺术师资的意见》，载沈宁编：《滕固艺术文集》，上海人民美术出版社，2003年，第414页。
[2] 匹夫：《惜滕固》，载《铁报》1930年1月28日第3版。

《中央党务月刊》1929年12月第17期《纪事·纪律》栏目，曾刊载了滕固遭国民政府的"明令通缉"。[1] 由此可知，《铁报》所述之滕氏际遇确为事实——1929年岁末，他因政治斗争而"浪亡命"。此事之缘由，未必如文中所言之不堪，但滕氏深度介入世俗政治的事实却无疑。早在1927年南京政府成立之初，原先任职上海美术专科学校（以下简称"上海美专"）的滕固即已开始介入政治——该年7月25日出任江苏省特别区党部宣传委员，成为执掌宣传的"党官"。[2] 次月，滕固发表了符合其党政官员身份的文章——《党与政府》，他热衷时局之政治正确的"表态"，可谓一览无余。[3]

积极投身党国的滕固，在获取机遇的同时也面对了风云变幻的政治纷争。1929年遭遇的波折，正是他热衷政治的自然结果。该年12月12日，汪精卫在党内斗争中失败，被开除党籍并遭通缉。[4] 而被视为汪系改组派

---

[1] "中央组织部提议：江苏省执行委员滕固及党员何民魂、卢印泉煽动军营，指挥土匪共匪，约期暴动，确有证据，请迅交国民政府明令通缉归案究办；并咨请中央监察委员会一律以永远开除党籍处分，经中央第五十三次常会决议：照办。"《滕固等交国府通缉》，载《中央党务月刊》（中国国民党中央执行委员会秘书处印行）1929年12月第17期《纪事·纪律》，第71页。

[2] 《时报》1927年7月29日（第一张）"国内记载"有《苏省党部会议纪》的报道，其中《特别区党部执监会议》中有关选举委员记载："选举委员，分任各项工作，推张明任常务、祝业殷任组织、滕固任宣传、祝兆觉任文书、余璧香任财务、许世芳任交际、陆士钧任事务。"

[3] "总理一再说：要把党字放在国上，那个以党建国以党治国的主张，就在这里确立的。在这个原则上，党与国，不但不能有须臾的分离；且成了有机的组合物了。我们的国早没有了，早不知丢到甚（什）么地方去了；我们国民党把他再造起来，才有国，才有管理国家的政府。党建造好国家，政府以党的意旨来管理国家，在这一点上，党与政府的关系，不待伸言，已是十分明白的了。"滕固：《党与政府》，载《无敌周报》1927年8月1日第8期，第3页。按：据此文可知，《中央党务月刊》1929年12月报道滕固遭通缉的原因——"指挥土匪共匪"，当是国民党内部权力争斗为滕氏杜撰的"罪名"。因滕固本人当时也是积极拥护"反共清党"的国民党党员："共产党人羼入我党，背叛我党的意旨而倒行逆施，此非我党一党弃之，是天下人共弃之的。"

[4] 1929年12月12日，国民党中央执行委员会召开第五十六次常务会议，决议对汪精卫开除党籍并通缉："出席者，戴传贤、谭延闿、胡汉民、陈果夫、孙科，列席者林森、刘纪文、古应芬、克兴额、陈肇英、焦易堂、刘庐隐、王伯群、桂崇基、王正延、余井塘、曾养甫、马超俊、陈立夫、李文范、邵元冲、邵力子，主席谭延闿，讨论事项。一、关于各省市党部电陈汪兆铭破坏党国之罪状，请予开除党籍，并通缉，送监察委员会。二、许崇智，邹鲁，居正，谢持，阴谋反动，危害党国，交国民政府通缉。三、前因反动嫌疑被监视之苏省党部人员经中央监察委员会派员侦查，其中认有嫌疑之葛建时等七人交江苏高等法院审判，并应适用陪审制度，其余无嫌疑者十三人交保释放。"《中央执行委员会第五十六次常务会议》，载《浙江党务》（中国国民党浙江省执行委员会编印）1929年12月15日第68期，第1页。按：滕固即为该决议第三条所涉苏省党部七人之一的宣传委员。

的滕固，也难逃厄运。次年（1930）初夏，滕固化名邓若渠从上海出发，经由香港、新加坡前往欧洲[1]，开始了他的留学生涯。很难想象，一场看似与美术无关的政治风波，为中国带来了一位具有德国专业训练背景的艺术史家。但经历政治动荡的滕固，获得博士学位后并未安心学术工作，仍热衷于政治活动。1933 年 4 月 4 日，受复出且出任行政院院长汪精卫的帮助，他再次回归政坛，出任行政院参事。[2] 直至 1941 年去世，他都一直以此身份活动于政坛。从某种角度看，历史现场中的滕固并非纯粹的学者，而更像一名官员。甚至，他获得西方艺术史专业训练的机缘，就是政治风波的副产品。基于如此之前提，重新看待滕氏执掌国立艺专后的改革，我们会发现：他所谓"增加民族至高之文化，至精之信念"的话语，与写作《党与政府》时的"政治正确性"并无太大的区别。

尤其值得注意的是，滕固不仅是学者型官员，还是国民党文艺政策制定的参与者。1929 年 6 月 4 日，在决定未来文艺方向的"全国宣传会议"中，滕固不仅是与会者，更是提案审查委员。[3] 正因为滕固等八人的审查，《确定适应本党主义之文艺政策案》《规定艺术宣传方法案》才得以通过，成为国民政府掌控文艺的基本原则。因此，他或可被称为政治干预艺术的"始作俑者"。就此而言，滕固与林风眠的最大区别并非艺术观，而是政治性。滕氏主导的国立艺专的教学改革，影响、决定了此后艺术史的发生、发展，但其发轫却非艺术学科内部的力量，而是政治类的外部因素。由此可见，这些被学科意识忽略的因素恰是艺术史作为整体存在的有效组成，而非被后世甄别出来的外部因素。林风眠艺术教学思想的"失败"，绝非

---

1 沈宁编著：《滕固年谱长编》，上海书画出版社，2019 年，第 236-237 页。
2 《申报》1933 年 4 月 5 日第 9 版《行政院决议案》一文报道："行政院四日开九十五次会议，出席汪兆铭、宋子文、顾孟余、石青阳、朱家骅、陈公博、陈树人、罗文干、刘瑞恒、列席陈仪、褚民谊等，主席汪兆铭。决议要案如下：一、院长请任命滕固为本院参事案，通过。二、军政部何部长请任李国屏为七十五师少将参谋长案，通过……"
3 时媒曾报道："四日上午八时，第一次会议，到中央宣传部副部长刘庐隐，宣传会议秘书长淦克超，各省市党部及中央各党报出席代表金平欧、滕固、俞百庆、苏寿余、许绍棣、周仁斋、查光佛、龙云、冯天如、茹馥廷、谢澄宇、陈德徵、邹意芬……焦守显、蒋坚忍等四十八人。"《全国宣传会议纪录（附表）》，载《江西党务月刊》1929 年 7 月 10 日第 6 期，第 29 页。"制定提案审查委员八人，朱云光、许绍棣、淦克超、陈德徵、滕固、郑彦棻、蒲良柱，为提案审查委员，由朱云光召集。"《全国宣传会议纪录（附表）》，载《江西党务月刊》1929 年 7 月 10 日第 6 期，第 32 页。

简单的艺术史"内部"的风格竞争，而是艺术政治化的必然遭遇。只有理解了这一点，才能明了林氏所代表的现代艺术，在 20 世纪如流星一般的历史宿命。

滕固的政治性，为他 20 世纪 30 年代的"复出"带来了诸多机会。出任国立艺专校长前，他就曾参与第二次全国美展的筹备组织。这届美展由张道藩主持，林风眠也名列筹备委员会，但却无缘于权力中枢。相反，滕固成为核心成员：

> 全国第一次美术展览会，迄今已隔三年，教部现筹备第二次美展会制定、组织大纲。聘王一亭、王祺、王济远、江小鹣、汪亚尘、李济之、李金曦（发）、李毅士、何香凝、吴湖帆、吕凤子、林风眠、马衡、袁同礼、徐悲鸿、梁思成、高希舜、高剑父、章毅然、许士祺、陈树人、陈之佛、陈念中、陈礼江、张道藩、张书旂（旂）、溥侗、傅孟真、叶恭绰、汤文聪、黄建中、雷震、杨今甫、杨缦华、经亨颐、褚民谊、赵琦（畸）、邓以蛰（蛰）、刘开渠、刘海粟、滕固、蒋复璁、潘玉良、齐白石、颜文樑、严智青、顾颉刚、顾树森等四十余人为筹委，张道藩、马衡、杨今甫、褚民谊、滕固暨该部司长，雷震、黄建中、顾树森、陈礼江等四人为常委，积极进行。办事处暂设教部，正式会场拟利用首都国府路新建之美术院，会期约在明年四月一日，刻正由主管司草拟征集办法，工作甚为紧张。[1]

由九人组成的常委中，雷震、黄建中、顾树森、陈礼江完全是教育部官员（司长），而其余五位具备专业背景的常委，张道藩时任内政部常务次长，马衡时任故宫博物院院长，杨今甫曾任国立青岛大学校长[2]，褚民谊与滕固则同属汪精卫的改组派，褚氏曾任行政院秘书长，时任中法国立工学院院长。这份名单，相对蔡元培主导的第一届全国美展的权力榜，具有更为强烈的党国色彩。滕固之所以能够进入这一序列，并非完全因为他的

---

1 《全国美术展览会明年四月一日开幕》，载《申报》1936 年 12 月 25 日第 4 张第 13 版。
2 杨振声（今甫）任青岛大学校长时，1930 年 8 月张道藩曾出任该校教务长，两人因有旧交。张道儒：《张道藩生平纪年（1897—1968）》，载《贵州文史丛刊》1994 年第 1 期，第 26 页。

图 28　汪精卫归国抵沪时与欢迎者在褚民谊私邸合影（前排右一为汪精卫、右二为张群，第二排右一为褚民谊，后排右一为滕固）

艺术史背景，而更取决于他的政治社交。

1937年1月，就在滕固参加全国美展第一次常务会议及第二次筹备委员会会议的同时，他还忙于迎接试图回国重组内阁的汪精卫。[1]（图28）这个月的滕固穿梭于美术、政治的双重场域，与后世学科视野中的"滕固"区别颇为显著。抑或因此，1937年2月针对"中等学校学生及民众"的演讲稿，在《播音教育月刊》发表时，滕固注明的身份不是艺术史学者，而是行政院参事。[2] 这是一个有趣的现象：具有专业背景的滕固参与

---

[1] 1937年1月，滕固主要活动可见沈宁编著：《滕固年谱长编》，上海书画出版社，2019年。一类是参与全国美展的组织活动，如："1月5日，下午三时，教育部第二次全国美术展览会在教育部举行第一次常务会议，出席张道藩、马衡、褚民谊、滕固、顾树森、黄建中、雷震、陈礼江等，由主任委员张道藩主持。"（《滕固年谱长编》第395页）"1月10日，教育部第二次全国美术展览会筹备委员会，在教育部举行首次全体委员会议，出席张道藩、马衡、褚民谊、经亨颐、陈树人、溥侗、刘海粟、张书旂、王济远、林风眠、江小鹣、张善孖、滕固、唐文聪、蒋复璁、顾树森、黄建中等四十余人。教育部（部）长王世杰亦到会参加。"（《滕固年谱长编》第396页）"教育部第二次全国美术展览会筹备委员会，在教育部召集故宫博物院、古物陈列所举行小组会议，到故宫博物院马衡、古物陈列所舒楚石及滕固、陈念中、顾树森、郭莲峰、顾良杰等，顾树森主席，商议选送美展物品办法，对于种类数量，亦详加讨论。"（《滕固年谱长编》第399页）除此之外，这一月内滕固更多活动却是周旋于各类政治人物的交往，其中最主要的便是积极迎接汪精卫的归国，如："1月12日，借陈克文夫妇及李朴生乘车赴沪迎候汪精卫，寓新亚酒店。"（《滕固年谱长编》第396页）"1月14日，'西安事变'爆发后，汪精卫借陈璧君自欧洲回国，准备重组内阁。抵达上海时，受到叶楚伧、李石曾、孔祥熙、张群、陈绍宽等的欢迎。滕固与陈克文等往褚民谊宅见汪精卫。国内多家媒体刊登了汪精卫归国抵沪时与欢迎者在褚民谊私邸合影。"（《滕固年谱长编》第397页）"1月16日，与陈克文到谷正纲家商谈欢迎汪精卫事，结果党部方面由谷负责，政府机关由滕、陈负责。"（《滕固年谱长编》第398页）"1月18日，冒雨前往明故宫机场欢迎汪精卫抵南京，随后赴中央党部听汪演讲。"（《滕固年谱长编》第399页）"1月21日，赴国际联欢社参加行政院各部会长官联名邀请汪精卫茶会，听汪氏发表长篇演说。"（《滕固年谱长编》，第399页）

[2] 滕固：《全国第二次美术展览会的预期（二十六年二月二十八日讲）》，载《播音教育月刊》1937年4月第1卷第6期，第121页。

全国美展的组织工作，面对公众时却成了一名官员。演讲中，他特意强调自己对展览的"预期"具有官方正式性。[1] 所谓"预期"，就是提前设定目标。那么谁有权力预设目标？显然，滕固的"声明"暗示自己拥有这种权力，加之公布的身份是行政院参事，可知其权力感很大程度来自他的政治背景——代表了政府意图。

不同于第一次全国美展，第二次全国美展举办时的南京政府，已经形成了明确的文化政策——艺术服务于政治需要。具体到当时的语境，这种需要就是戴季陶主义——围绕三民主义建构的民族主义之意识形态。作为该政策制定的早期参与者，滕固的演讲自然保持了相应的政治正确：

> 这次展览会务使含有丰富的历史和民族的意义，我们关于前代的作品，普遍地向公家和私家征集。[2]

如果将此与两年后国立艺专教学改革目标比较[3]，滕固对待艺术与政治的立场完全是统一的。身为1929年6月4日全国宣传会议的重要参与者，且一直热衷于政治的滕固，在艺术活动中贯彻党国意图，并不让人惊讶。与他相似，主持第二次全国美展的张道藩亦如此。留欧学艺术的张道藩，除了与徐悲鸿、蒋碧薇有些三角恋的"花边新闻"，在艺术史中几乎没留下任何痕迹。但这个看似可以被艺术史忽略的人物，在当时却有着巨大的能量。张氏留学归来没有从事美术专业的相关职业，因与陈果夫交往而从政。自1931年6月起，他进入党国之权力中枢，历任国民党中央执行委员、常务委员及组织部、社会部副部长和中宣部部长，并曾出任国民政府交通部常务次长、内政部常务次长、教育部常务次长等职。从政之余，他频繁介入文艺活动，参与组建中国文艺社（1932）、发起成立中国

---

1 "今天本人谨以参加筹备者一员的地位，向诸位简单说明这次展览会的两个特点，但我要声明展览会还没有开幕，我说明的当然是一种预期，一种希望努力做到的预期。"滕固：《全国第二次美术展览会的预期（二十六年二月二十八日讲）》，载《播音教育月刊》1937年4月第1卷第6期，第121页。

2 滕固：《全国第二次美术展览会的预期（二十六年二月二十八日讲）》，载《播音教育月刊》1937年4月第1卷第6期，第121页。

3 "俾吾国固有之艺术赓（赓）续发扬，以增加民族至高之文化，至精之信念。"滕固：《改进校务情况及关于发展国画艺术培养中小学艺术师资的意见》，载沈宁编：《滕固艺术文集》，上海人民美术出版社，2003年，第414页。

美术会（1932）、创设南京戏剧学校（1935）、筹设中央文化运动委员会（1940）；写作剧本《自救》（1933）并于宁（南京）、沪（上海）、汉（武汉）上演；撰写电影剧本《密电码》（1936），拍摄并上映引发轰动等。[1] 面对如此之党国大员，连他传闻中的情敌——徐悲鸿也曾在《中央日报》发文称"艺术上就平添了一位大将"。[2] 徐氏言下的这位"大将"，正是第二次、第三次全国美展的主导者，也是北平艺专、杭州艺专合并的实操者，堪称当时美术界的实权人物。

与滕固一样有着艺术、政治双重属性的张道藩，对文艺政策又是如何理解的？虽然他没有参加1929年的全国宣传会议，但他1942年发表的《我们所需要的文艺政策》[3]与1929年会议通过的文艺政策案同样重要，是国民党首次以"政策"为题的文艺专论。这是一篇政治目的明确的专业文章——为制定服务政治需求之文艺政策寻求合法性。文中，张道藩开宗明义地指出：

> 本来文艺一向都在自由的环境下发展，虽然它无时无刻不反映政治，无时无刻不受政治的束缚，但始终是不自觉，无意识的，今将三民主义与文艺政策"相提并论"，一定使许多人惊异，认为无稽之谈，或投机之论。乍一看来，君主立宪政体，并无立宪文艺，共和政体，并无共和文艺，法西斯的独裁政体也无独裁文艺，因而三民主义的共和政体怎会产生三民主义的文艺呢？诚然，立宪，共和，独裁各种政体不会产生它们自己的文艺，但要知道它们仅是一种政体。仅是资本主义社会的一种政治机构，帮助资本主义的发达，领导民众思想与意识的，不是他们，而是资本主义。三民主义与此相反，它要彻底改换

---

[1] 有关张道藩相关的文艺活动及时间，参见张道儒：《张道藩生平纪年（1897—1968）》，载《贵州文史丛刊》1994年第1期，第26-27页。

[2] "艺术家去做官，似乎可加以贬辞。但做官既竭其公仆之忠，为艺术又极其迈往之勇，则不但他护得其法，并且自己也加入战团。那末艺术上就平添了一位大将，是应当歌颂的一件事。"徐悲鸿：《张道藩的"自救"》，载《中央日报》1934年9月28日第3张第3版。

[3] 该文最早于《文化先锋》1942年9月1日的创刊号发表，后又于1942年11月14日、15日、17日的《中央日报·扫荡报》分三期连载。此后，《中央日报》于1945年11月8日至13日再次分六期连载；《文阵》又于1946年10月1日第1卷第6期刊载。《我们所需要的文艺政策》，是民国时期代表官方文艺思想的重要文论。

人民的思想与意识。封建社会，资本社会，共产社会都有它们独特的文艺，那末，较之它们更为完美的三民主义社会既是另一样社会意识的形态，为什么不能建立自己的文艺呢？封建，资本社会，共产社会都利用文艺作为组织民众，统一民众意识的工具。那末，我们为什么不能也拿文艺为建国的推动力呢？[1]

张氏以"三民主义"为组织、统一民众的意识形态，并述诸文艺以为"建国的推动力"。因此，他与滕固有着相似的社会身份——秉承政府意志的文化活动者。同时，亦如虚化"民权""民生"，强调以"民族"为中心的戴季陶主义，《我们所需要的文艺政策》没有深入地讨论民权与民生，而反复强调民族主义的意识形态。于是，具有留欧背景的张道藩，却在这篇文章中检讨、批判了五四以来的西化路线。[2] 在他看来，民族主义才是真正出路，才能让中国文艺界"就轨"。[3] 基于如此之立场，他提出了明确而具体的"六不政策""五要政策"。[4] 从某种角度看，张道藩的政策表述，系统地建构了南京政府的"党国文艺"——它不仅针对无产阶级文艺，也反对一切西化的艺术：

> 我国近数十年的学术界大半时间都用在学理的研讨，且所研讨的又多为西洋的学理，结果，学理不足以作实践之指导。我们的文艺界当然不能例外，也是尽量地介绍文艺原理，批评原理，人家有古典主义，我们也来古典，人家有浪漫主义，我们也来浪漫，人家有写实主

---

[1] 张道藩：《我们所需要的文艺政策》，载《文化先锋》1942年9月1日创刊号，第5页。

[2] "我国由五四运动以来，几乎一切的理论都要根据西洋的，结果，理论自理论，事实自事实，文艺上的各种理论，当然也取自西洋，因而我国文艺界始终仍未就轨，虽说近十年来不无长足的进步。"张道藩：《我们所需要的文艺政策》，载《文化先锋》1942年9月1日创刊号，第6页。

[3] "总理所以创民族主义的用意，鉴于我国只有家族主义、宗族主义而无国族主义，人民像一片（盘）散沙，再加失掉民族自信力，必至亡国灭种，祸在旦夕，不得不用民族主美（义）以唤醒民众。"张道藩：《我们所需要的文艺政策》，载《文化先锋》1942年9月1日创刊号，第8页。

[4] "根据三民主义的四种主要意识而批判现代文艺的歧途，归纳为'六不政策'：（一）不专写社会黑暗，（二）不挑拨阶级的仇恨，（三）不带悲观的色彩，（四）不表现浪漫的情调，（五）不写无意义的作品，（六）不表现不正确的意识。今再论'五要政策'以确定我们文艺的方针。所谓五要，即：（一）要创造我们的民族文艺，（二）要为最苦痛的平民而写作，（三）要以民族的立场而写作，（四）要从理智里产作品，（五）要用现实的形式。"张道藩：《我们所需要的文艺政策》，载《文化先锋》1942年9月1日创刊号，第11页。

义，我们也来写实，甚至象征唯美，颓废，表现，立体，达达，人文以及革命，普罗各种主义，五花八门，只要人家有的，我们也来提倡。所有西洋的奇花异卉，无不想移植到我们的土壤来，然不问是否与我们的土壤适宜，结果，有的昙花一现，有的未开先枯，有的无法移植。根本错误，就在不以"事实定解决问题的方法"。[1]

这段论述表明：张道藩虽然知悉西方各类文艺思潮，如立体派、达达主义等，但他并不认同这些"西洋的奇花异卉"，认为它们不是根据我们土壤之事实而定的"解决问题的方法"。在他看来，真正解决之道已被孙中山指出。[2] 因此，张道藩不仅是国民党文艺政策最为坚定的拥护者、执行者，同时也是戴季陶主义的拥趸，其思想主张延续了20世纪30年代以来文艺管控中的民族主义话语。民族主义在30年代的崛起，与南京政府推动的官方意识形态有关。通过民族国家与世俗政权的同一性转换，声称代表民族利益的政府，便天然具有了合法性。而且民族主义与国家主义在宣传上容易形成共振，促使国家成员最大限度地自我顺服，为世俗政权赋能，并打击异己而确保"一元"之地位。理解了如此背景，我们或许可以回答一个问题：张道藩与滕固同样在欧洲学习了美术专业，为什么回国后却积极拥抱民族主义？答案，显然无法简单就其教育背景探寻。作为整体存在的人，具有艺术教育经历的张道藩、滕固，其社会行为并不完全取决于他们的专业背景。世俗生活场的关系网，会不可避免地影响他们的"抉择"。

第二次全国美展及组建国立艺专的过程中，张道藩、滕固两人因相似的政治身份而合作，或正基于如此之机制。他们在美展前后的合作，虽谈不上紧密，却也算频繁。如1936年6月，起草古物保存法及施行细则的中央古物保管委员会第十四次全体会员大会，张道藩任主席，滕固是

---

[1] 张道藩：《我们所需要的文艺政策》，载《文化先锋》1942年9月1日创刊号，第7页。
[2] "总理已经将事实的材料摆在我们面前，我们从事文艺者只要在他的遗教里汲引材料，解决问题就够了。这是三民主义影响及于文艺的第二种基本意识。"张道藩：《我们所需要的文艺政策》，载《文化先锋》1942年9月1日创刊号，第7页。

图 29　1936 年，中央古物保管委员会第十四次大会合影（右三为滕固，左五为张道藩）

"法规组"审查委员并主稿。[1]（图 29）同在国民党党政机关工作的他们，在文化领域有所合作显然很正常。那分属蒋介石派系与汪精卫派系的张、滕，私交又如何？1938 年 6 月 17 日，滕固赴沅陵前的一场聚会，或能解答这个问题。[2] 这次发生在张道藩寓所的私人聚会，宴请对象正是即将出任艺专校长的滕固。就此而言，张、滕的党内派系虽不同，但并未影响他们之间的私人交往。亦如汪精卫、蒋介石因权力斗争而直接对抗，却仍有一致的反共立场。张道藩、滕固对文艺的基本立场，想来没有太大的出入。或许正是因为有着如此共同立场且曾有过合作，由张道藩主导的南北艺专合并，滕固才能获得出任校长的机会。

在杭州艺专学生丁天缺半个世纪后的回忆中，接手国立艺专的滕固，被描绘成受政治势力控制而清洗蔡元培体系的"学者校长"。[3] 事实果真如此？联系 1938 年 6 月 17 日为滕固饯行的宴会，滕氏与张道藩、陈立夫

---

[1]《中央古物保管委员会议事录·二》："上午九时，在内政部大礼堂召开中央古物保管委员会第十四次全体会议，张道藩、滕固、李济、蒋复璁、朱希祖、马衡、董作宾、舒楚石、黄文弼、袁同礼、陈念中出席，贺天健、裴善元、周淼、袁敷宽列席，张道藩主席。通过各议案分组审查委员：（一）法规组：滕固、袁同礼、陈念中，由滕固主稿。……"沈宁编著：《滕固年谱长编》，上海书画出版社，2019 年，第 376 页。

[2] "到德邻房子张道藩次长寓午饭，道藩与铸秋同践（饯）别若渠也。客人有陈立夫部长、顾毓秀次长、梁实秋、徐芳小姐、杨秀娟小姐、莫小姐、罗君强及孔小姐。饭后，小姐们各以方言读诗，徐小姐之北平话，杨小姐之苏州话，莫小姐之上海话，孔小姐之广州话，均各有风趣。"陈克文：《陈克文日记》，载沈宁编著：《滕固年谱长编》，上海书画出版社，2019 年，第 441 页。

[3] "滕校长为人正直朴质，热心于艺术教育工作，为人处事，宽宏大度，颇有学者之风，只是他的莅校，是受制国民党 CC 派大头目陈立夫和张道藩的控制，必须将蔡元培先生体系的教职员予以全面清洗为前提。这样，原杭州艺专的教授林文铮、蔡威廉、黄纪兴、李树化、张光等人就理所当然地革职离校，为了平衡两校师生对峙的气氛，原北平艺专校长赵太侔和教务主任李有行也同时免职，以示公正。而学校在相对的政治压力下，一时安然平静，开始上课。"丁天缺：《顾镜遗梦》，载沈宁编著：《滕固年谱长编》，上海书画出版社，2019 年，第 445 页。

的关系，与丁天缺的"回忆"并不吻合。结合滕氏本人的政治生涯来看，丁氏所谓受人控制而清洗教员，似乎只是一种为尊者讳的"修辞"。抑或说，作为学生的丁天缺，对当时艺专高层的权力机制并不了解。但他对滕固"莅校"后清理师资的回忆，却符合事实。[1] 这场国立艺专的人事动荡，到底是由张道藩控制完成，还是滕固主动展开，今天已无法确定。但张、滕具有共同的政治背景，判断他们在处理方式上取得共识，应与事实出入不大。从某种角度上看，无论第二次全国美展还是国立艺专，艺术服务于政治，都是张、滕共同的出发点。身兼党国官员身份的他们，非常清楚彼时之政治需要——以民族主义为基点的三民主义。林风眠所代表的现代主义，并不符合他们的政治诉求。与之相关的杭州艺专之师资队伍及教学理念，自然也就成了需要"解决"的对象。在清理杭州艺专原有的教师队伍后，滕固即着手改变林风眠的教育理念，将中西绘画分科设置，并强调教育目标为"增加民族至高之文化，至精之信念"。[2]

值得注意的是，这类"民族主义"话语，并非学理层面的概念运用，而只是响应政治意图的"实用行为"。它们时常成为情绪化的空洞宣言，

---

[1] 滕固到任后清理师资队伍，当事人多有回忆。诸如，"当时教育部负责人张道藩是个反对林风眠先生的政客，他也曾在巴黎学过画，认识风眠先生，却对西方现代派一窍不通，对风眠先生不理解，他有意把校长制改成委员制。北平艺专占了两席，杭州仅有一席，这自然造成林先生的被动局面。杭州艺专学生了解其险恶用意，掀起了一场学潮。结果，风眠先生被逼辞了职。张道藩为缓解学生的激情，恢复了校长制，另派留德的滕固来担任校长，平息了这次学潮。……滕固来校后，杭州方面的老师绝大部分离开了，仅剩方干民、赵人麟、雷圭元三位先生，北平的老师基本上没有走。滕固又聘来了他的留德同学夏昌世和徐梵澄。夏是学建筑的，滕固竟为他办了一个建筑班。夏不到半年就走了，他离去后，这班学生倒了霉，不是转系就是并入他校。徐梵澄是搞哲学的，可是来开西洋美术史的课，现炒现卖。但他上课倒很认真。同学们在这荒漠的环境里，自然希望能学到点东西。"朱膺、闵希文：《烽火艺程·风风雨雨的国立艺专》，载沈宁编著：《滕固年谱长编》，上海书画出版社，2019年，第444-445页。"滕固到任，首先开除了一批人，有林风眠、赵太侔、林文铮、蔡威廉、陈芝秀等，其中也有包括我。理由中有一条是'夫妻不能同时留用'！……我很生气，觉得非常不光彩。本想立即离校，但暑假前'艺专抗日宣传队'已接受了当地报界发起义演的邀请，由李朴园主编剧本《伟大的女性》，内容以当时流传的一个爱国女子刺杀华北汉奸殷汝梗（耕）的事迹而写成的，据李说此剧是他根据我的演技量身定做的，因此主角非我莫属。李朴园再三留我等公演完再离沅，我只得勉强留下。殊料滕固看过公演后，很感动，知道此剧的成功主要靠主角，李朴园乘机与之商量留下我，滕固马上就同意了，并立即留我任戏剧指导。"程丽娜：《人生是可以雕塑的——回忆刘开渠》，载沈宁编著：《滕固年谱长编》，上海书画出版社，2019年，第445页。

[2] 滕固：《改进校务情况及关于发展国画艺术培养中小学艺术师资的意见》，载沈宁编：《滕固艺术文集》，上海人民美术出版社，2003年，第414页。

却又在实践中具有巨大的控制力，仿佛一种"历史黑洞"——缺乏内涵却裹挟了所有人。它们看似方向清晰，却充满了"难以明确"的模糊性，并最终沦为"童牛角马"的政治正确性。它们在不断补丁的过程中，最终成为世俗权贵掌控的"木偶戏"。令人唏嘘的是，充斥着"语言腐败"的木偶戏，不仅让张、滕这般迎合政治的历史人物尽情出演，也牵引着如林风眠这般试图独立的人物，不经意地走进剧场，展开"批评与自我批评"：

> 风眠自思在该校十有余年，总愧无建树，惟值兹抗战建国期间，正应发奋努力为民族艺术复兴立永久之基础。故敢请先生在立夫先生处，代为一言，使风眠再往主持该校。[1]

这封写给戴季陶的信中，林风眠几近检讨书的自我批评，最终不得不臣服于戴氏之"三民主义"。站在20世纪整体的历史结构中，这封信仿佛一种隐喻，显现了艺术与政治一体化的历史逻辑，以及在此逻辑之下精英主义者——林风眠不得不面对的现实碾压。

---

[1] 林风眠：《致戴季陶信》，现藏中国第二历史档案馆，宗卷号：五/2855，"国立艺术专科学校教员辞职就职及资格审查的有关文书"，第153-154页。按：标点符号为引者所加。

第三幕　文本背后的日常

　　齐白石在后世文本中多被描述为民族气节之坚守者，但事实并非如此简单。北平沦陷期的齐白石，多有与"后见之明"不相吻合之行径。其日常生活呈现的丰富性与复杂性，远超后世文本所描述的"简单状态"。本片段以齐白石之公共形象的塑造为起点，围绕其卖画的市场原则，考证、辨析了有关彼时之齐白石的各种文本所塑造出的"历史形象"及其背后隐藏的日常逻辑，并指出：热衷于判断的"后见之明"因叙事之简括逻辑而对庞杂、鲜活的日常生活视而不见，最终导致"真正的人"在文本中趋于消亡。

第 1 场

文本中的公共形象

1948 年的平津战事，不仅是历史走向的重要节点，也是身处其中的人的"分水岭"。这一年，曾与齐白石在南京做展览的溥心畬就此离乡，再未归还。面对这场无法判断未来的"变局"，白石老人与溥氏一样惶恐，试图离平赴台，但他最终选择了"以静制动"。[1] 其子曾忆，因一堆要养的孩子的拖累，他无法决然南下。[2] 显然，此时的齐白石对即将成立的"新中国"毫无认知，无法预见此后一年的新政权将会给他的"北漂生涯"带来什么。如果意识到后来的历史风云，以及等待他的"人民艺术家""全国美协主席"等身份光环，他应该不会在这一年与国防部保密局局长——毛人凤"交往"。[3]

齐白石为家庭生计而画画是有目共睹的，甚至 1948 年在美国《时代》杂志曝光时的公众形象，他都逃不了这一朴素的"生活机制"：（图 30、图 31）

---

[1]《华北日报》曾报道："自八十八岁老画家齐白石准备飞台消息传出后，齐氏门庭若市，每日往访者甚众，近经多数友好及其门弟子多方劝阻，自亦以年老气衰，不宜长途飞行，南下之意已作罢，并自即起在平照旧收件，闻三尺条幅加红加鸟或加草虫之件，笔润加一共为九十九圆。"《画家齐白石决中止南下——即日起照旧收件》，载《华北日报》1948 年 11 月 10 日，第 4 版。

[2]《父亲齐白石和我的艺术生涯》记："在北平解放前夕，一些有钱有势的人家都急急忙忙地去了台湾，父亲的一些朋友有劝父亲走的，也有希望他留下来的。父亲考虑了再三，后来郑重其事地跟我谈了一次话：'很多人都叫我走，我也想走，无奈你妈妈死得太早了，你们这一堆孩子，连累了我，我走不了。'这是他当时不走的真正原因，而并不是外人所说的，是朋友们劝他留下来的。那时，我还没有工作，弟弟妹妹一大堆，的确使父亲的后顾之忧太多。"齐良迟口述，卢节整理：《父亲齐白石和我的艺术生涯》，海潮出版社，1993 年 9 月第 1 版，第 46 页。

[3] 国防部保密局就是当时负责打击中国共产党的特务组织。2013 年中国嘉德春拍中，有一幅齐白石 1948 年画给毛人凤的《牵牛花》，款题："人凤先生清属。戊子八十八岁白石。"钤朱文印"白石翁"。

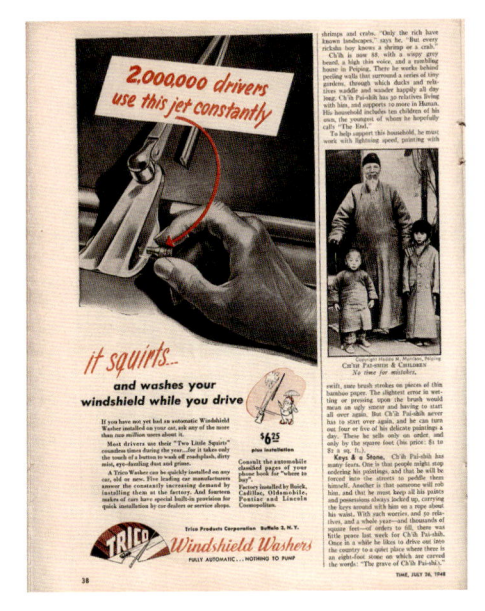

图30　1948年7月26日，《时代》杂志对齐白石的报道

图31　《齐白石和他的年轻家庭》，《时代》杂志刊登，照片来源：赫达·莫里逊摄影

　　齐氏现年八十八岁，留着很长的花白胡须，一口浓重的乡音，在北平过着客居的日子。在北平他在一所周围有些花木之处的房子里作画，在小园里鸭子和他的家属一天到晚走来走去。齐白石家属共有三十人，他还要支持在湖南老家的二十人的生活，他的家庭中有他自己的十个孩子，最小的一个他希望是最后的一个。为了家庭生计，他必须以最快的速度作画，用毛笔在竹纸上飞快地画。在作画时笔的偶然畸轻畸重就会造成极大的错误，而要重画。但齐白石却从不重作，而一次能够画出四五幅精品。这些画只是在有订约者时才画，润例约一元美金至二元一方尺。齐白石有许多担心的事：第一件是人也许由于某种特殊原因会停止订购他的作品，这就要迫使他到街上去自己去卖；第二是也许有人会造他的作品，因之他就将所有的画和珍贵的财产深锁起来，将钥匙穿在绳子上联在腕上。有这些担心的事，加上五十名家属的生活和一年几千方尺的订件，遂使齐白石一年到头没有安静休息的时间，一旦有工夫，他就乘车到郊外一个安静的地方去留

连，那儿有一个八尺高的石碑，上有铭曰：齐白石之墓。[1]

面向海外读者的报道，刊登了一张白石老人带着"两个孙儿"的照片。从文字到图像，它为公众塑造了一位朴素、务实的画家形象。尤其《时代》刊发的这张照片，向世人展示的形象带有明显的亲情味。而在注重家庭情感表达的美国，这一"宣传"为齐白石营造了颇具亲和力的"公共性"："为了家庭生计，他必须以最快的速度作画""一年到头没有安静休息的时间，一旦有工夫"，就到自己预备好的墓地休息休息。极具戏剧性的"描写"，未必是齐氏生活的真实版本，却与老人勤于笔耕的"日常"大差不差。现北京画院所藏齐氏自书诗稿，有一首名为《因外客索画，一日未得休息，倦极自嘲》的诗："一身画债终难了，晨起挥毫夜睡迟。晚岁破除年少懒，谁教姓字世都知。"[2]似乎呼应了《时代》杂志描绘的那个应付画债的"齐白石"。（图32）

齐白石何以如此辛苦，一日都难得休息？"五十名家属的生活"是极为重要的原因。北京画院藏的齐白石手稿，便有1921年因奔波于汇款而直言之慨："儿女之累人，翁将逝，不可已也。"[3]从某种角度看，齐氏行事

---

1 马一金：《"没有改错的时间"——美国记者笔下的齐白石》，载《华北日报》1948年8月4日第6版。该文开篇云："七月二十六日的美国《时代》杂志上登载了一篇介绍齐白石的文章，还刊登了一张齐老先生带着两个孙儿的照片，下面有一行小注：'没有改错的时间'。"按：《时代（周刊）》1948年7月26日所刊白石老人与两个孩子的照片，下有小注："No time for mistakes"，即马一金所谓之"没有改错的时间"。实际上，作为图注出现的"No time for mistakes"是因为图注出现地址"Peiping"（北平）而没有时间标注，应译为"因错误而没有时间"。这张照片的图注表明，版权提供者是赫达·莫里逊（Copyright Hedda Morrison），据北京画院吕晓研究，这张照片并非完整，而是莫里逊1937年秋拍摄的《齐白石和他的年轻家庭》中的局部。该照在《时代》发表时的题目是 *CH'IH PAI-SHIH & CHILDREN*（《齐白石和孩子们》），没有指明两个孩子是齐白石的孙儿，马一金所谓的"两个孙儿"，当是自己的猜想。吕晓的研究表明，这两个孩子应是齐白石的女儿齐良芷与儿子齐良年。吕晓的研究参见北京画院：《齐白石研究》（第八辑），广西师范大学出版社，2001年，第153-160页。

2 齐白石：《因外客索画，一日未得休息，倦极自嘲》，见齐白石自书手稿《白石诗草（庚午至壬申）》第5页，载王明明：《北京画院藏齐白石全集·手稿卷》，文化艺术出版社，2010年，第539页。

3 《白石杂作》载："六月初一日，由宣武门邮务局寄银一十五元与梅儿，交宾重民收。先廿九日余往邮局，值礼拜日，不寄钱；越明日又去，又值邮局有纪念事，停办一日。老翁往返觉难。儿女之累人，翁将逝，不可已也。"北京画院：《人生若寄·北京画院藏齐白石手稿》（日记·下），广西美术出版社，2013年，第280页。按：白石老人于亲情尤为倾力，虽有"儿女累人"之叹，实际却是"反语"以述衷情。如1922年其孙病，就曾明言"待子孙之痴"："廿三日，（转下页）

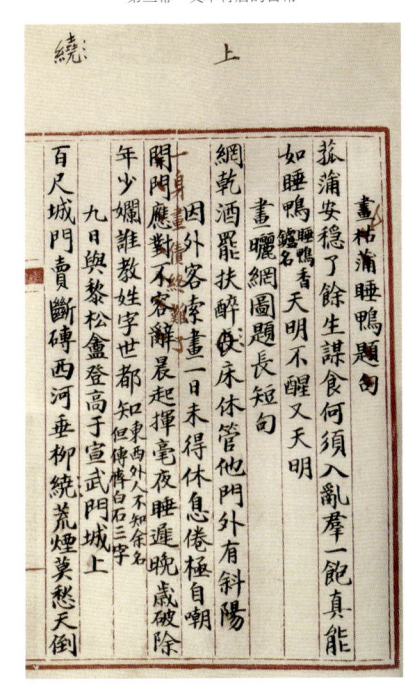

图32 齐白石《因外客索画，一日未得休息，倦极自嘲》 北京画院藏

逻辑多出于生活之实际，而非精英主义的理想动机。即便北上定居，也因为家乡战乱，樊樊山告知"到京居住，卖画足可自给"。[1]（图33）他来京之初虽有挫折，却在陈师曾帮助下打开画作销售，又经林风眠、徐悲鸿等留欧派的认定与推助，终在北平产生影响，以至"晚岁破除年少懒，谁教姓字世都知"。[2] 但如此"成功"并未改变其朴素之卖画心理，而仍将画

（接上页）上十一时五十分钟，令子如送上京汉铁道车上，沿路及到家及再来一切，余精细再述。车铃响，余欲下车，移孙泪盈盈痛哭不止。余待子孙之痴，自不知何以不自绝气也。记称二人廿五日平明可到汉口，子如廿七日午后可返京。"《壬戌纪事》，见北京画院：《人生若寄·北京画院藏齐白石手稿》（日记·下），广西美术出版社，2013年，第340页。

[1] 《白石老人自传》云："民国六年（丁巳·一九一七），我五十五岁。自我五出五归之后，这八九年来，足迹仅在湘潭附近，偶或到长沙省城，始终没有离开湖南省境。我本不打算再作远游。不料连年兵乱，常有军队过境，南北交哄，互相混战，附近土匪，乘机蜂起。官逼税捐，匪逼钱谷，稍有违拒，巨祸立至。弄得食不安席，寝不安枕，没有一天，不是提心吊胆的苟全性命。那年春夏间，又发生了兵事，家乡谣言四起，有碗饭吃的人，纷纷别谋避地之所。我正在进退两难、一筹莫展的时候，接到樊樊山来信，劝我到京居住，卖画足可自给。我迫不得已，辞别了父母妻子，携着简单行李，独自动身北上。"齐璜口述，张次溪笔录：《白石老人自传》，人民美术出版社，1962年，第65页。

[2] 1946年《新疆日报》刊载的一则报道，或从一个侧面显现了彼时齐白石在公众眼中的成功画家之形象："白石山翁的名字，在当代中国画坛上，恐怕是没有人不知道的，正如在岭南一带，说起高奇峰、剑父昆仲的画名一样，齐璜（白石）的名字在北方也是妇孺皆知的。以现存的中国画人当中，无论从作品、从资望来说，私意都数以白石山翁为首，这是毫无疑问的。"麦基尼：《艺人艺事——齐白石》，载《新疆日报》1946年9月11日第2版。

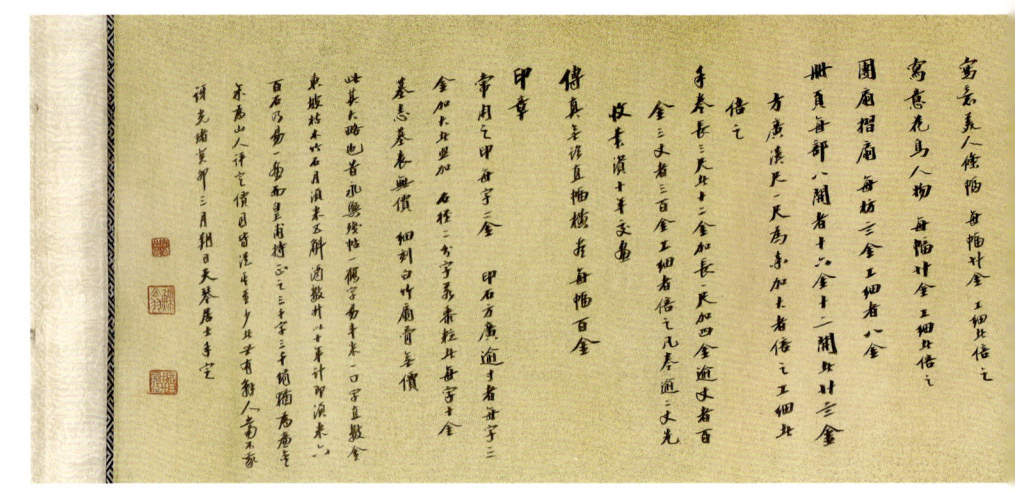

图33 樊樊山书齐白石润格草稿

画视作谋生手段，并乐此不疲地完成"订单"，甚至当卖画所得大幅贬值后，会愤愤然暂停卖画。[1]

齐白石堪称 20 世纪中国艺术史最具传奇色彩的人物：从与文化毫无关系的乡间木匠，最终成为中国美术家协会主席、人民艺术家。更具戏剧性的是他本人对此并无主动之规划，只是随着生活自身的节奏，一步一步地水到渠成。齐白石的精彩人生很难表述为主观上奋发图强的励志故事，而更体现为"小人物"恰逢其时的逆袭。当然，这并非否定他本人的勤奋与努力，而是为了理解"齐氏传奇"所折射的时代波澜。他的成功固然有着中国文人画发展之雅俗观的嬗变逻辑，有着 20 世纪 20 年代现代艺术"传入"的外来机缘，但更取决于社会权力在历史浪潮的冲击下，对待

---

[1] 《白石老人自传》云："民国三十六年（丁亥·一九四七），我八十七岁。三十七年（戊子·一九四八），我八十八岁。这两年，常有人劝我迁往南京上海等地，我想起前年有人从杭州来信，叫我去主持西湖美术院，我回答他一首诗，句云：'北方南屋少安居，何处清平著老夫？'我在胜利初期，一片欢欣的希望，早已烟消云散，还有什么心绪，去奔走天涯呢？那时，'法币'已到末路，几乎成了废纸，一个烧饼，卖十万元，一个最次的小面包，卖二十万元，吃一顿饭馆，总得千万元以上，真是骇人听闻。接着改换了'金圆券'，一圆折合'法币'三百万元，刚刚出现时，好像重病的人，打了吗啡针，缓过一口气，但一霎眼间，物价的涨风，一日千变，波动得大，崩溃得快，比了'法币'，更是有加无已。这种烂纸，信用既已扫地，人们纷纷抢购实物，票子到手，立刻就去换上东西，价钱贵贱，倒也并不计较，物价因之益发上跳。囤积倒把的人，街头巷尾，触目皆是。他们异想天开，把我的画，也当作货物一样，囤积起来。拿着一堆废纸似的'金圆券'，订我的画件，一订就是几十张几百张。我案头积纸如山，看着不免心惊肉跳。朋友跟我开玩笑，说：'看这样子，真是生意兴隆通四海，财源茂盛达三江了。'实则我耗了不少心血，费了不少腕力，换得的票子，有时一张画还买不到几个烧饼，望九之年，哪有许多精神，弄来许多废纸，欺骗自己呢？只得叹一口气，挂出'暂停收件'的告白了。"齐璜口述，张次溪笔录：《白石老人自传》，人民美术出版社，1962 年，第 102-103 页。

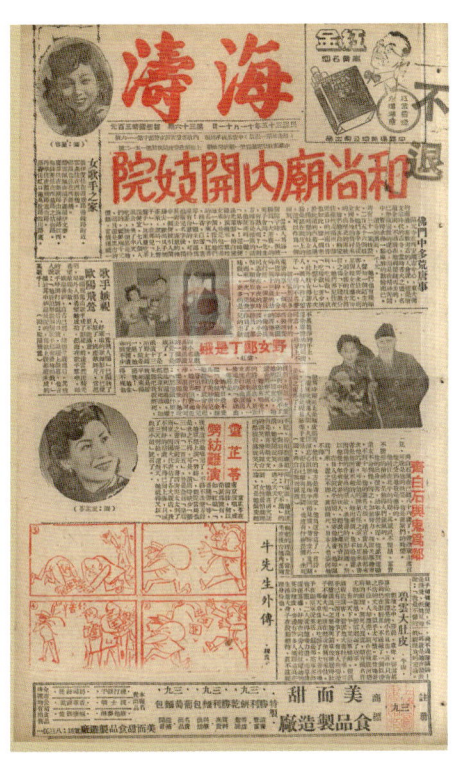

图 34 1946年《海涛》第36期《齐白石与鬼为邻》（附照片）

艺术的"看法"与"需要"。尤其抗战胜利及中华人民共和国成立，伴随历史巨变，各种看似无关的机缘巧合，最终为我们塑造了一位大师形象的"齐白石"。而在齐白石成为"齐白石"的过程中，抗战胜利是一次重要机缘。1946年11月11日，一份名为《海涛》的小报刊登了一篇文章，为公众塑造了一位日本占领北平时宁愿饿死也不卖画的"齐白石"：（图34）

在日人占领北平期间，曾要他绘画，他却关起门来，置之不理，宁愿饿死。日本人也奈何他不得。他那时精神上是极度痛苦，他住的地方是寄萍堂，他为这曾写了一首诗。'凄风吹袂异人间，久住浑忘心胆寒。马面牛头都见惯，寄萍堂外鬼门关'。——他是视日敌等于鬼怪，而自己虽与鬼为邻，也没有什么畏惧，生死是置之度外了！[1]

这份并非重要媒体的报刊，且多发表如《和尚庙内开妓院》（与介绍齐白石一文同版）一样的街语巷言，算不上严肃的社会舆论。但这类"假语村言"却是大众传播的信息标本。彼时，政府正在清算日伪政权中的汉奸，公共舆论时常见到某某汉奸接受审判之类的新闻。出于政治需要，民间舆论也要有与汉奸相对的民族气节之坚守者的人物形象。毫无疑问，"宁愿饿死也不卖画的齐白石"，恰恰应对了如此之需求。将日本占领期的"自己"视作与鬼为邻，并置生死于度外，"齐白石"的日常生活由此具备了一种英雄主义的叙事性。值得注意的是，何以此时出现如此之"齐白石"？显然，民间舆论的背后往往存在非民间的控制力。诸如，《海涛》刊文前数日（11月4日）《华北日报》的一则报道，隐约暗示了这种力量的存在：

> 张道藩三日在文化会堂举行向八六老人齐白石拜师典礼，党国要人吴敬恒、陈果夫、张继、于右任、陈立夫及文化新闻界百余人到场观礼，盛极一时。会场电炬通明，齐白石策杖上座，张道藩先恭谨行三鞠躬礼，并献衣料二件、贵州名贵土产三种为拜师礼品。会中张道藩畅谈拜师经过及动机，盛赞齐氏之艺术造就及其清高品格，誉为今日艺术界泰斗。张道藩并述过去学画历史，谓多年来将艺术出卖给政治，而今日将谢绝一切行政工作，努力于文化工作。张述叙时追念其太夫人弃养，不禁泣下，其法籍夫人在旁亦为之黯然良久。齐白石三日晚参加典礼，精神极佳，周旋于党国要人之间，毫无倦意，时露笑容。[2]

这场发生在 11 月 3 日晚的拜师典礼，诸多国民党要员莅临，彰显了

---

[1]《齐白石与鬼为邻》，载《海涛》1946 年 11 月 11 日第 36 期第 1 版。
[2]《中委张道藩师事齐白石——昨举行拜师典礼》，载《华北日报》1946 年 11 月 4 日第 2 版。

彼时之齐白石具有的世俗权力所赋予的政治动能。周旋于党国要人之间且精神极佳的齐白石，在"盛极一时"的典礼上，被标榜为"清高品格"的艺术泰斗。那么，这里的"清高品格"是泛泛所指，还是特定所指？联系此前（1946年10月）齐白石与溥心畬联合办展中的各种舆论，白石老人的"清高品格"绝非泛泛而谈的美德，而是与抗战这一历史事件紧密关联。齐、溥联展在当时受到民国政府高度重视，从文化事件上升为政治化事件——蒋介石曾专门接见齐、溥二人。[1] 这是一个有趣的现象，南京政府何以重视两位北平来的画家？时媒有关他们的报道——"抗战这许多年此老（齐白石）蛰居故都，深居简出，埋首作画，真不愧一代艺人。""（溥心畬）不为敌伪所动，因此乃有今天的尊荣。"[2] 向我们传达了其中缘由：齐、溥两人抗战期间的"表现"，在北平故都这样的沦陷区彰显了一种民族风骨。显然，"蛰居故都，深居简出，埋首作画"正是民间舆论——"关起门来，置之不理，宁愿饿死"的版本来源。

问题是抗战期间的齐白石真的如此吗？答案，不能简单地肯定或否定。应该说，长达十四年的抗战岁月，除了行径突出的汉奸或抗日义士外，生活在沦陷区的普通人到底该如何评判，是一个值得思考的问题。普通人的"日常"通常不具备后世历史描述的道德逻辑，而是既定社会秩序中的个人化的劳作与生养。沦陷区社会秩序的建构者，自然是日伪政权。安然生活在其中的普通人，势必发生诸多不合后世描述所需要的行为。那么我们该如何评判这类行为？现行叙事常采用两种极端化的处理方式：一、遮蔽与"后见之明"不符的琐事，以为尊者讳的方式，忽略曾经的事实；二、放大或符合"后见之明"或违背"后见之明"的琐事，将本是普通人发生的可以理解的局部事件，转变为或义士，或汉奸之整体判断的事实证据。如此叙事中的"历史"为我们提供的版本是后世逻辑所需要

---

[1] 蒋介石于该年11月1日专门接见了齐白石、溥心畬。关于这一事件，广泛见诸各大报刊媒体。诸如《革命日报》报道："此次溥心畬由北南来，北方不少满族同胞，托其代达主席，以彼等拥护中央之忱，及关于满族之教育，如何发展生计，如何筹划，均拟有所陈述，已蒙蒋主席于今日召见，又名画家齐白石老人，亦于同日蒙主席召见，可见主席关怀满族，敬老尊贤之感德。"《元首关怀东北召见溥心畬》，载《革命日报》1946年11月2日。

[2] 肃吾：《齐溥画展——南京通讯之四》，载《民铎日报》1946年12月7日第3版。

的"人物",而非曾经生活的真实之人。

齐白石在抗战胜利后被塑造为"清高品格"的民族风骨,恰如此。"宁愿饿死也不卖画"(且不说是否真实发生),只是沦陷期一个画家日常生活的局部行为,却成为判断齐氏风骨的唯一理由。想来也是,耄耋之年的人无力做出惊天地、泣鬼神的抗日行径,"拒绝卖画"便如梅兰芳"蓄须以明志"一般,彰显了他的高风亮节。如此判断,是将卖画行为等同"日伪消费",卖不卖画因此成为"饿死事小,失节事大"的行为依据。这种貌似合理的判断逻辑,放大了白石老人"卖画"的行为意义。客观而言,齐白石一生的"卖画",动机多为市场原则,是用以谋生的具体营生,很难谈得上社会学意义的价值塑造。应该说,将白石老人"拒绝卖画"放大为一种道德象征,是后世文本叙事的需要,是"后见之明"的追述逻辑,与老人日常生活的自我逻辑并不吻合。

然而,由于这种追述发生在老人尚且在世时,较之已然去世人物就显得更为复杂。因为他本人也在一定程度上参与了这种"后见之明"的生产。诸如,由张次溪记录(主要内容完成于1948年)且首版于1962年的《白石老人自传》,便有着这样的"自述":

> 民国三十二年(癸未·一九四三),我八十三岁。自从芦(卢)沟桥事变至今,已过了六个年头,天天提心吊胆,在忧闷中过着苦难日子。虽还没有大祸临身,但小小的骚扰,三头两天(三天两头)总是不免。最难应付的,就是假借买画的名义,常来捣乱。我这个八十开外的老翁,哪有许多精力,同他们去作无谓周旋。万不得已,从癸未年起,我在大门上,贴了四个大字:'停止卖画'。从此以后,无论是南纸店经手,或朋友们介绍,一概谢绝不画。家乡方面的老朋友,知道我停止卖画,关心我的生活,来信问我近况。我回答他们一首诗,有句云:'寿高不死羞为贼,不丑长安作饿饕。'我是宁可挨冻受饿,决不甘心去取媚那般人的。[1]

---

[1] 齐璜口述,张次溪笔录:《白石老人自传》,人民美术出版社,1962年,第99-100页。

这段表述中,"停止卖画"的原因是"那般(班)人假借买画的名义来捣乱",但具体何种捣乱与骚扰,却未言明。有趣的是,未曾言明的"捣乱"被置于卢沟桥事变后的情绪中——"天天提心吊胆,在忧闷中过着苦难日子",这便产生语义上的暗示性。这种暗示,在老人的孙子(齐佛来)转述其与梅兰芳的类比时进一步被明确为民族风骨:"祖父告诉我说:'他和我一样,有真正中国人的骨气,不畏日本和汉奸走狗的威胁利诱,在上海沦陷时期,一不怕穷,二不怕苦,蓄须明志,从没有登台演出过。过几天,是他胜利后第一次在上海民国大戏院演出,又是他的拿手好戏《霸王别姬》。一是听说我到了上海,特来看我,他和我是老朋友;二是送来六张戏票,请我们去听戏。'"[1] 从"常来捣乱"到"威胁利诱"的词语转换,齐白石"停止卖画"的道德建构,得到了进一步加强。看上去,由白石老人自述及其家人转述,基于"中国人的骨气"的行为逻辑,已然确凿无疑。但问题在于,如果"停止卖画"是因为民族气节,为何发生在1943年?此前六年"天天提心吊胆"却依旧卖画?对此,当事人的"叙述",语焉不详。

其实,白石老人不卖画并非只发生在1943年。1939年1月《新北京报》报道:"先生今岁年登耄耋矣,而精神犹烁烁,黎明即起,夕没即息。现仍孳孳于画,驰名国际艺坛,尤为扶桑人士所崇拜,挚金相求不绝于途。惜乎年来收回笔单,以致一般惜其画者,望洋兴叹。"[2] 但这次"不卖画"似乎只是一次短暂的插曲,并不具备明确的社会动机。此后数月(1940年3月),《晨报》之《现代艺人志》刊登了一篇介绍齐白石的专文,恰巧回应了《新北京报》的报道:"琉璃厂,他的假画很多,为了这,他也曾一气取回笔单,可是现在仍在荣宝斋、伦池斋两处寄件,不过假画仍不能免。"[3] 在《晨报》的描述中,齐白石"取回笔单",完全出于市场原

---

[1] 齐佛来:《我的祖父白石老人》,西北大学出版社,1988年,第86-87页。
[2] 《访问八十岁老画家齐白石先生一席谈——不合理而神妙是中画之伟大,画家作风随年龄思想而转变》,《新北京报》1939年1月22日。按:此则报道中有关"尤为扶桑人士所崇拜"的表述,与齐氏市场首先在日本打开局面的事实基本吻合。因此,抗战时期"挚金相求不绝于途"的出现,似乎暗示日伪政权的建立,反而在一定程度上推助了齐白石的"公共接受"。
[3] 郁是:《现代艺人志》,载《晨报》1940年3月3日第6版,《艺术周刊》第28期。

因——"假画很多",且"一气"之后"仍在荣宝斋、伦池斋两处寄件"。显然,当时报刊上有关"拒绝卖画"的表述,更符合白石老人"卖画谋生"的日常逻辑。值得注意的是,时媒报道因假画而出现的"取回笔单"之事,在齐白石本人的回忆中获得了重新表述:

> 民国二十八年(己卯·一九三九),我七十九岁。二十九年(庚辰·一九四〇),我八十岁。自己丑(当为'丁丑'之误)年北平沦陷后,这三年间,我深居简出,很少与人往还。但是登我门求见的人,非常之多。敌伪的大小头子,也有不少来找我的,请我吃饭,送我东西,跟我拉交情,图接近,甚至要求我跟他们一起照相,或是叫我去参加什么盛典,我总是婉辞拒绝,不出大门一步。他们的任何圈套,都是枉费心机。我怕他们纠缠不休,赖(懒)得跟他们多说废话,干脆在大门上贴一张纸条,写了十二个大字:"白石老人心病复作,停止见客。"我原来是确实有点心脏病的,并不严重,就借此为名,避免与他们接近。"心病"两字,另有含义,我自谓用得很是恰当。只因物价上涨,开支增加,不靠卖画刻印,无法维持生活,不得不在纸条上,补写了几句:"若关作画刻印,请由南纸店接办。"那时,囤积倒把的奸商,非常之多,他们发了财,都想弄点字画,挂在家里,装装门面,我的生意,简直是忙不过来。二十八年乙卯年底,想趁过年的时候,多休息几天,我又贴出声明:"二十八年十二月初一起,先来之凭单退,后来之凭单不接。"[1]

齐白石的"解释"是"我的生意,简直是忙不过来",想"多休息几天"。对他而言,卖画是因为要"维持生活",拒单则因为"生意忙不过来",本是符合逻辑。但亦如1943年的回忆,他还是将"卖不卖画"的行为放在北平沦陷的大背景下,给予"不得不"的无奈表述,使之产生某种道德暗示性。就叙事效果而言,《白石老人自传》中有关1939年的"回忆"与1943年停止卖画的"述说",如出一辙。将卖画与否放在抗战

---

[1] 齐璜口述,张次溪笔录:《白石老人自传》,人民美术出版社,1962年,第95页。

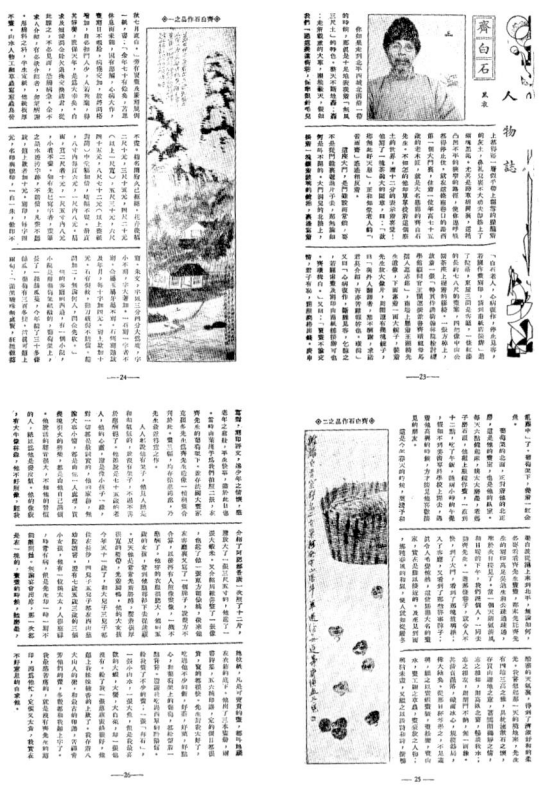

图 35　王森然《人物志：齐白石》

背景下讲述，或是时过境迁后的模糊表态——基于已有之舆论而进行的主动跟进，本亦无可厚非。但画家本人的"参与"却使其因民族风骨而拒绝卖画的"后见之明"，得到前所未有的强化。显然，当事人的"自我陈述"常常被视为最真实且毋庸置疑的材料。然而这看似史料运用时的金科玉律却不那么可靠，尤其是一些回忆性的个人陈述。因为人的"回忆"并不具备确凿的客观性。它时常会呈现出与"后见之明"相似的"追述逻辑"。回忆者会根据新近认知重构曾经发生的事，使之吻合自我表述的需要。当然，追述逻辑对过去的"改编"，有时是有意的，有时则是无意的。无意者，主观上并不试图改变过去，只是因为遗忘使"过去"无法呈现为连续的逻辑，不得不动用新近认知加以整理、处理；有意者则出于某种"自我塑造"的目标，主动对过去进行不同程度的删减、添加，使之吻合回忆时的"需要"。齐白石对卖画与否的模糊表态及暗示，或是上述两种"追述逻辑"的"混合"。

当然，质疑当事人的自我陈述需要谨慎又谨慎。它要求我们必须找到"主动编辑"的证据，并恰当地展开当事人自我编辑的"心理缝隙"。那么白石老人有关卖画的自我陈述，存在着这样的"心理缝隙"吗？庆幸的是，王森然1935年署名"黑衣"的一篇文章，有一段白石老人起居的描述，为我们提供了新的认知通道：（图35）

这座大门，是门虽设而常锁，要不是从门缝里递进片子去，那无论如何是叫不开的。大门洞儿的北墙上，挂着一块镶着玻璃的镜框，里边写着："白石老人，心病复作，停止见客，若关作画刻印，请到南纸店接办。"进了院落，东屋三间是客厅，一条红漆的长约七八尺的画案，四把像中山公园茶座上摆着的藤椅。一张方棹（桌）上，放着一张："特赏侍讲衔翰林院检讨礼学馆顾问王闿运撰并书齐璜祖母马孺人墓志铭。"南墙上悬着王湘绮先生遗像。下面靠着一面大镜子，装着先生放大像（相）片。周围还有几块镜子，曰："与外人翻译者，恕不酬谢，求诸君莫介绍，吾亦苦难报答也。璜揖。"又曰："心病复作，断难见客，乞谅之，若关索画及刻印由南纸铺接办可也。齐璜揖白。"又曰："卖画不论交情，君子有耻，请照润格出钱。庚申秋七月直白。"旁有卖画及篆刻规例一纸，书："余年七十有余矣。苦思休息而未能，因有恶触，心病大作，画刻日不暇给，病倦交加。故将润格增加，自必扣门人少，人若我弃，得其静养，庶保天年，是为大幸矣。白求及短减润金赊欠退换交换诸君，从此谅之，不必见面，恐触病急。余不求人介绍，有必欲介绍者，勿望酬谢。用绵料之料，半生宣纸，他纸板厚不画。山水人物工细草虫写意虫鸟皆不画。指名图绘久已拒绝。花卉条幅：二尺十元，三尺十五元，四尺二十元（以上一尺宽），五尺三十元，六尺四十五元，八尺七十二元（以上整纸对开）。中堂幅加倍，横幅不画。册页，八寸内每页六元，一尺内八元。扇面，宽二尺者十元，一尺五寸内八元，小者不画。如有先已写字者，画笔之墨水透污字迹，不赔偿。凡画不题跋，题上款者加十元。刻印，每字四元，名印与号印，一白一朱，余印不刻。朱文，字以三分四分大为度，字小不刻，字大著加。一石刻一字者不刻。金属玉属牙属不刻。石侧刻题跋及年月，每十字加四元。刻上款加十元。石有裂纹，动刀破裂不赔偿。随润加二，无论何人，润金先收。"[1]

这段抗战前即已发表的文字翔实记录了齐白石家中的自书"告示"——从大门到里屋共计五条。其中有明确时间信息的告示两条：一为"庚申秋七月"，即1920年的直白；二为"余年七十有余"，即1930年，所言"苦思休息而未能，因有恶触，心病大作，画刻日不暇给，病倦交加"，与1939年的"自述"高度吻合。这是极有趣的现象，白石老人"自述"中1939年贴在大门上的字条（写了十二个大字："白石老人心病复作，停止见客。"……不靠卖画刻印，无法维持生活，不得不在纸条上，补写了几句："若关作画刻印，请由南纸店接办。"）为何在1935年日本尚未占领北平时的王森然记述中，就已出现。（里边写着："白石老人，心病复作，停止见客，若关作画刻印，请到南纸店接办。"）显然，1935年公开发表的文字不可能"假"。那么为何齐白石在1939年重题了1935年即已存在的告示，且内容完全一致？

就王森然描述齐氏悬挂告示的行为习惯看，这种可能性并不大。齐白石张贴的告示，通常都有着一定的时间跨度。这表明它们一旦悬挂，基本都能得到相对稳定的保存。[2] 因此更大的可能是，"自述"中有关1939年的回忆，将此前的"告示"张冠李戴了。即便我们无法完全肯定"自述"中1939年的"描述"一定就是1935年王氏之"描述"的张冠李戴。但起码1935年的"文章"向我们表明：这些被齐氏表述为针对"敌伪"的"告示"，早在北平沦陷前，就已出现在他的家中。所以它们并非专门针对"敌伪大小头目"，而是老人一贯的"市场原则"。

问题是，齐白石何以如此自述？"自述"的记录时间是1948年，此时他已年近九十，出现记忆偏差完全正常，也自然会对"过去"加以整

---

[1] 黑衣（王森然）：《人物志：齐白石》，载《实报半月刊》1935年12月16日第5期，第23—24页。
[2] 据北京画院吕晓告知，北京画院藏有一张齐氏自书告示原件："卖画不论交情，君子有耻，请照润格出钱，庚午秋七月直白。"与王森然文中1920年的"告示内容"完全一致。就逻辑而言，1920年的齐白石尚未打开市场局面，当无如此自信之"表达"。故应是王森然将"庚午"（1930）误记为"庚申"（1920）。1935年王森然看到的"告示"，应是5年前的，而非15年前的。

理、改编。其最终结果：1939年的"停止卖画"，因这则"告示"具备了民族大义的暗示性。实际上，1939年时媒报道的"停止卖画"，却是因为市场原因——假画太多。那么白石老人通过怎样的"改编"，让这则告示出现了新的表达能力？答案是告示的"针对对象"发生了变化。"自述"中，齐白石将避免见客的原因，解释为怕"敌伪大小头目的纠缠不休"，"赖（懒）得跟他们多说废话"。如此这般，"停止见客"自然便具备了民族道义的象征性。但王森然提供的"版本"，却很难找到这种道德诉求。

显然，相差数年的告示被置于同一空间，营造了独具齐氏特征的"装饰"——不是为了美化环境，而是为了"告诫"来者。从大门悬挂的"停止见客"，到内屋的"断难见客""不必见面"等，这些"告示"共同渲染了一个信息：白石老人不愿直接面对买画人，而希望他们到指定的地方去订购。他不希望来客和自己谈论交情，更不要谈价格或索要额外回报。可以说，他对"卖画"的态度朴素而直白，没有丝毫的做作——希望所有人都一律"请照润格出钱"。由此可见，这些张贴在家中的"告示"绝非针对所谓的"敌伪大小头目"。尤其，那张清晰写明了润格的"告示"，更直言不愿见的人是"白求及短减润金赊欠退换交换诸君"，并声称和这些人打交道"恐触病急"。基于齐白石回忆时的"高龄"，将这些"告示"出现的时间记错，可以理解。但改变了这些告示的"针对对象"，却很难说是因为记忆偏差。这些"告示"从被张贴之日起，他便每日相对，对其初衷理应不会"淡忘"。且，不愿接待客人的"托词"——"我原来是确实有点心脏病的，并不严重，就借此为名，避免与他们接近"，似乎也是他一辈子避免人情往来的"常用理由"，又怎会在1948年时发生"针对对象"的错误表述呢？

在齐白石看来，卖画应该是纯粹的市场行为，故而无法接受人情往来的价格短缺——"余不求人介绍"，正是为了杜绝非市场化的"是是非非"。这些毫无顾忌的告诫之语，可以看成白石老人的市场宣言，针对所有那些试图不按规矩买画的人。那么齐白石何以在"自述"中，将这一以贯之的市场原则，表述为专门针对"敌伪大小头目"？显然，战后南京政府及公共媒体将其确立为民族大义的公众形象，可能对他产生了某种心理影响。毫无疑问，将"拒绝卖画"表述为针对"敌伪大小头目"，具有现实的政治红利。

当然，长达八年的"沦陷期"中，齐白石与日伪政权所代表的世俗权力发生"碰撞"，并因此萌发民族主义的悲愤情绪，也是一定存在的。但将这种"掩映"于日常生活的情绪波动放大为明确的行为逻辑，且以之评判整个抗战期齐白石的民族气节，并不恰当。恰如1943年的"停止卖画"，导火索可能与具体的"日伪大小头目"有关，但内在逻辑是不是民族大义却值得检讨。并且以1943年"拒绝卖画"来肯定齐白石的民族大义，本身就是一种悖论。因为这么判断，恰恰也是反向"确认"了齐白石在1943年前有失于民族大义。普通人的日常生活，很难担当如此之"道德重负"。故而以"卖不卖画"进行民族大义的判断，必然会与生活中的其他琐事有所冲突。诸如，他虽然声称"总是婉辞谢绝，不出大门一步"，实际情况却非如此。即便"停止卖画"的1943年，他还与"日伪大小头目"共同以"京师名流"的身份出席展览活动：

> 本市名画家初晓东君携精作百件，于八月二十日起展览于北京稷园水榭，当日参观者已达二千余人。京师名流如管翼贤、于景陶、周养庵、齐白石等，均到场观光，并订购画件甚夥云。初氏之作风久为吾人所推崇，此次北京画展轰动九城，声价十倍，为我沽上艺坛生色不少云。[1]

这次活动中，与齐白石共同出现的"京师名流"，在"民族大义"方面都不尽人意：管翼贤为《实报》创刊人，抗战后转向日伪政权，曾出任日伪华北政务委员会情报局局长等职；周肇祥（周养庵）为中国画学研究会创建者，抗战时期立场暧昧，曾出任日伪国学书院第一院副院长；于景陶毕业于京都帝国大学机械工学科，曾出任日伪临时政府行政委员会交通局副局长。齐白石虽为政治素人，但跻身如此"名流"之列，却也未见其"婉辞谢绝"。

---

[1]《初晓东北京画展——成绩奇优，已返沽上》，载《新天津》1943年9月2日第2版。

第 2 场

沦陷区的日常

　　齐白石与后来被定为汉奸的名流一起"活动",在日本占领北平的时期并不少见。那么,该如何看待这些日常生活中的"琐事"?是置之不理地继续"遮蔽",还是拣选放大进行重新评判?显然,这两种方式都不恰当。诚如我们以1943年"停止卖画"的行为确认白石老人的民族大义,在逻辑上存在着悖论。那么同样,如果因为他参加一些日伪活动就全盘否定他的民族情怀,也将面临类似的"逻辑诘难"。真实的"齐白石"在抗战时期的首要问题,是日常生活的延续。这是一个普通人不得不面对,且必须解决的"现实"。那么抗战时期齐白石的日常生活,到底是怎样的?无可否认,他首先有着作为中国人的朴素情感——对日本侵华具有本能之反感。早在1936年8月游历四川时,白石老人接受记者采访谈及彼时之华北时局,就曾言:

　　谈到华北危险情况,他很太息,他说要是山河沦落,北方异色,他决不敢再在北平住,他怕我们的仇敌,羁留他教学。他说气节两字,是人生首应留神之事,他谈郑孝胥学问文章,名满海内,只以见解差谬,投身事逆,致晚节不终,天下后世诟骂,将何以堪,他说他一生全赖他一双手作画雕刻来养他一家人,但在"九一八"事变后,便不为我们的仇敌作画,他说蔡元培诸人曾向他说,现在我们出产的东西,我们的仇敌及其他那些国家,曾把那一件看得起,只有吴昌硕同我的画,他们曾出资请求,他们很诙谐的(地)说我卖画也是挽回利权之一,总之想到山河零落,受侮日深,也愿争一口气,不作画与仇敌。[1]

我们有理由相信,这篇抗战全面爆发前夜的公开报道,是齐氏真情实感的自然流露。他对郑孝胥的态度,显现了一个中国人最为质朴的民族情感。并且,他还以实际行动表达了这种立场:华北战事日紧的1936年12月,齐白石参加北平艺专的师生援绥画展,以"援助绥远抗敌将士"。[2] 作为耄耋之年的老人,所能做的也仅限于此。他不会像郑孝胥一般"投身事逆",但也不会投身抗战一线,成为行动明确的仁人志士。或许这也是绝大多数普通人所具有的"共性":历史的大是大非前,有着朴素的道德情感与恰当的价值判断,但基于"活下去"的基本逻辑,却往往不会践行内心深处的"心声",在日常苟且中延续着不甚如意的"生活"。恰如白石老人表态"决不敢再在北平住",可到了北平真的沦陷时,他却依旧寄居在这"异色的北方"。更有甚者,他虽然声称"九一八"后就"不作画与仇敌",但"丁丑元旦",却仍在为日本客户作画。[3](图36)

这看似"口是心非"的事实,很容易成为"后见之明"的逻辑诘难。或可说,无论是从正面肯定齐氏之民族大义,还是从反面否认他的民族气节,都将遭遇日常生活复杂性的"反问"。之所以如此,问题并不在于齐白石,而是出自后世叙事的"权力幻觉"。其实白石老人本是单纯的,如其自期——"全赖他一双手作画雕刻来养他一家人",是一个乱世求生的普通人。面对世道沧桑,他坚守的只是一种朴素的生存原则。同时,因不断在"逆境"中依靠自身的"手艺"谋生,而非依赖社会性的关系网络,所以获得一定的生存空间后,他与整体社会的"交往",呈现出极具其个

---

1 《白石山翁口中的成都之夏》,载《新新新闻·本市增刊》1936年8月2日第1版。
2 "国立艺专师生,为援助绥远抗敌将士,师生合组老少画展,于二十七日起始,在中山公园董事会展览,作品共百余幅。齐白石、王雪涛、溥心畬等均有作品参加,率多精心之作。学生中作品佳品亦甚多,其中以张镡之虾、蟹跃纸上,最为出色。因此次所订价格,均力求低廉,故日来订购者颇甚云。"《各界继续援绥——艺专师生援绥画展前日开幕》,载《华北日报》1936年12月29日第6版。
3 北京匡时国际拍卖有限公司2012年秋季拍卖会,曾出现一张齐白石为日本客户所画《柳牛图》(137厘米×34.5厘米,纸本水墨设色),款题:"伊藤仁弟清属。丁丑元旦制于旧京,齐璜。"钤朱文印"白石"。

图 36　齐白石《柳牛图》　1937 年

性特征的方式。现北京画院藏有他一张人物画，绘一老者单手横指，题曰"人骂我我亦骂人"[1]，可谓极尽生动地传达出齐白石略带倔强，甚至有点任性的处世之道。或因如此，他常在卖画时，做出一些令人诧异的事。前述抗战时期拒绝卖画、拒绝见人，正属此类现象。甚至早在全面抗战爆发前，他就有类似且更为出格的事："齐先生在北平求画者甚多，他非

---

[1] 王明明：《北京画院藏齐白石全集·人物卷》，文化艺术出版社，2010 年，第 180 页。

常有趣，他把画的画概置玻（璃）柜中，由人取索，不与人接洽，并与玻（璃）柜上大书，'齐白石已于三日前死去'，索画的无从会他。"[1] 为避免他人见面索画，白石老人竟宣称自己已死三日。

但齐白石的倔强、任性，又绝非盲目而任意的。当涉及可能影响甚至决定其生存空间的社会力量时，他表现出来的务实、成熟，亦有目共睹。诸如张道藩 1946 年拜他为师，虽齐家人后来称之为闹剧[2]，但彼时却是另一番景象："齐白石三日晚参加典礼，精神极佳，周旋于党国要人之间，毫无倦意，时露笑容。"[3] 看上去，这和白石老人卖画时不近人情的"决绝"，有所不同，但也不难理解。因为作为从社会底层走出来的老人，齐白石深知何事可为，何事不可为。其市场原则看似坚定，却也充满了灵活调整的机敏与智慧。这一点，从他为蒋介石、毛泽东创作了相似立意的雄鹰图，可见一斑。（图 37、图 38）也即，齐白石在卖画中表现出

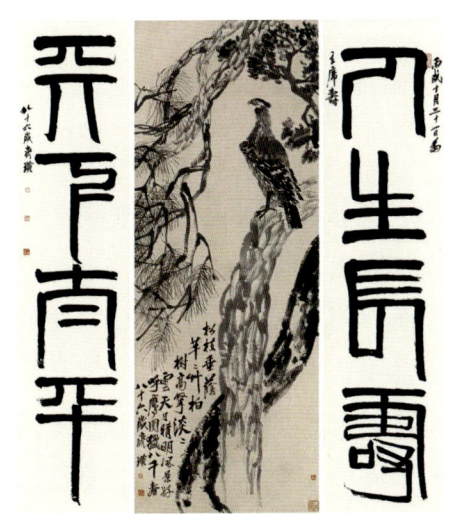

图 37 齐白石画给蒋介石的《松柏高立图》

---

[1] 《从西洋艺术说到中国：齐白石对记者谈画——作画时修养，平生不开展览会；刘海粟洋味太深，徐悲鸿有望》专访之二，载《新新新闻》1936 年 5 月 31 日第 10 版。

[2] "当时国民党中央文化运动委员会主任委员张道藩，他是贵州人，早年曾与徐悲鸿一起在法国留过学，后来在国民党当过海外部长等职。由于想登上南京和上海市长宝座的美梦没有做成，对蒋介石有些不满，但又不敢发泄，于是想出一个'尊师重道'，弃政治而从艺术的'将军'办法。大概是通过蒋碧薇的关系，因她是徐悲鸿的前夫人，与祖父较熟，以致导演出一场轰动全国的张道藩拜师齐白石的闹剧。"齐佛来：《我的祖父白石老人》，西北大学出版社，1988 年，第 84 页。

[3] 《中委张道藩师事齐白石——昨举行拜师典礼》，载《华北日报》1946 年 11 月 4 日第 2 版。

图 38　齐白石画给毛泽东的《英雄独立》

来的不食人间烟火的"行状",并非他一定要执行的唯一原则,而更像是他为了避免麻烦而表现出来的一种姿态。当这种姿态与现实发生根本冲突时,他并非一意孤行的偏执之人。日本占领北平时的齐白石,亦应如此。

　　白石老人的内心肯定无法认同日本的占领。正如北平沦陷之际,他曾以"故国之思"寄托哀思:"故国无埋顽父地,客都又戴杞人天。思靠西山共患难,西山虽在亦堪怜。"[1]但无力改变现实的老人,却又因生存逻辑而不得不接受这不尽如人意的"异色的北方"。或许,这也是千千万万滞留于沦陷区的普通人不得不面对的"共同际遇"。他们心有不甘却随波逐流,在日伪建构的社会秩序中重启生活。年已耄耋的齐白石,正是"他

---

[1]《白石诗草续集》有题为《丁丑七月望前》一诗,见齐白石:《齐白石诗集》,漓江出版社,2012年,第261页。

们"中的一员。时过境迁，我们很难用简单的民族气节，或褒扬或贬损他们的"选择"，更难以作出单一逻辑下的价值判断。面对齐白石在沦陷期参与的诸多日伪活动，亦应如此。因为八年的沦陷期中，白石老人不可能不与日伪建构的社会秩序发生"关系"。故而，他在这一阶段势必会留下诸多与后世建构的"形象"有所出入的"事迹"。诸如，1938年10月，齐白石在度过北平沦陷的第一年后，便开始与日伪政权的高级官员共同出席展览活动：

> 中国古今艺术观摩展览会，昨日于中央公园新民堂内正式开幕，由晨至晚，到各界参观人士不下千余人。教育部次长黎世蘅、中南银行经理郑瑞生，以及名画家齐白石、汪霭士、惠孝同、刘一峰，皆到场参观。昨日卖出作品约三百件，今日星期预料参观人士必多，该会拟将其中未得陈列者，定大部加一更换展览云。[1]

这场艺术观摩展览会，举办在动荡初定之际。彼时北平逐渐从战争状态回归平静。未能南下抗战的千千万万的普通人，开始适应日伪政权建构的生活秩序，社会重归日常之节奏。一场盛大的美术展览会，或许正是这种秩序恢复的表征。稍有不同的是，这场盛会在公共媒体上表达的口吻，变成了"招待中日各界名流参观"[2]。显然，定于10月1日的开幕式颇为成功——日伪教育部次长及商界、画界的重要人士皆有到场。而作为参展画家的齐白石，并非一定要出席现场。比如同为参展画家但人在北平的溥心畬，就未出现。[3] 当然，这不是为了说明溥心畬比齐白石更具"民族大义"。因为即便不是日本占领时期，同为参展画家的齐、溥二人，也可能发生类似的事情。应该说，齐白石、溥心畬是否出席这一展览的开幕，完全是日常生活的偶发选择，基于时间或邀请人的私交，都可能导致出席或

---

[1]《中国古今艺术观摩展览昨在新民堂开幕》，载《晨报》1938年10月2日第5版。
[2]《中国古今艺术观摩展览今日在新民堂揭幕》，载《晨报》1938年10月1日第5版。
[3]《晨报》1938年10月1日关于这次展览的报道——《中国古今艺术观摩展览今日在新民堂揭幕》，曾列出参展的当代画家："凡当代名画家，如张大千、溥心畬、齐白石、胡佩衡、张善孖、陈缘督、颜伯龙、萧谦中、汪慎生、张海若，以及其他各名画家皆有杰作参加展览。"

不出席的结果。虽然身为清室皇家成员的溥心畬，早在 1931 年溥仪出任伪满国皇帝时就以《臣篇》表达了自己的民族大义。但在此后的占领期，他还是和齐白石一样接受了生活现场中的"现实"，并参与诸多活动。其中，不乏有着明确政治意图的展览活动，如"兴亚美术展览会"。

1939 年 8 月 6 日，《新民报》刊登了《兴亚美术展览会章程全文》，第六章《本展览会主任》明确记载：

> （第一部）审查委员主任，中国国画学会长周肇祥先生，（第一部）溥儒先生，齐白石先生，黄宾虹先生，（第二部）天津博物院（院）长严智开先生，北京美术学校校长服部亮英先生，（第三部）国立北京艺术专科学校校长王石之先生，鹿岛英二先生。[1]

这份名单中，溥心畬、齐白石、黄宾虹赫然在列。那么，名为"兴亚美术展览会"的展览，到底是怎样性质的活动呢？关于该展宗旨，《兴亚美术展览会章程全文》第一章即言："现今可云已入古今未曾有之光辉历史的圣业，即直面兴亚建设，兹由现地，即定住华北大都市之京津两地代表的中日美术家协力一致，举行兴亚美术展览会，而其最终目的，即促进所谓兴亚美术之振兴，以其中日美术家之团结一致断然实践躬行，向国家、民族、社会大为寄与贡献。"[2] 以兴亚美展"直面兴亚建设"，其"中日亲善，共建亚洲"的基调不言而喻。所谓"兴亚建设"，真正目的是用亚洲共同体的身份认同消解中日之间的身份冲突。这是日伪政权用以建构"侵略合法性"、消除民众抗战心理的意识形态。对这一点，兴亚美展的日伪官方代表人缪斌，便曾撰文直言：

> 今天讲这个兴亚之道，很简单的，就是要希望日本，正式做一个兄长的国家，是用诚意来帮助中国。同时要使中国觉悟，中国的复兴，无论在精神上物质上都应当效法日本，像弟对兄一样，接受诚意的援助和指导。这样子，中国才能够复兴，中国的复兴就是多了一个

1、2 《兴亚美术展览会章程全文》，载《新民报》1939 年 8 月 6 日第 3 页。

兴的力量。进一步说，假使全亚洲都以效法日本为目标，那末，全亚洲的力量都会增加起来，如此，亚洲自然就兴起了。[1]

兴亚美展显然带有明确的政治意图，而非单纯的文艺活动。以审查委员主任的身份参与其中的齐白石，自然与后世文本塑造的"民族风骨"形象存在着一定距离。当然，没有太多证据，表明他曾积极参与展览执行的具体事务。那么是不是存在着并不知情而名列其中的可能？答案，是否定的。因兴亚美展日方主事者横山央儿明确提及在展览筹办时，曾专门拜访齐白石等人：

　　当此暑气逼人之时，无论中国国画与洋画，全行寂静，而兴亚美术展，乃一帆气顺，着着进行，予则屡访艺专之王石之校长，及严智开氏，卫天霖氏，或国画之周肇祥氏，齐白石氏，溥心畲氏，入八月后，正式的阵容，乃渐行整理，嗣遍访问名誉会长，会长，及其他之赞助员后，乃决定，主办归新民会，东亚新报社，新民报，庸报，均为后援。八月十一日，遂在社会发表。[2]

可以想象，横山央儿拜访齐白石并告知兴亚美展时，白石老人的内心当是有所波澜的。他不认同日本的侵略行为，但无力改变时，又该如何面对这不甚如意的"现实"？况，日本占领北平，对他的"书画生意"并非坏事。从20世纪20年代齐氏作品因中日联展在日本打开市场后，来自

---

[1] 缪斌：《兴亚之道》，载《新民周刊》1939年7月第28期"新亚建设运动周专号"，第2页（单篇文章页码）。按：缪斌，时为新民会中央指导部长。沦陷期的新民会脱胎于伪满洲国的"协和会"，是日本在占领区建构伪政权的同时，以"民意机关"名义成立用以辅助殖民统治的半官方性质的组织机构。有关新民会的运作目标，缪斌在《兴亚之道》开篇即有表述："此次鄙人代表中华民国新民会，向贵国日本朝野上下答谢援助，拜听许多教益，非常感谢。今天承放送协会邀鄙人向贵国国民广播讲演，我想诸位也是很愿意听到正在建设新中国并参加建设东亚新秩序运动的中华民国新民会代表的谈话罢。"（单篇文章第1页）另，缪斌在兴亚美展中的角色，《兴亚美术展览会章程全文》第四章明确记载："本展览会名誉役员中华民国临时政府（名誉会长）教育部总长汤尔和阁下，（会长）中华民国新民会中央指导部长缪斌阁下，（副会长）中华民国新民会中央指导部次长早川三郎阁下，（名誉委员长）中华民国新民会中央指导部教化部长宋介先生。"《兴亚美术展览会章程全文》，载《新民报》1939年8月6日第3页。
[2] 横山央儿：《北京美术界之一个年（续）》，载《新民报》1940年1月9日，第3页。

日本的审美因素一直都是齐氏声誉得以提升的重要力量。胡佩衡在1928年出版的《齐白石画册初集》前言中，就曾说："日人之定购先生画者，岁必数千幅。其为外人之推崇也如此。"[1]（图39）事实亦然，抗战时期正是齐氏声誉更上一个台阶的重要阶段。沦陷区媒体在塑造齐白石公共形象时，曾指出："先生今岁年登耄耋矣，而精神犹烁烁，黎明即起，夕没即息。现仍孳孳于画，驰名国际艺坛，尤为扶桑人士所崇拜，挚金相求不绝于途。"[2] 抑或因此，齐白石方才在兴亚美展的组织架构中，与曾讽其为野狐禅的画坛领袖——周肇祥平起平坐，成为"审查委员主任"。应该说，横山央儿专程拜访的名单中，齐白石能与声名显赫的周肇祥、溥心畬持同等之地位，或多或少都与"日本判断"存在着密切关联。其实，早在1930年日本人拍摄的电影《丹青诀》中，齐白石就已成为中国绘画的"主角"：

> 客岁十月，正金银行伊藤为雄氏在平摄制之《丹青诀》影片，主角湘潭画家齐白石，及闽县画家林实馨，破天荒之佳片，在平伊藤宅试映后，即携回东京。前日来函，述及日人之好奇，在东京影坞连演五日，无不满座。在野名流如犬养氏亦到场参观，赞美我国丹青妙决不置。樊山老人曾咏长歌，字锦绣，东京影坞之说明书上，曾录樊老之长歌。樊山逝世，已成绝响。[3]（图40）

这篇名为纪念樊樊山的新闻报道，向后人传达了一个重要信息：影片《丹青诀》的主角正是"湘潭画家齐白石"。可以想见，早在中日联展即为日本收藏界追捧的齐白石，借由这部"无不满座"的"破天荒之佳片"，在类似犬养氏的社会名流眼中，自然地成了彼时中国画的代表人物。横山

---

[1] 1928年胡佩衡为齐白石所印画册，是齐白石最早的个人画册。该画册版权页注明出版时间为"戊辰端午初版"，书名为《齐白石画册初集》，印行者为"胡氏石墨居（兴华门内北新华街）"，印刷者为"北京京城印书局"，发售处分别为"北京上海商务印书馆""北京青云阁富晋斋佩文斋""北京琉璃厂藜文斋"，定价为"大洋一元二角"。画册前言，为胡佩衡所撰。

[2] 《访问八十岁老画家齐白石先生一席谈——不合理而神妙是中画之伟大，画家作风随年龄思想而转变》，《新北京报》1939年1月22日周刊版第3期。

[3] 《樊山之遗韵——此翁溘逝从此绝响》，载《益世报》1931年3月18日第7版。

图39 1928年胡佩衡为齐白石画册所撰前言

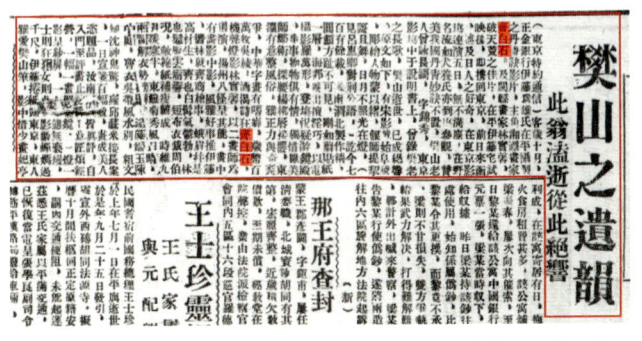

图40 《樊山之遗韵——此翁溘逝从此绝响》,《益世报》1931年3月18日第7版

央儿的拜访,应该与这种"日本判断"存在着莫大的关系。那么,白石老人如何面对这"敌人"递来的"橄榄枝"？最终的结果是他没有拒绝这一邀请。虽未积极参与具体事务,但此后六年六届的展览,除最后一届时媒未曾刊登组织架构名单之外,齐白石的名字就从未缺席其列。这似乎委婉地表明:他没有为了民族气节而回避这一带有明确政治意图的活动。1939年《华文大阪每日》关于该展的报道,还曾专门刊登了齐白石的一件作品,为三四十年代常见之荷花题材及其风格的作品。这次报道只选登了四件作品,国画与油画各两幅:(图41)

十月明朗的秋空下,第一届兴亚美术展览会,揭开了中日美术亲善的豪华的帷幕。入选作品二百二十余件,分国画日本画,西洋画,

雕刻，工艺四部门，琳琅满目，自十月二十九日起，在北京中央公园新民堂，董事会，水榭三地同时公开展览。（本刊画作四幅左上为周肇祥先生的墨梅，右上熊唐守一女士的《我的次女像》，右下齐白石先生的《莲》，左下中田旱先生的《林》。均选自该展览会。）[1]

图 41 《从兴亚美术展选来》，《华文大阪每日》1939 年第 3 卷第 10 期刊登的四件作品

这一图文结合的报道中，周肇祥与齐白石的作品，显然是"中日亲善之豪华帷幕"中的重中之重。但是今天的我们却不应据此否认齐氏之"民族情怀"。面对沦陷区的芸芸众生，我们应秉承"同情之理解、理解之同情"的态度，避免武断而简单的"判断"。唯有如此，方才不会与日常生活的"人"擦肩而过。需要再次强调的是，作为沦陷区中的耄耋老人，齐白石不可能不与现实社会秩序发生关系，其中自然包括了带有一定政治性的"社交"。1959 年胡佩衡父子出版的《齐白石画法与欣赏》一书，刊有一幅被注为"78 岁作"（即 1938）的人物画，名为《里边是甚么》。

---

1 《从兴亚美术展选来》，载《华文大阪每日》1939 年 11 月 15 日第 3 卷第 10 期，第 25 页。

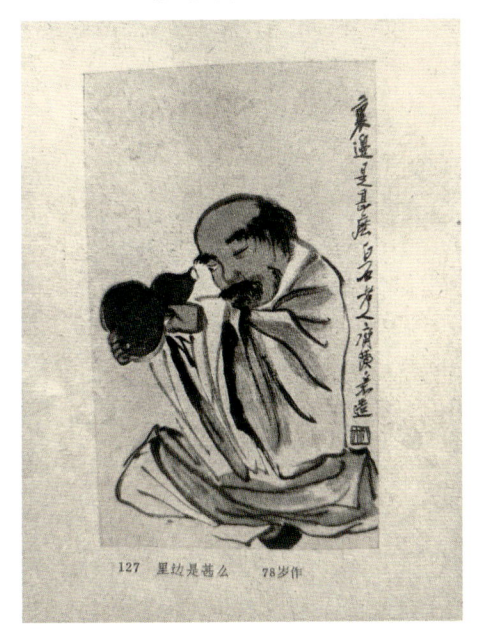

图 42　齐白石《里边是甚么》

（图 42）该画描绘了一老翁盘坐，单眼定睛看着一个葫芦的口，题云："里边是甚么。白石老人齐璜意造。"文图结合，颇具诙谐生动之意味。应该说，这本是一件体现齐氏人物画善于捕捉瞬间动态情趣的作品，但在胡氏解说词中，却"意外"地成为"反帝宣传画"：

> 这幅《里边是甚么》的意味就更深了。
>
> 日本侵略我国，北京沦陷。日本侵略者找白石老人作画粉饰太平。老人画了一老翁用力向葫芦内部观看，上题"里边是甚么"五字。难画就在老翁用力向葫芦中看的情态，传神在点眼珠的一笔，非常生动。
>
> 所画面色苍黄而精神（力）充沛的老人，是意味着当时落难的中国人民。看葫芦，是要看穿日本帝国主义的本质——侵略者。
>
> 这幅画讽刺意味极深，但日本帝国主义者不了解其中奥妙，大量印刷复制品，散发全国各地，反而唤起了我国人民更认识日本帝国主义的本质，成为白石老人反对帝国主义者最成功的一张宣传画。[1]

---

[1] 胡佩衡、胡橐：《齐白石画法与欣赏》，人民美术出版社，1959 年，第 105 页。按：该画为书后附图，图号为 127。

"面色苍黄而精神（力）充沛的老人，是意味着当时落难的中国人民"，明显属于胡氏 20 世纪 50 年代的"后见之明"。今天重读胡氏之语，其为白石老人"开脱"的"想象"并不高明，甚至"弄巧成拙"。因为他们反而透露了一个"事实"：1938 年的齐白石接受日伪官方的创作委托，并因"日本侵略者的推广"而得到了广泛的宣传。所谓"日本帝国主义者不了解其中奥妙"，恰如今天"抗日肥皂剧"的幼稚剧情——将日本侵略者低能化。事实上，日伪政权广为印制齐氏作品并散发各地，绝非盲目，势必有所审视、辨别。或可说，即便齐白石有此讽喻之心，在当时也绝无"唤起了我国人民更认识日本帝国主义的本质"的作用。甚至相反，广为流传且生趣盎然的人物画在沦陷区塑造的公共意义，很可能是耄耋之年的画家，与日伪政权的精诚合作。出现如此效果，想来绝非齐氏之初衷。他接受这一订单，或只是将其视为普通的商业购买，很难想到它会成为日伪官方用以宣传的作品。遗憾的是，这种身不由己的"被利用"，恰是沦陷区文化人不得不面对的现实。他们主观上或许不想成为政治性的"棋子"。但因融入新建构的社会秩序，他们在讯息的流动中会被赋予全新的意义，从而被动地成为政治社交的"棋子"。类似且更为典型的是，1942 年 1 月齐白石的作品出现在"大东亚战争献金"的活动中：

> 新闻协会主办之大东亚献金合作戏，定于二十一、二十二两晚，在长安开演，戏目之精彩为近二十年来所未有（详见广告）。并因筹办冬赈，向书画名家如张海若、潘龄皋太史、齐白石、于非庵（闇）、张大千诸氏百余人，征得书画三百余件，亦移在该戏院，当场抽签。凡购票一张（包厢按座计算）均得于入场时，欢送抽签券一纸，有得最名贵价值数百元书画之希望，并不加价。该项书画明日其在长安戏院及餐厅陈列云。[1]

这一活动，实际上由"合作戏""冬赈展"两个部分组成，齐白石参

---

[1] 《新协献金合作戏附送书画抽签券——最高者价值数百元，明日起在长安展览》，载《戏剧报》1942 年 1 月 13 日。

加的是后者。我们今天已经很难还原齐氏参展的具体心态。他是否知道自己的作品将会出现在名为"大东亚战争献金"的活动中？鉴于"合作戏"与"冬赈展"的主办方皆为"新闻协会"，且其他报道更直接将两者合二为一[1]，我们可以初步判断该活动在整体上应带有日伪官方之政治意图。之所以要办"大东亚战争献金"活动，应该与此前月余珍珠港事件引发的"太平洋战争"有关。1941年12月7日，为南下获取石油生命线，日本海军偷袭美国夏威夷的珍珠港，并取得了短期战略的重大胜利。次日，美国对日宣战，二战格局由此而发生转折性的变化。然而此后半年，遭受重创的美国海军在太平洋战场并无太大的反击力量，日本因此在东南亚的军事扩张获得快速的推进。而在这一背景下举办的"大东亚战争献金"，已成为日本大后方的北平对东南亚前线的资助活动，其背后必然存在着日伪政权的推动意志。"新闻协会"恰是这种意志的"代理人"。

其实无论齐氏是否知晓"冬赈展"的最终目的，能与日伪官方代理人最终合作，就已经说明他在沦陷区社交活动中选择了怎样的一种"基本立场"。显然，齐白石在民族气节方面，并非后世文献所标注的那般疾恶如仇。甚至在一些朋友的选择与交往中也是如此，诸如他与张次溪的密切往来。张次溪，正是《白石老人自传》（1948年记录，1962年出版）的"作者"，以掌故及藏书名于世。其父张伯桢亦是民国学者，曾任教于北京师范学校、东北大学等。齐白石与张次溪父子交往甚密，有诸多信札存世。如此之友，抗战时期曾南下出任汪伪政权行政督察专员、伪淮海省教育厅厅长等职。但这一"失节"行为，并没有影响齐、张两人的持续交好。甚至1942年，齐白石还因张次溪的帮助而寻得陶然亭生圹，并嘱后事于张氏。[2] 能将后事托付于张次溪，可见在齐氏眼中，生活之具体需求较之民

---

1 "这一次，北京新闻协会，为'大东亚战争献金'而举办合作戏，事先征求一般书画名家和名翰艺林们的字画……已经由前天起，在长安餐厅陈列而开始展览了。"《冬赈书画陈列在长安楼头——会场盛况观后记》，载《戏剧报》1942年1月16日第1版。

2 齐白石自述曾言："民国三十一年（壬午·一九四二），我八十二岁。在七八年前，就已想到：我的岁数，过了古稀之年，桑榆暮景，为日无多，家乡辽远，白云在望，生既难还，死亦难归。……二十五年丙子冬，我又想埋骨在陶然亭旁边……上年年底，你回乡省亲，我跟你谈起旧事，承你厚意，和陶然亭慈悲禅林的主（住）持慈安和尚商妥，慈安愿把亭东空地一段割赠，这真是所谓'高谊如云'的了。正月十三日，同了宝珠，带着幼子，由你陪去，介绍和慈安相晤，谈得非（转下页）

族大义更为重要。

白石老人不仅没有斤斤计较于身边友人的民族气节，即便自身也不忌惮与日本客人的"交往"。有关他与日方人员的往来，后世文本关于1944年长广敏雄到访的表述，颇具检讨之价值：

> 1944年，经画家蒋兆和介绍，拜访齐白石，时值齐"停止卖画"后一年，家中连招待客人的茶叶都没有，其经济之拮据可以想见。因时局关系，齐白石对来访的日本人颇为冷淡。两人曾就齐最尊敬的前朝画家是谁进行了短暂的交谈。长广在齐家仅呆了20分钟便匆匆告辞。他说："出门时觉得好像放下了什么重担子一样，感到松了一口气。"[1]

这是较为常见的后世逻辑：确认齐白石曾接待长广敏雄后，以"因时局关系而颇为冷淡"来补充说明他的民族大义。真的如此吗？对此，长广敏雄本人的表达则有所不同："齐白石先生是一位相当成熟的老画家。我带着从蒋兆和处得到的介绍信拜访了这位老人。虽然我突然造访，却并未

（接上页）常满意。看了看墓地，高敞向阳，苇塘围绕，确是一块佳域，当下定议。我填了一阕（阕）《西江月》的词，后边附有跋语，说：'壬午春正月十又三日，余来陶然亭，住持僧慈安赠妥坟地事，次溪侄，引荐人也，书于词后，以记其事。'但因我的儿孙，大部分都在湖南家乡，万一我死之后，他们不听话，也许运柩回湘，或是改葬他处，岂不有负初衷，我写一张委托书交你收存，免得他日生枝节。这样，不仅我百年骸骨，有了归宿，也可算是你我的一段生死交情。张次溪按：老人当时写的委托书说：'百年后埋骨于此，虑家人不能遵，以此为证。'"齐璜口述，张次溪笔录：《白石老人自传》，人民美术出版社，1962年，第98-99页。按：据现有材料看，齐白石委托张次溪找寻自己生圹，始于1933年。1933年11月25日《小实报》第4版刊署名厉南溪之《赠齐白石（有序）》，有注云："其门人张次溪，近为翁营生圹于张园之西，翁自绘借山图，勒石于园中，闻者传为美谈。后1936年，白石老人因张次溪邀为赛金花书写墓碑，又转念想在陶然亭置生圹：'二十五年丙子冬，我又想到埋骨在陶然亭旁边，风景既幽美，地点又近便，复有香冢、鹦鹉冢等著名胜迹，后人凭吊，倒也算得佳话。知道你替人成全过，就也托你代办一穴。可惜你不久离平南行，这事停顿至今。'"齐璜口述，张次溪笔录：《白石老人自传》，人民美术出版社，1962年，第98页。关于这一点，在齐白石致张次溪信中，亦可得到佐证："次溪弟悉：赛金花之墓碑已为书好，可来取去。且有一画为赠，作为奠资也，亦欲请转交去。闻灵飞得葬陶然亭侧，乃弟等为办到。吾久欲营生圹，弟可为代办一穴否？如办到，则感甚。有友人说死邻香冢，恐人笑骂。予曰：'予愿只在此，惟恐办不到。说长论短，吾不闻也。'即颂，侍福百宜。白石璜顿首，十日。"《齐白石全集》（第九卷），湖南美术出版社，1996年，第159页。

[1] 齐白石辞典编纂委员会编：《齐白石辞典》，中华书局2004年，第134页"长广敏雄"条。

遭到他的讨厌，且得以与他会面。"[1]

  这是一次突发的拜访，齐白石没有拒绝。至于见面气氛是"冷淡"还是"并不讨厌"，两个文本带来了不同的答案。有趣的是，这两个文本所涉事实基本一致：家中没有茶叶、见面仅 20 分钟、就前朝画家交谈，甚至长广敏雄出门后"松了一口气"这样的细节。那么我们该如何看待两者的"相同"与"不同"？对比后世《齐白石辞典》与长广敏雄 1946 年的两种"文本"，我们会发现前者虽然保留了基本事实，但也回避了一些"细节"：

> 现在齐先生已经过了八十岁了，我想这张肖像画应该是在他七十岁左右所画的，是一件平静祥和的肖像。当我问及是谁所作，老先生立刻执起笔想要拿张纸写下，我就把自己的笔记本递了过去。很快老先生就用那种独特而漂亮的右倾字体写下"为白石画像之人为徐悲鸿白石"，并且还将自己的"白石"署名上"砰"一声印上了鲜艳的红色方印。他在我的笔记本里小小地为我挥毫了一番。于我而言，这有点儿事发突然了。因为我觉得题字和题画不仅是他的日常生活，同时也是他所做的买卖。[2]

  这个"细节"，值得体会。当被问及齐白石肖像画的作者是谁时，白石老人不仅在长广敏雄的笔记本上"书写"答案，还郑重其事地钤印。这绝非"冷淡"，相反是有些热情，以至长广敏雄都感到不好意思。因为在他看来，这种书写行为属于老人的"买卖"，一般应该不会随意"赠送"。《齐白石辞典》的编撰者似乎意识到了这一点，所以在编"长广敏雄"词条时，忽略了这一"细节"。原因很简单，为了保证"因时局关系而颇为冷淡"的主观评判。或许，正基于这种"后见之明"的主观设定，大致相似的"事实"经过语言的重新排列后，便产生一种意义上的全新"暗

---

[1] ［日］长广敏雄：《老師齊白石の印象》，载《北京の畫家たち》，全國書房，1946 年，第 80 页。注：中文为笔者研究生陈徽翻译。
[2] ［日］长广敏雄：《老師齊白石の印象》，载《北京の畫家たち》，全國書房，1946 年，第 82-83 页。注：中文为笔者研究生陈徽翻译。

示",仿佛长广敏雄最后"松了一口气"是因为白石老人的"冷淡"所带来的"压力"。但实际上,长广敏雄的"松了一口气"却因为悲天悯人地感慨白石老人的"生活境遇"。[1]

《齐白石辞典》作为后世文本,为读者提供的"齐白石",与当事人长广敏雄描述的"齐白石"存在较大差异。相对而言,长广敏雄的"文本"应该更为可信,也更接近齐白石的日常生活。即,北平沦陷时期的白石老人对日本访客,并非后世文本所表述的那般爱憎分明。

---

[1] 长广敏雄在文章结尾明确指出:"我结束了这场仅仅二十分钟左右的访问。出门之际,我感觉到卸下了重负,松了一口气。我对于在日本被叫作大家的那些画家的宅邸也是知道一二的。那些大名鼎鼎的画家的生活在我的脑海中一闪而过,当这些回想与现在所接触到的齐白石先生居室的印象互相交织时,我的神经受到了异常的刺激。我感到自己的那些纯粹的艺术批评在猛烈动摇,不想将它们施加在老先生的绘画上。北京的经济状况不允许艺术家拥有独立生活。不善于钻营如何使生活安定下来的方法的话,即使有才能和天赋,也只会饿死。也许与我所料想的不同,齐白石先生并不介意现在的生活。这就是中国吧。……谈起这种事情,就连恶魔也会心怀慈悲吧。"[日]长广敏雄:《老师齊白石的印象》,载《北京の畫家たち》,全國書房,1946年,第85-86页。注:中文为笔者学生陈徽翻译。

第 3 场

消失的人之"真实"

　　齐白石与长广敏雄之类的日本客人的会面，在北平沦陷时期并不罕见。虽然这类材料在后世文本中常因政治原因被忽略、遮蔽，乃至散佚，但诸多"线索"仍会不经意地显现。2007 年，北京匡时的春季拍卖会出现了一件齐白石的《群虾图》（图 43），随附一件濑下琼石画的《四君子图》（图 44），上有白石老人题："濑下先生于戊寅秋来借山馆画此与看。予见其笔秀墨润，有中国画意趣，因题数字。白石山翁。"又有濑下自题："昭和十三年九月，鲜满支都市访门（问）。北京画伯有名白石先生及门弟环看中，描此四君子。为后日并记。琼石。"[1] 这两件为濑下后人倍加重视的画作，记录了时为医药公司经理的绘画爱好者——濑下琼石在北平沦陷次年（1938）对齐白石的拜访。

---

[1] 齐白石《群虾图》，100 厘米 ×33.5 厘米，水墨纸本。款题："三百石印富翁齐璜行年七十八岁时作。"钤朱文印"齐大"。见于北京匡时国际拍卖有限公司 2007 年春季拍卖会，有拍卖说明曰：《群虾图》作于 1938 年，白石老人画虾并不希见，而此作品背后所隐藏的故事则令此作品不同寻常。随附另一件作品《四君子图》中，有如下两段文字：'昭和十三年九月，鲜满支都市访门（问）。北京画伯有名白石先生及门弟环看中，描此四君子。为后日并记。琼石。''濑下先生于戊寅秋来借山馆画此与看。予见其笔秀墨润，有中国画意趣，因题数字。白石山翁。'由此可以看出，日本人濑下先生于 1938 年秋到北京。那时，齐白石在日本名气极大，濑下因平时爱好水墨画，故前往齐白石府上拜访，并在齐白石家画下此画，白石的一干弟子在场观看，齐白石即席为其题字。齐白石为门人题字不胜枚举，但为日本人的画题字就十分罕见了，而且，是年乃是抗日战争爆发后的第二年 1938 年，史料价值不言而喻。据现存者濑下后人介绍，濑下先生当时是一家医药公司经理。因为这次拜访，白石先生与其成为朋友。临别时，齐白石赠送《群虾图》一幅作为留念。濑下归国后，特请装裱师将两幅裱成轴，盒盖由自己亲自题写。逢年过节之际，在画龛中张本。濑下先生早已西归，但这两幅画被视为濑下家的家宝，珍藏至今。一个日本人登门拜访齐白石，在齐白石家中作画并得到白石老人赠送作品，这件（个）故事因为那个特定的时间背景而不同寻常。"

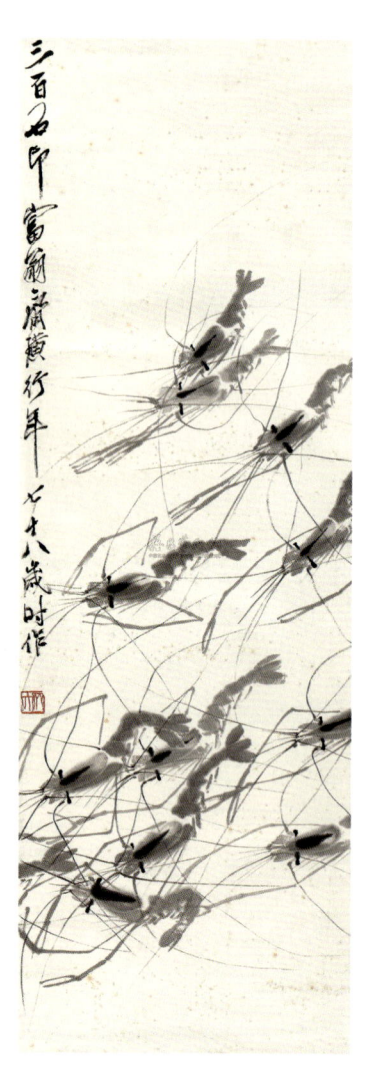

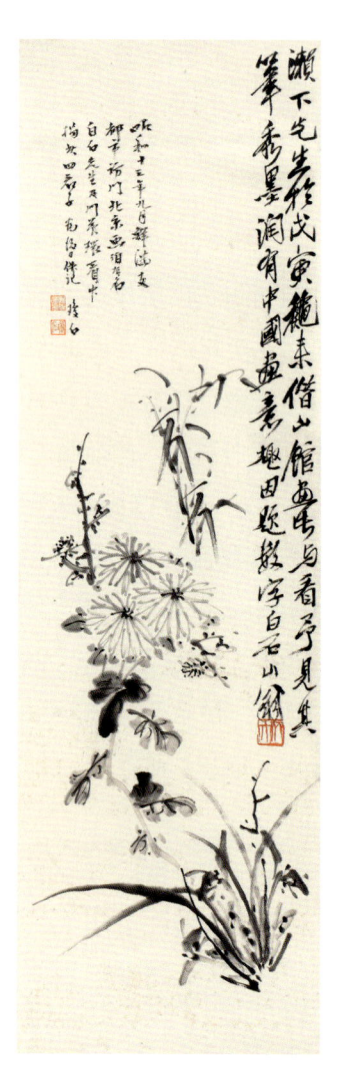

图 43　齐白石《群虾图》　　　　　　　图 44　齐白石题濑下琼石所画之《四君子图》

齐白石对这次来访颇为重视——携弟子"环看中",并欣然在濑下石琼画作上题写褒扬之辞,临别时还赠送了自己的作品。须知,此时正是北平沦陷周年之际,陌生的日本访客濑下琼石获此"礼遇",着实令人惊讶。而且就濑下琼石自书题跋之"鲜满支都市访问"而言,其身份不应只是简单的医药公司经理。鲜、满、支是日本官方对占领区——朝鲜(鲜)、中国东北(满)、中国(支)的称谓,带有明确的政治意味。那么1938年北平沦陷周年之际,对三个占领区"都市"的周游访问,似乎并非个人性质的旅游所能解释,而可能是有着一定官方属性的"民间交流"。这场气氛融洽的活动中,濑下琼石所绘"四君子"是否隐含了日、鲜、满、支四方亲善的政治话语,我们无从得知。但可以肯定,无论被动还是主动,齐白石在北平沦陷周年之际,已然接受了新的社会秩序以及由此带来的交往活动。

日常生活与文本描述的"生活",是截然不同的。齐白石如此,其他人亦然。从某种角度看,日常生活的"时空"是多重线索交织的状态,身处其中的"个体"往往具备多重逻辑之下的"行为"。加之不可名状的心理空间及偶发的人事因素,作为历史参与者的个体并不存在文本描述时的"绝对逻辑"。它时常表现为某种跳跃与断裂,以及由此呈现出的丰富性与复杂性。诚如濑下琼石所绘《四君子图》,无论是否具有四方亲善的政治话语,在齐白石看来都只是一幅单纯的具有"中国画意趣"的绘画作品。也即看似其乐融融的交流,每个参与者的"内心认知"却有差异。连活动的发生地点,在濑下琼石看来是三大占领区(鲜、满、支)中的"支那都市",在齐白石看来则可能是"中国旧都"。然而即便如此,甚至濑下琼石仅是一个普通的日本人,这类抗战时期的"交往材料"依然会成为后世文本难以"处理"的对象。恰如长广敏雄的私人拜会,在《齐白石辞典》中需要一定程度的删减改编,使之成为"因时局关系而颇为冷淡"的尴尬会面。

类似长广敏雄这样的日本学者,在抗战时期与齐白石发生交往是可以理解的。但后世文本多因"民族大义"的表述逻辑忽略、改编甚至遮蔽这些"交往",从而与日常生活中的齐白石擦肩而过。何以如此?原因在于:日常生活所蕴含的丰富性,与文本叙事的简括逻辑,存在着天然矛盾。文本描述中的"人物"，通常只是编辑与整理的"形象"。真实场域中的人，远比这种"形象"庞杂、鲜活。日常之具体、复杂的情境下，个体做出的"抉择"漫溢文本叙事的逻辑框架，极为正常。但热衷判断的"后见之明"，往往在自比历史裁判员的权力幻觉中，对此视而不见并最终导致"真正的人"在文本中趋于消亡。诚如民族大义版本的"齐白石"，抑或反向版本的"齐白石"，都与活生生作为"人"存在的齐白石，保持着某种"编辑"的距离。

其实，时人之社会判断也存在着类似情形。抗战胜利伊始，齐白石在公共舆论中并未立即获得"民族大义"的社会形象，甚至有些完全相反的"流言"：

> 1946年5月，张道藩奉蒋介石命宣慰北方，视察平津文化工作，并亲自到北平西城跨车胡同15号寄萍堂去探望齐白石，当时白石老人非常高兴。因白石老人抗战时期寓居北平，尽管表现了不屈不挠的民族精神，一直到抗战后，才重新执笔作画，恢复应酬，但对来北平接受的重庆政客来说他是敌陷区的文化人，对他颇有微言，这一情况，张道藩是了解的……他特地登门访问齐白石，就在于以自己的特殊身份表明对这位耄耋老人的尊重与慰问，对肃清当时或多或少存在的齐白石附敌的流言，大有作用。[1]

这也是一份后世文本，却从张道藩的角度透露出不同于常见之"齐白石文本"的信息：作者虽然确认了齐氏之"民族大义"的历史形象，但同时也指出从重庆来北平的政客对老人颇有微言，因为社会上或多或少存在着"齐白石附敌的流言"。[2]"齐白石附敌"，与后来的历史形象大相径

---

[1] 王由青：《张道藩的文官生涯》，团结出版社，2007年，第336页。
[2] 中华人民共和国成立之后，因为某些政治运动的需要，"齐白石附敌"之类的看法，还会以某种极端化的表达形式出现："日本侵入中国后，齐白石就与大汉奸相勾结，积极参加'大东亚共荣圈'，在日本大开画展，大卖其钱、大发国难财。"（上海中国画院：《大字报选3——打倒齐白石专刊》，约20世纪60年代，内文为油印本，第3页）之所以出现这种现象，恰是齐白石在沦陷区的日常生活中，曾与日伪社会结构发生诸多往来。这些行为在一些简单化的，甚至情绪化的"表述"中，会成为某种佐证。

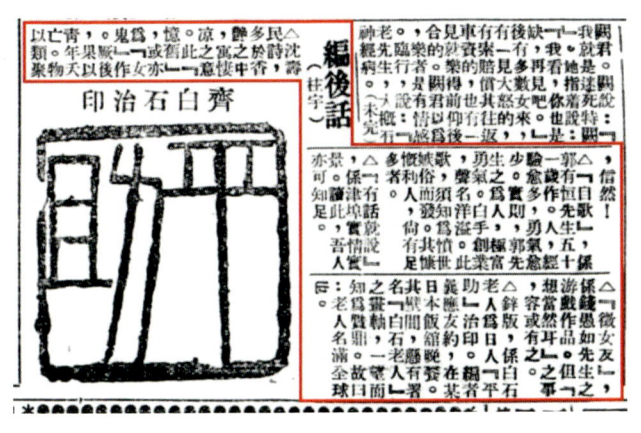

图 45 《戏剧报》1939 年 11 月 16 日第 3 版刊登的《齐白石治印》文章

庭。今天，我们已很难还原"流言"的具体内容。不过回到彼时，北平光复伊始，各种力量面对新的政治格局，展开了利益的重新分配。在这个充满博弈色彩的过程中，出现关乎某人的不同声音确实可能。尤其对那些沦陷时期未遭受冲击甚至还有所获益的个体，产生"附敌"之流言并不让人奇怪。基于齐白石与日伪方面的交往并非"隐秘"，不仅因"兴亚美展""大东亚战争献金"之类活动而出现在公共媒体，且一些日常琐碎之事也曾公之于众。[1] 甚至，日伪官方还曾刊印白石老人的作品，广为流传。因此在抗战胜利之初甄别"附敌逆流"的社会浪潮中，齐氏遭遇冲击乃至被认为"附敌"，亦属正常。当然，即便这类"流言"在当时真的存在，显然也是一种偏颇之辞。（图 45）

时人之评，并非因为身在其中就会客观，亦如后世文本一般存在着"编辑目标"，并因此远离日常生活之"真实"。而且，时人还会受到当权者的影响与控制而被左右方向。比如，奉命宣慰北方的张道藩以特殊身份拜访齐白石，就会对肃清流言大有作用。出现这种现象，倒不难以理解。时人之评即历史发生时的"文本"，它的生产机制与后世文本基本类似。只不过，后世文本的编辑权来自著述者单方面的判断逻辑，较之"当世文本"更为单纯。当世文本的著述者并非"个体"，而是社会化的网络结构。与之相应，被评价者的"文本"不是固定不变的，会因为不同的参与

---

[1] 诸如 1939 年前后的《戏剧报》，经常刊登白石的印文，其中便有为日人所作。1939 年 11 月 16 日，该报第三版刊登了白石篆书朱文锌版印拓一方，印文为"平助"。编者署名"柱宇"，于《编后话》按云："锌版，系白石老人为日人'平助'治印。编者曩应友约，在某日本饭馆晚餐，其壁间，悬有署名'白石老人'之画轴，一望而知为赝鼎。故曰：老人名满全球也。"

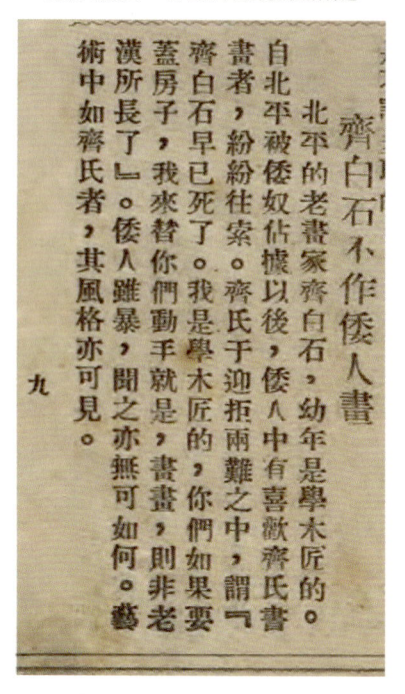

图 46 《新阵地》报道《齐白石不作倭人画》

者发生"再编辑",产生新的"书写痕迹"。这些书写痕迹交织往复,相互间持续性地"覆盖"与"清理",并在某一时间内因某种力量的话语权而出现阶段性的"临时文本",正如"齐白石附敌"的流言,就是一种临时文本。

值得注意的是,临时文本并非当世文本,它只是后者的组成部分。不同的临时文本的流动,才是"当世文本"的结构性存在。因为不同的参与者及其背后权力,会不断地改写临时文本。是以,抗战胜利时的公共舆论存在着关乎"齐白石"不同的临时文本,并不让人感到奇怪。甚至就是在抗战时期,也同样如此。与沦陷区媒体显现出的"齐白石"不同,国统区的媒体早在抗战之初,就出现了"齐白石不作倭人画"的"公共塑造":

> 北平的老画家齐白石,幼年是学木匠的。自北平被倭奴占据以后,倭人中有喜欢齐氏书画者,纷纷往索。齐氏于迎拒两难之中,谓"齐白石早已死了。我是学木匠的,你们如果要盖房子,我来替你们动手就是,画画,则非老汉所长了"。倭人虽暴,闻之亦无可如何。艺术中如齐氏者,其风格亦可见。[1](图 46)

---

[1] 《齐白石不作倭人画》,载《新阵地》1938 年 3 月 5 日第 1 期,第 9 页。

这是 1938 年 3 月 5 日《新阵地》创刊号上刊发的"齐白石"。《新阵地》是黄萍荪在浙江金华创办的逢五出版的旬刊（从 1938 年 3 月 5 日至 1939 年 1 月 30 日总计出版三十期）。办刊宗旨是联合文化艺术界的抗战力量："东南一切从事文化工作的同志，尤其是站在战争最前线的浙江文化界，无条件无保留地有全体一致据守在这个新阵地内对日寇死力抵抗的义务。"[1] 黄萍荪，是 20 世纪中国文坛有着一定名声的出版人。他与鲁迅的是非恩怨，颇为让人津津乐道，且因他的媒体往往都被国民党"CC 系"把持，故而还带有一定的党国色彩。《新阵地》也是具有类似性质的一份杂志，创办于杭州沦陷后三个月——浙江成了"战争的最前线"。诚如创刊号之"盟誓"所言，《新阵地》具有明确的政治意图。而沦陷区的北平老画家齐白石"不作倭人画"，显然能够感召"从事文化工作的同志"据守对日死力抵抗的义务。

问题是，《新阵地》提供的信息是否准确？单就齐白石资讯而言，我们很难判断。1938 年 3 月，齐白石还处于北平沦陷之初的"不稳定"状态，没有材料能够显现此时的老人与沦陷区社会秩序的相处方式，也即"不作倭人画"是可能发生的。但这种可能的"现象"，是否如《新阵地》描述的那般"义正辞言"呢？答案倾向于否定。最起码，从《新阵地》刊发的其他信息看，黄萍荪有关北平资讯的来源，谈不上及时与可靠。比如，刊发齐白石资讯的栏目为《名流学者》，同期还刊登了一则《周作人有太太保护》：

> 北平沦陷后，大家很记挂周作人。
>
> 周作人幽囚在新街口八道湾苦雨斋里，倭奴命令周太太（日妇）："保护你的丈夫。不要让他出乱子！否则，凭尔是问。"最近，听说郭沫若有信给他，周作人也有回信，据看到信的人说，大有塞外子卿之感。[2]

1　《新阵地的盟誓》，载《新阵地》1938 年 3 月 5 日第 1 期，第 1 页。
2　《周作人有太太保护》，载《新阵地》1938 年 3 月 5 日第 1 期，第 8 页。

将周作人称为"幽囚"于北平，因日本太太保护而得周全，并以塞外子卿（苏武）比拟周氏。1938年3月5日，《新阵地》为读者提供了一个颇有"民族大义"的周作人。殊不知此前一个月左右，周氏就已经参加日方组织的"更生中国文化建设座谈会"。[1] 正是在这个会议中，他发表了后来被认为是"投靠"日伪政权的讲话。[2] 显然，《新阵地》对周作人的"描述"，与事实相去甚远。当然，有关周作人的"错误报道"不能直接说明《齐白石不作倭人画》也一定错误。但同为北平沦陷区的文化人，且彼时之周作人相对齐白石的社会影响力更大，有关周氏的信息来源出现如此"误差"，那么有关齐白石的资讯是否真实，就成了值得讨论的问题。最起码，它说明当时南北方的资讯交流并不畅通，沦陷区与国统区针对个人评判的"临时文本"，存在较大出入。

　　国统区对齐白石、周作人的"塑造"，显然具有某种编辑"目的"——用沦陷区坚守民族大义的文人形象鼓舞抗战一线的文人。这种责任感使之在报道相关人物时，过于强调政治正确而疏于真实考证，往往依靠零星消息进行想象性重组，以实现宣传之目标。因此，《新阵地》不仅出现周作人已然"投敌"却仍是"塞外子卿"的错误，甚至文本表述也是一种无所不知的"上帝视角"。诸如齐白石与日寇的对话、日寇与周作人妻子的对话，很难想象这些细节是如何成为公共信息，并从沦陷区传到国统区的抗

---

[1] "更生中国文化建设座谈会"是由大阪《每日新闻》主办，1938年2月9日在北京饭店召开。该会是日本方面展开的"精神奴化"工作之一："最近从倭寇国内的报章中，可以知道寇辈目前正极力开始在占据的地区内大做其'精神奴化'的工作。为了这，因之遂有一些无耻堕落的智识份（分）子，也流入汉奸的集团内，甘作敌人的工具。尤其是在那素为我国文化都市的北平，敌人对这方面的工作，更为积极。而一些以往的学者名流，也有戴起傀儡面具粉墨登场的。据大阪《每日新闻》所载，月前该社曾在北平召集过一个所谓'更生中国文化建设座谈会'，而于出席者的名单中，赫然有周作人的名字。该段新闻标题上刊有座谈会开会时的照片一秩，亦赫然有周作人在座，更有他在会中发表的意见。使人看了，兴无限悲愤之感。"余士华译：《所谓"更生中国文化建设座谈会"》，载《文摘·战时旬刊》1938年4月28日第十九号，第472页。

[2] 会中，周作人发表讲话："余长期从事于东洋文学及日本文学系的工作，而其实，可说当初就在尽可能地使中国的学生通晓日本文学。又为了研究日本，于是特别设立了日本文学讲座。但……到如今，从一年的经验上，真是不胜惭愧，盖其中了无良好成绩，总觉得不到日本去是毫无用处的。于这里，只好大概地教授关于日本的政治等等之如何，这问题，渐渐便会觉得到日本去是最好的。"（余士华译：《所谓"更生中国文化建设座谈会"》，载《文摘·战时旬刊》1938年4月28日第十九号，第479页）周作人的讲话中有一个时间概念——"到如今，从一年的经验上"，表明他在北平沦陷之始即已选择了与日本方面的"文化合作"。

战一线。仔细辨析这些对话，我们会很容易发现主观杜撰的痕迹。诸如齐白石一方面声称自己早已经死了，另一方面又声称自己是木匠出身，只盖房不卖画。如此话术，实在令人费解。如若拒绝订单，一句"早已经死了"就足够，何需"只能盖房"之添足？确实，齐白石曾以"死亡声明"来躲避是非。但据现有材料看，这件事发生在抗战之前，而非《新阵地》报道的北平沦陷后。

> 廿一年秋，音乐家杨仲子长国立艺院，聘先生为中画教授，院中风波常起，先生愤世态之伎俩，当暑期后聘书复赍，先生未予接受，后仍杂函中附陈，乃先生觉，亟书二十字于原函上璧还，文曰："齐白石已于民国二十一年九月二十五日死去矣！"此事为艺林传为佳话。[1]

这段文字，出自北平沦陷前夜——1937年4月5日《中外问题》上的一篇文章，讲述了发生在1932年并"为艺林传为佳话"的一则轶事。这一年，齐白石因对艺专风波的"世态之伎俩"不满，没有接受杨仲子的"邀请"，并声称已于九月二十五日死去。扬言自己死，凸显了老人在日常交往中的"性情"，曾有媒体将此视作其"古怪孤僻"的证据。[2] 应该说，这种极致化的"表达"对拒绝某事已然充分，故而齐白石不会再有"多言"。事实上，这种"以死明志"的行为，还曾发生在1936年："齐先生在北平求画者甚多，他非常有趣，他把画的画概置玻（璃）柜中，由人取索，不与人接洽，并与玻（璃）柜上大书，'齐白石已于三日前死去'，索画的无从会他。"[3] 同样，为了拒绝他人"索画"，齐白石亦无多余之"话术"，只写明自己三天前已死，并因此"不与人接洽"。那为何拒绝"倭人"时，却一方面声称自己已死，另一方面又说盖房而不卖画？

就此而言，《新阵地》提供的"齐白石不作倭人画"版本，应该与周

---

[1] 王五：《记艺人齐白石》，载《中外问题》1937年4月5日第十八卷第五期，第250页。
[2] "他的脾气很古怪孤僻，二十一年秋，音乐家杨仲子长国立艺专，聘了他任中画教授，发生风波，到暑假后再给他聘书的时候，他不予接受。后又杂于函中附陈，他在原函写了'齐白石已于民国二十一年九月二十五日死去矣'廿字。"在民：《记齐白石》，载《南宁民国日报》1944年7月14日第四版。
[3] 《从西洋艺术说到中国：齐白石对记者谈画——作画时修养，平生不开展览会；刘海粟洋味太深，徐悲鸿有望》专访之二，载《新新闻》1936年5月31日第10版。

作人之"塞外子卿"的错误一样，是基于抗战宣传的需要而疏于考证的文本。它强化了戏剧性冲突，对社会上流传的齐白石的几种信息——木匠出身、以"死亡声明"拒绝社交的乖离，以及画作深受日本人喜好的事实，进行了小说化的整合。值得注意的是，这一逻辑并不严谨的文本却为世人提供了"宁死也不卖画"的母本，并在各类文本中得到持续性地延展、衍生。虽然大量材料表明齐氏之日常生活并非如此，但仍然无法改变这一文本的演绎方向。之所以产生这种现象，一方面是因为信息流通并不迅达，另一方面也因为齐氏并无突出之投敌行状，没有周作人那样的"公共影响"。于是，无论齐白石在沦陷区的日常生活具体怎样，国统区则一直基于某些机缘延续着《新阵地》的逻辑，进一步深化了齐氏之民族大义。诸如1943年5月，徐悲鸿在重庆将所藏之齐画展于中国文艺社，并发文推介白石老人：

> 白石先生虽年逾古稀，从未稍懈其创作，国运其初的衰乱，形成他逃避的心境，读其金石字画，评味其诗词，念其生平努力之真诚，艺术是人格的发展，他的艺术是他人格高超的表现。[1]

基于徐悲鸿在国统区的政治交游，这一推介无疑推动了社会舆论对于齐白石的"接受"。徐氏之叙中，蜗居沦陷区的白石老人以其"逃避之心境"，坚守了自己的人格与艺术之"高超"。这在某种程度上呼应了国统区有关齐白石"宁死也不卖画"的民族主义形象。此后一年，《南宁民国日报》又专门刊登一篇有关白石老人的文章，对齐氏生平及艺术给予介绍

---

[1] 有关这次展览及徐悲鸿所发表的文章，在《齐白石年谱长编》及《齐白石辞典》中都有所记载，两者所录文字稍有区别。其中《齐白石辞典》的"徐悲鸿"词条记："民国三十二年五月，在重庆应中国文艺社之邀，将所藏齐白石画50余幅于该社公开展出3日，并在《中央日报》发表题为《齐白石之艺术创作》一文：'白石先生虽年逾古稀，从未稍懈其创作，读其金石字画，评味其诗词，念其生平努力之真诚，艺术是人格的发展，他的艺术是他人格高超的表现。'"（《齐白石辞典》编纂委员会：《齐白石辞典》，中华书局，2004年，第101页）《齐白石年谱长编》在"一九四三年"中记："四月二十七日（公历五月三十日），《中央日报》（重庆版）发表徐悲鸿文《齐白石之艺术创作》称：'白石先生虽年逾古稀，从未稍懈其创作，国运其初的衰乱，形成他逃避的心境，读其金石字画，评味其诗词，念其生平努力之真诚，艺术是人格的发展，他的艺术是他人格高超的表现。'"（禹尚良、罗菌：《齐白石年谱长编》，载刘振涛、禹尚良、舒俊杰主编：《齐白石研究大全》，湖南师范大学出版社，1994年，第121页）

后，便用"决不卖画给日本鬼子"作为结束语：

> 听闻七七事变的时候，白石曾写熊先生信说了："□□□决不卖画给日本鬼子！"□□愿祝福齐先生无恙，齐先生□□□也无恙。[1]

由此可见，抗战胜利后出现齐白石以"不卖画"表达抗争的形象，并非突兀，而是有着国统区社会舆论的"历史渊源"。但北平沦陷的八年时间中，齐白石真的"不卖画给日本鬼子"吗？事实并非如此：

> 说起齐白石凡中国中上流的人物大都听惯了吧！在中国能大名盛传，或许不足为奇，而日本文化界的人士，对中国这位画坛怪杰齐白石，也许有相当的景仰，甚而或视作现代中国画代表的画伯；不信，请以近三年来实际情形来说，齐先生门上虽贴着大红的"停止卖画"大字条，而每年仍售出二三千幅画，差不多八九成的主顾是日本朝野人士，由此可见日本人士对他的画功（工），有超乎常情的爱好。但是，比较普通一些的友邦侨民，和中国普通人一样，一时很难购置到一幅"白石齐璜"的真画呢！[2]（图47）

图47 《华文大阪每日》报道《当代中国画坛怪杰齐白石先生》

图48 《华文大阪每日》1941年5月1日第6卷第9期第61号封面

---

1 在民：《记齐白石》，载《南宁民国日报》1944年7月14日第四版。
2 白衣：《当代中国画坛怪杰齐白石先生》，载《华文大阪每日》1941年5月1日第6卷第9期第61号，第14页。

这是《华文大阪每日》1941年5月有关齐白石的一次报道。它为我们提供的"信息"与国统区的"版本"截然不同。这份沦陷区文本中,齐白石不仅没有"决不卖画给日本鬼子",甚至相反,他的"八九成的主顾是日本朝野人士"。《华文大阪每日》是大阪每日新闻社1938年创刊的中文杂志,带有日伪官方之属性。有关齐白石的采访,是由白衣与王青芳共同完成。"白衣"应为笔名,乃采访主体并完成文字稿;王青芳陪同采访,并完成齐氏木刻版画的头像。有趣的是,他们正是此前不久《华文大阪每日》采访周作人的作者。[1] 由此可见,白衣、王青芳的组合和《华文大阪每日》的合作,不是偶然的"意外"。那么,对这次采访背后的《华文大阪每日》,齐白石是否有所了解呢?答案,隐藏在历史的是是非非中,难以确凿。但有一点可以肯定,报道齐白石的这期杂志封面,赫然印着一张普通民众夹道欢迎日军进城的照片。(图48)显然,这是沦陷区政府试图建构的意识形态——中日亲善。当齐白石翻阅这本有着自己专访的杂志时,当作何想?对自己在中日亲善的宣传运动中充当何种角色,他有所警觉吗?答案,依然不可确凿。就他与王青芳此后的交往而言,白石老人对此并无道德之芥蒂。

在这篇王青芳参与的报道中,作者注意到白石老人宣称"停止卖画"却"大卖特卖"的矛盾,并以《说谎专家》《北京怪人》为小标题,给予解释:

> 白石翁生性倔强,而天性耿直,不过因其耿直倔强人们给他起个外号,称作"北京怪人",因其是,怪有时也不免要说几句谎话。试看他们(门)上贴着"停止卖画"的字条,而每年卖出的画凡三千幅左右,简直比卖画铺收入还多。我和青芳同请问他的高龄,他很安详地回答,已八十二岁了,而且还像在计算,森然先生为他作传,也上了他说谎的当,所以推作生于咸丰九年[巳(己)未一八五九],后来据他的老友杨秘书说,他是癸亥(同治二年)生,今年是七十九

---

[1] 《华文大阪每日》1941年3月1日第6卷第5期第57号,第6页,刊登了署名"白衣",并由王青芳作周作人木刻头像版画的采访稿——《华北教育总署办周作人先生》。

岁，并且举了好多例证，可见这老人有些不诚实。再看民国二十一年秋，平大艺院院长杨仲子聘请白石为中画系教授，未受聘书，又送去，仍是璧还，最后另置普通信封中送去，待觉察后，信差已去，乃恚极，疾书二十字于书端璧还，其文为："齐白石已于国民（民国）二十一年九月二十五日死去矣"云，当时报章胜（盛）传，认为怪谈，实则老翁当面说谎也。又凡不知趋之来宾访往，常有"白石老人，心病复发，停止见客"而受奚落者。[1]

以"说谎专家"称呼齐白石看似不敬，然细读其文却不然。这篇报道对齐白石并无任何之恶意，所谓"不卖画的谎言"不过是被视作性格耿直古怪的表现，与齐氏宣称死亡以及篡改年龄等"艺林趣事"相似。或可说，齐白石不卖画的事在当时沦陷区只是一个"公开的谎言"。以至老人自己似乎都不以为然：采访中，他虽挂着"停止卖画"的招牌，却毫不忌讳与来访者讨论"纸贵画贱"的生意经。[2]

挂着"不卖画"的招牌却大肆卖画，对齐白石而言没有什么心理负担。1942 年《杂志》刊发的一篇《九九翁齐白石》，又从一个陌生买画人的视角为我们展现了白石老人从事卖画生意时的自然与坦荡：

> 打门半晌之后，出来了一位驼背的人，说明来意，经他进去通报了主人之后，我们被迎接到一个小庭院里，一位老者从睡着的藤椅上慢慢的（地）站起来（正是在画像中看到的白石老人），他正在小病中，我们看到他的神情是健实的而又带着衰老。这时暮色沉沉，应该是掌灯的时分，但是并未上灯，桌上放着吃剩的晚餐，朴实简陋，简直是农家的光景。从薄暮到黄昏，我和 T 君穿街走巷，到这暗胡同

---

[1] 白衣：《当代中国画坛怪杰齐白石先生》，载《华文大阪每日》1941 年 5 月 1 日第 6 卷第 9 期第 61 号，第 15 页。
[2] "在让喝茶，吃糖果以后，他们三句不离本行，竟和青芳谈起纸贵，画贱等问题，竟使我忘掉了进门时的疑虑，觉得这次访问，较其他更觉得真诚，和平。题外，我加入了几句，就是厂甸画棚中齐白石画的真假问题，他说：'都是假的，厂甸卖画的人那（哪）里出得了我的润格？'青芳以为：'他们揣摩的（得）很像，现在图章可以照相制版，益辨不出真假，然笔法，神气，还是分别得出来。'齐氏频频点首称然。"（白衣：《当代中国画坛怪杰齐白石先生》，载《华文大阪每日》1941 年 5 月 1 日第 6 卷第 9 期第 61 号，第 14 页）

里（也可说是陋巷），寻访到这位老艺人，他果然是古稀的龙钟的姿态了。我们简单的寒暄数语，致其敬仰之辞，就直率的求画，他问我们要四尺的还是六尺的，画例定价二十元一尺；他又问我们要画什么内容？我们说明每人要一幅六尺的，希望画的是生物。

"本来二十元一尺，应该是一百二十元一幅。但你们是从上海来的，我特别优待，每幅少算二十元好啦。"

我们道谢。他又问明应该如何题款，又付了画例的一部分，约定了取件的时间，就告辞了。[1]

这则文献，堪称对作为"生意人"行于世的"齐白石"最直观的描写。虽然这一天他"正在小病中"，然听闻陌生人的"购画"意图，还是欣然接待了来客。简短沟通后，齐白石没有任何忸怩之态，直接就画的尺寸、题材及价格进行了干净利落的"交流"，主动给予"每幅二十元"的"优待"，收取定金并确认了题款与取件时间。言行之间，老练直率的"生意经"令人印象深刻，以至买画人出门后感慨：

卖画如做生意经，直截了当，开价点货，毫不客气。虽然我和T君的态度是十分恭敬谦抑，但是他老先生既不像艺术大师之流的扭捏作态，也没有一般诗人学者会见客人时那种会心的表现，或者甚（什）么柔和的言辞。他简单，明了，卖画是他的职业，他也不理会买画的人究竟是否懂画？有人说他脾气古怪，恐怕古怪就在这里。因为他不虚伪，只有老老实实的直率，他的感情，寄托在他的艺事上的吧。[2]

面对"直截了当"的"生意经"，来客将齐氏之"职业性"区别于"艺术大师"和"诗人学者"，赞赏他"直率而不虚伪"，并认为这也是外界"说他脾气古怪"的原因之所在。可即便如此，这次买画经历还是让

---

[1] 君匡：《古城的迟暮·九九翁齐白石》，载《杂志》1942年11月10日复刊第4号，第46页。
[2] 君匡：《古城的迟暮·九九翁齐白石》，载《杂志》1942年11月10日复刊第4号，第46-47页。

来客颇感"意外",以至用到"虽然……但是"的转折句。"虽然我和T君的态度是十分恭敬谦抑",表明他们拜访的最初预期还是惯常意义上的与艺术大师、诗人学者的交往。但白石老人的"反馈"却完全不合"预期",终使来者明白了他的"脾气古怪"。此中之所谓"脾气古怪",并非一般性的"性格乖离",而指齐白石与人的交往违背了传统文人的"行为惯例",使既定价值判断难以生效。诸如,文人"交往"通常被认为是温文尔雅且耻于言利。表面上,这只是一种行为规范。实际上,它却是传统文人关乎"自我身份"的界定,是其社会伦理形象的"表达"。虽然民国时期,基于政权参与者的文人体系已然瓦解,但新的知识阶层在道德理念上仍然继承了过去的惯识,并成为旧伦理的新代表。恰如胡适的西装革履,并没有改变他的日常伦理。民国知识界对道德规训下的"身份认知",依旧持有近乎传统的价值判断。而君子不言利,正是其中最为基础的"规训"之一。但齐白石对此却是"漠视"的。他的"直截了当,开价点货",犹如冲进瓷器店的大象,将"卖画"本该有的"斯文"一扫落地,破碎不堪。这使得旁观者不得不用"脾气古怪"来评价他,以面对作为"艺术大师"的白石老人。

想来,齐白石当年对这一评价是有所耳闻的。但他并不以为然,仍一如既往地"卖画如做生意经"。在他看来,卖画应是一种去除道德绑架的商业行为,无须和文人价值体系所赋予的"规训"相联系。甚至,他早年就曾接受"卖画不题款"的"羞辱":

> 也有一批势利鬼,看不起我是木匠出身,画是要我画了,却不要我题款。好像是:画是风雅的东西,我是算不得斯文中人,不是斯文人,不配题风雅画。我明白他们的意思,觉得很可笑,本来不愿意跟他们打交道,只是为了挣钱吃饭,我也就不去计较这些。他们既不少给我钱,题不题款,我倒并不在意。[1]

这是白石老人多年后的回忆,讲述了他的早年"遭遇"。虽没有提供

---

[1] 齐璜口述,张次溪笔录:《白石老人自传》,人民美术出版社,1962年,第35页。

太多细节，但"画画不能题款"及其应对方式的主要情节却是清晰的。在自己画作上不能题款，今天看来令人奇怪，但在文人掌握审美话语权之前，却是正常不过的事情。甚至宋人画作会故意避免个人题款而选择藏款。无款画作的阅读是纯粹的视觉机制，它关注的是画面本身所能提供的"审美之境"，无关作者是谁抑或主题引发的"特定联想"。但在文人建构的阅读体验中，这显然不够完备。因为他们不仅要添加作者的姓名，还要将创作的"特定联想"以题跋方式加以"书写"。与之相应，有款画作的阅读便不再是单纯的视觉审美，而是兼带社会性与文学性的综合阅读。显然，作者的社会声望及题跋的文学修养都会影响观者对于作品的理解、接受。这使得绘画不只是简单的视觉对象，还成为社会化权力结构的显现对象。毫无疑问，这一转变巧妙地利用了文人在中国社会中的特殊地位，并进一步强化了他们的话语权。而齐白石口中的"斯文人"与"风雅画"的配对关系，正指向这种权力结构。

齐白石因木匠出身而被"剥夺"题款权，不仅是文人评判系统对他的一次"羞辱"，更是对他进阶文人群体的一次"蔑视"与"拒绝"。因为画作署名不仅影响了画作本身的被阅读，同时也是作者作为"文人"的一次声名塑造——"署名"作品的流通数量，会在一定程度上影响作者之社会身份的建构。对此，齐白石不会不明白。因此当他遭遇不公时，其内心又当如何？今天的我们凭其晚年"回忆"已难能准确还原。不过就他用"势利鬼"称呼羞辱自己的人，齐白石应该还是有所芥蒂的。那么心有芥蒂的他，又是怎样"回应"这种有违"风雅画事"之基本准则的行为？"回忆"告诉我们，齐氏虽然觉得"势利鬼"很可笑，却也未曾回绝，并用世俗功用的视角"化解"了这种"羞辱"。或可说，他在被"剥夺"署名权的同时，也主动"剥夺"了文人系统赋予绘画的社会意义，并将它还原为单纯的谋生手段——"只是为了挣钱吃饭"。从某种角度看，这不仅是一次"化解"，还是一种"对抗"："他们既不少给我钱，题不题款，我倒并不在意。"与其说他真的"不在意"，不如说是用"蔑视"回击了"蔑视"。

白石老人的"蔑视"到底是回忆时的态度，还是事发当时的态度，今天已无法细辨。但与文化精英系统的"对抗性",在北平时期的齐白石身上,却时有发生。"人骂我我亦骂人"的题跋,恰是如此状态的显现之一。站在这样一个角度审视齐氏之"卖画如做生意经",他以"开价点货"的商贾面目"漠视"文人卖画的潜在规范,就不足为奇了。在他看来,卖画就是一种单纯的商业行为,无须附加更多的社会意义。其早年遭遇"题款不公"时如此,晚年功成名就时亦然。这种基于实用主义的最为朴素的卖画观念,在后世文本中却常基于社会意义的需要而发生"异化"。抗战中不卖画与民族主义的联系,是为一例;所谓"画不卖官家"与人格操守的联系,亦为一例。

有关齐白石不向官家卖画的说法,并非毫无由来。今天广为流传的"表述",其实源自1942年的一张"告白"。这张已被视为书法作品的"告白",现藏上海文物商店,开篇赫然写着"画不卖与官家,窃恐不祥"。但若仔细分辨,这句被人引用最多的话是一段"告白"完成后添加的"即兴之语"。有趣的是,这段"告白"不仅有着上海文物商店的"壬午(1942)"之作,还有北京画院藏的一张"庚辰(1940)"条幅。庚辰版没有壬午版开篇的即兴书写,但结尾处多了句"谨此告知,恕不接见"。(图49、图50)

> 中外官长要买白石之画者,用代表人可矣,不必亲驾到门。从来官不入民家,官入民家,主人不利。谨此告知。恕不接见。庚辰正月八十老人白石拜白。[1]

将庚辰版与壬午版并置,观者会很容易发现:前者更符合一件书法作品的"谋篇布局",落款方式也更正式;后者近乎便签书写,尤其开篇补写的"即兴之语"使右侧文字拥挤、局促,落款更缺乏构思而尽显随意。为什么要分析这两版"告白"的书写状态?显然,更正式的"书写",代表了理性状态下的真实意图;随意的"书写"则往往显现了临时性的突发

---

[1] 上海文物商店藏壬午版全文:"画不卖与官家,窃恐不祥,告白。中外官长要买白石之画者,用代表人可也,不必亲驾到门。从来官不入民家,官入民家。主人不利。白石启。壬午。"

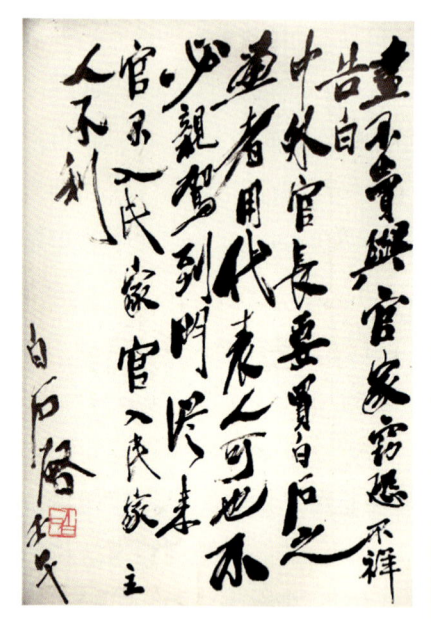

图 49 《自书告示》 壬午版 齐白石 上海文物商店藏

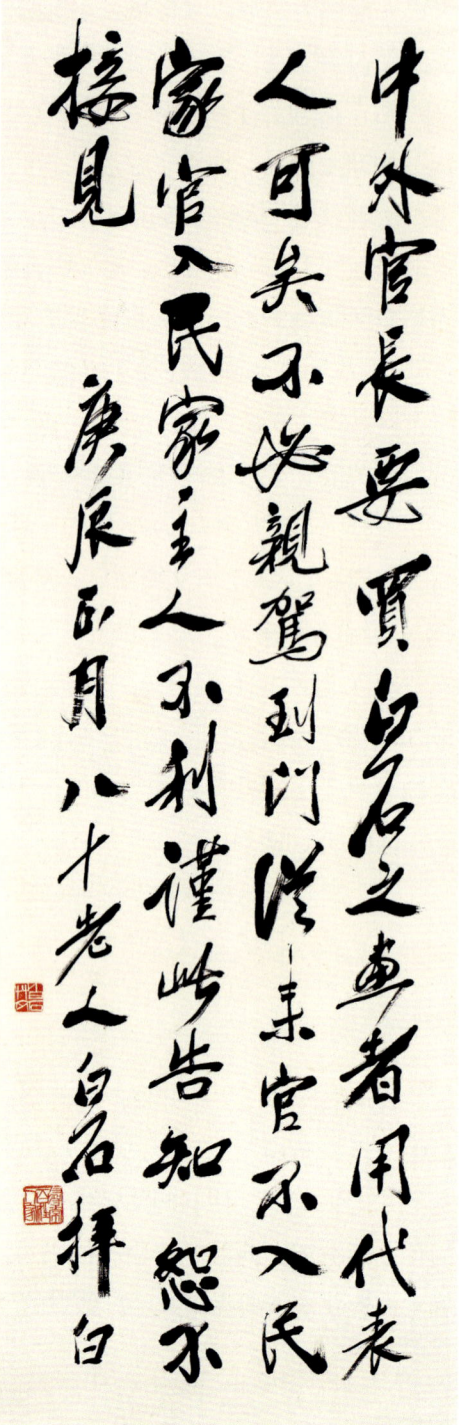

图 50 《自书告示》 庚辰版 齐白石 北京画院藏

意图。壬午版属于后者，甚至还因此产生语义之矛盾与冲突："画不卖与官家"与"中外官长要买白石之画者，用代表人可矣"。在意义表达上可谓矛盾：到底是卖给官家，还是不卖给官家呢？单就字面而言，答案不能确定。后世文本对壬午版断章取义，只引用临时添加的"即兴之语"，并以此建构"不卖画"所隐喻的人格操守。但只要稍微研究壬午版原件，就会发现：这种行为与操守之间的"建构"，不仅主观而且武断。

应该说，庚辰版以更为正式的书写方式表白了齐白石的真实意图：不是不卖给官家，而是希望他们用代表人洽谈，他仅是不愿"接见"具有官家身份的买家。至于为何如此，两份"告白"都没有直接的答案。结合齐氏卖画的其他文献，我们或能大致找到"解释线索"。诸如一份"自书润例"曾言："白求及短减润金赊欠退换交换诸君，从此谅之，不必见面，恐触病急。"[1] 在卖画过程中，齐白石最在意的是不按润格付钱的行为，对这些可能破坏市场原则的人，他的态度是"不必见面"。这与庚辰版"告白"的"恕不接见"极为相似。那么，齐白石何以用对待破坏市场原则之人的方式来对待"官家"？答案可能是，庚辰、壬午前后，他遇到了不按"规矩"买画的官员。与这样的权力拥有者面谈卖画事宜，他难能"随心所欲"。于是他试图以"官入民家，主人不利"之类的话语，拒绝类似情形的出现。至于壬午版"告白"在写完既定内容后还额外添加更为绝对的言语——"画不卖与官家，窃恐不祥"，则是对"主人不利"这样的迷信说法的"复述"，以进一步强化"恕不接见"的合法性。

无论庚辰版还是壬午版，齐氏"告白"都指向了一个事实：他并非拒绝卖画给官家，而是极力避免与他们见面洽谈。再者，两份"告白"的预设读者是"中外官长"，结合当时北京的政治现实，他所谓的"官长"应指日伪官员。于是，我们尴尬地发现：这两份"告白"不仅不是齐白石不向"官家"卖画的证据，甚至成为他向日本官员卖画的证据。如此反转之"理解"，足以令断章取义的后世文本惊诧不已。显然，这与他们力图塑造的"齐白石"相差甚远。那么问题在哪呢？问题在于：齐氏卖画是一种剔

---

[1] 黑衣（王森然）：《人物志：齐白石》，载《实报半月刊》1935年12月16日第5期，第24页。

除道德隐喻的市场行为，是单纯的经济行为。无论后世文本，还是彼时之国统区文本，都对这种并不复杂的"行为"进行了"叙事编辑"，以塑造符合他们在意识形态领域试图打造的"齐白石"。是以，日常生活与文本叙事出现了不同的"齐白石"：具有经济合理性的齐白石和具有道德合法性的齐白石。"他们"在抗战时期直接表现为沦陷区、国统区完全不同的形象塑造。如果说，这两种"齐白石"具有一定的博弈关系，那么在抗战胜利后的民族主义话术的引导下，国统区具有道德合法性的齐白石逐渐成为主流，并影响了后世文本的发生逻辑。在此线索之下，日常生活中遵循经济原则的"齐白石"越来越幽暗不明，以至今人所认知的"齐白石"与曾经生活于世的"齐白石"，隔膜日深。

第四幕　传统与现代的纠缠

  关良早年留学日本，归国后成为推动现代艺术的重要画家，晚年却以水墨人物画著称。他在 20 世纪画坛被赋予的文化角色，常被描述为看似对立的身份：前期现代主义开拓者、后期传统回归者。其间差异被视作因政治现实变化而发生的"改弦易辙"。本片段从"双重身份"的后世文本入手，通过辨析早年、晚年关于现代、传统的转折句式，认为现代、传统在关良的认知结构中并非不兼容。相反，通过形式语言为着眼点的认知方式、简繁关系为基础的判断逻辑，传统、现代在兼容状态中获得了"知识的折叠"。这种经验向我们表明：文化碰撞不是简单对抗的"零和博弈"。看似不同的资源存在细微、蜿蜒的认知孔隙，并形成相互包容的交错关系。新的历史主体可在幽微的缝隙中获得策略化均衡，使"博弈关系"从紧张对抗转变为互动生长。

第 1 场

身份的"陷阱"

关良在20世纪画坛，常被描述为两种看似对立的身份：现代主义开拓者、传统回归者。对此，人们或以后者覆盖前者，遗忘他曾经的激进，或将此视为对政治现实的无奈接受。"或许20世纪50年代后的关良应该不会为自己青春时代的选择而感到后悔，但会对他当时所处的年代感到茫然，毕竟50年代以前他一直就是一个坚定的现代主义者，但当50年代以后的时局需要属于自己的美术构件时，他只能默默地接受。"[1] 亦有学者将"后者"视作某种文化宿命："关良、丁衍庸尽管在50年代以后分别在两种不同的政治情景中生活，但他们都选择了顶礼传统作为自己最后的精神归宿。"[2] 然而，类似的阐释都忽略了一个事实，即关良最迟在1927年，就进行了水墨戏曲人物画的创作。[3] 这一年，他年未三十，刚留学归国五

---

[1] 陈建宏：《民国时期关良的现代主义绘画观》，载《美术学报》2012年第3期。文章结尾，陈建宏在前引"时局决定论"之外，还提供了另外一种观点："近现代中国知识分子当他所心仪的西方改革方案在中国遇到挫折时，许多人会有策略地以中国传统的盾牌来伪装他的理想并试图东山再起，一些在激进时遭到唾弃的传统元素便有可能成为他们青睐的对象，毕竟受到社会多数人的认同是一种非常明智的维持自我学术理想的选择。"由于该文主题是"民国时期关良的现代主义绘画观"，所以对关良前后"身份分裂"时所涉及的两种观点，仅一笔而过，未曾深入。应该说，在陈建宏为我们提供的两种观点中，后者更值得关注。相对"时局决定论"的简单化，后者注意到了"前后文化述求"之间的互通性。然而遗憾的是，该文关于"互通性"的表述，并没有摆脱二元对立的思维方式，仍将"前后关系"理解为"受挫之后的策略化伪装"。

[2] 李伟铭：《寻找"失踪者"的踪迹：谭华牧（1895—1976）及其绘画——兼论现代主义在20世纪中国美术历史中的命运》，转引自陈建宏：《民国时期关良的现代主义绘画观》，载《美术学报》2012年第3期。

[3] 《关良回忆录》中发表了关良早年创作并由崔然题的水墨戏曲人物画。见关良自述，陆关发整理：《关良回忆录》，上海书画出版社，1984年，第60页。

年，正是出演"现代主义开拓者"的状态。如果关良的身份之变，源于政治时局，或晚年文化选择，那么二十八岁的关良何以就已然投身传统？

将关良之所谓"分裂"结合 20 世纪政治史加以描述，或是一种便捷的叙事方式。它很容易辨析早期现代主义者发生"转变"的历史动因：

> 现代主义在 20 世纪中国的命运是一出令人感慨万千的悲喜剧！除了少数曾经追随鲁迅投身于左翼文艺运动的版画艺术家由于某种得天独厚的机缘仍然没有放弃刻刀，其他在民国年间曾经致力于推动美术领域的现代主义运动的艺术家在 50 年代以后几乎都改弦易辙。[1]

这里的"改弦易辙"，隐含了一种前提：文化选择存在对立的二元，会有不同条件下的"改变"。"50 年代"暗示了改变与政治的关系。为文化事件确定政治背景并构建因果论是我们熟知的分析机制，可以迅速地建立文化现象与历史现实"一一对应"的知识谱系。它通常将文化现象呈现为二元对立中的"一元"，进而寻找"辩证逻辑"。然而，历史场域中是否真的存在着这般对立的"二元"？关良的选择，真是改弦易辙？如果是，我们又将怎样面对他 1927 年创作的水墨戏曲人物画？（图 51）

关良的早期水墨画作品[2]（图 52），使后世叙事之"改弦易辙"说遭遇质疑，因为并不存在一个满足分析的"关良"——前后分歧巨大以至"改弦易辙"。早在 50 年代以前，关良在推动现代主义绘画的同时，就涉及水墨戏曲人物画。现代与传统并非关良不同阶段的历史选择。关于政治现实与文化选择之间的因果关系，是缺乏根据的历史想象。真实的"关良"，在历史幽暗处静静地反驳"分期描述"，以及由此推演的 20 世纪现

---

[1] 李伟铭：《寻找"失踪者"的踪迹：谭华牧（1895—1976）及其绘画——兼论现代主义在 20 世纪中国美术历史中的命运》，转引自陈建宏：《民国时期关良的现代主义绘画观》，载《美术学报》2012 年第 3 期。

[2] 关良早期的水墨画创作相对而言不为人重视。正如将晚年关良视为水墨画家时，往往会忽略他早期的现代主义油画创作。就现有资料看，关良很早就涉及水墨画创作，除上述《关良回忆录》出现的 1927 年作品，北京画院 2015 年举办的关良画展，经由蔡涛整理倪贻德遗物发现并提供的两张关良 1939 年题赠倪贻德的作品，也是关良早期水墨画创作的重要实物。同为现代主义推手，关良与倪贻德的友谊象征——书画馈赠，却是传统题材的水墨戏曲人物，值得我们仔细品味。相关资料见北京画院编：《高妙传神——关良绘画艺术研究》，广西美术出版社，2015 年，第 231 页。

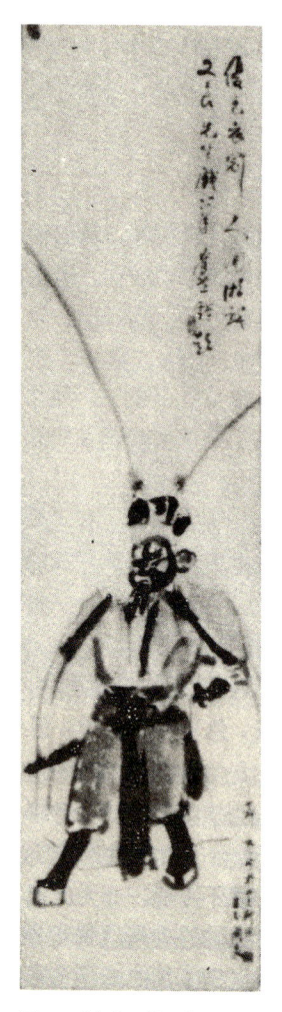

图51 《戏曲人物画》 关良　　　　　　　　图52 《游龙戏凤》 关良赠倪贻德 纸本水墨 1939年

代主义的历史宿命。

　　当然，现代与传统无论历时或共时，"关良"都触碰了一个老生常谈的概念：中西与古今。它们通常构建出中与西、古与今两组"对立"，成为很多判断的隐藏前提，衍生大量分析话语。诸如，将涉猎西方绘画的中国画家视作"以西润中"，或反向称作"以中变西"等。这些论述看上去不存在问题——只要动用了这两种资源的画家都可以被归纳以论之。深入探究，发现它们似乎对所有人有效。于是，分析就止步在宏观叙事的"正确"：即不同的画家都终结于基本一致的时代描述。我们可将这种分析视为一种模型：针对自然个体进行历史观照，让"自然人"变成"历史人"。或许这也是诸多研究的目标之一。然而问题在于："自然人"走进的历史，是怎样的历史？是后世假定的宏观逻辑，还是个体经验的世界？显然，二元对立的"隐藏前提"，带来了假定的历史框架，并因此遮蔽与框架不符的细节。正如关良的身份，若从"前后转变"出发，忽略其早年的水墨戏曲人物画就成为分析的内在需要。与之相应，那个"历史化"的自然人，就成了分析需要的"历史人"，而非经验中的"个体"。其实，不仅研究者容易如此，就连当事人也经常这样。关良谈及自己的戏曲人物画时，曾经说：

> 回想我开始试画京剧人物画时，真有如临险境之感，有人讪笑，有人鄙夷。但是我想，过去戏剧这一题材之所以没有人来画，是因为艺人没有地位，被人认为戏剧不能登大雅之堂的缘故。文人画家不屑画它，大概生怕有失身份（近代任伯年画过几张，也自嘲为"戏笔"）。封建落后的偏见世俗，启发了我为之创业的道路，而且路越走越宽。[1]

这段文字为读者塑造了早年即有明确判断，遭遇否定依然坚持的"关良"。事实果真如此吗？在他的另一段回忆中，我们又看到因个人兴趣而创作的"版本"：

> 由于小时候受南京"两广会馆"小舞台的熏陶，我对京剧特别有好感。我深深地觉得中国的京剧这一戏曲艺术，也可称得上我们民族文化中的一块瑰宝，它不但凝聚了千百年来民族文化的精萃（粹），而且也反映着中国人民的才华和智慧。这也就是后人常问我，为什么身为一个广东人竟会特别喜欢京剧的原因。我在教课之余经常去看戏，"大舞台""共舞台""天蟾舞台""亦舞台"这些地方常常有我的足迹。每次去看戏时我总带着速写本，尽量记录这些人物的音容笑貌、神情姿态。回到家里又试着在宣纸上进行整理速写。[2]

---

[1] 关良自述，陆关发整理：《关良回忆录》，上海书画出版社，1984年，第86页。类似论述见关良1956年12月在《美术》发表的《京剧水墨画》："在旧社会里，所以有这种贫乏的现象是毫不足怪的，因为京剧正和其它（他）各种技艺一样，是遭受到迫害和轻视的。在当时如果要采用这种题材作画，自然是不登大雅之堂，不入时贤之眼的了。为了弥补这一点，我就开始了京剧水墨画的创作。"

[2] 关良自述，陆关发整理：《关良回忆录》，上海书画出版社，1984年，第56-57页。

两个版本差异明显。相对"认知偏见—越挫越勇—越走越宽",后者提供了"幼年兴趣—课余看戏—速写记录—水墨整理"的不同表述,使读者更容易体验到细节。联系20年代关良的工作、生活,这些细节真实、可感。当时的关良因兴趣而课余看戏,因训练习惯而画速写人物,加之与国画家的交往,尝试"在宣纸上进行整理速写",似乎更为真切。其中,"整理速写"暗示其水墨人物画的发生,并非预设逻辑下的行为,而是创作练习中的自发行动。换句话说,这两个自述版本的不同在于:一个将自己置于预设逻辑之下,塑造出主动的艺术革新者的形象;一个将自己置于具体的生活情境中,塑造出个体化的经历者的形象。关良的"回忆",为我们塑造了不同的"关良"。

两个"关良"皆为自述,孰真孰假已然不重要。人的回忆不具有确凿的客观性,往往呈现为某种"追述逻辑",即回忆者据新近认知以重构往事,使之吻合回忆之需要。[1] 此时,往事并非往事本身,而是新的叙述框架下的"往事"。对过去信息进行的编辑也不一定真实,但却能体现出回忆者的认知模型。关良有关水墨人物画的不同表述,正是如此。其中,具有价值判断的"革新论",隐藏了晚年关良看待自身的逻辑:古与今的发展体现为封建落后文化与反封建进步文化对立中的革新。将自己放到这一框架中,那种越挫越勇的精神就具备了文化前瞻性,带有先知色彩的"历史人"因此确立。另一段不带判断性的细节回忆,水墨人物画源自"整理速写"的随机性,则不具有类似构建能力。将"随机性"表述为"预设性",即是回忆行为经常会发生的"编辑动作"。有趣的是,这与后人研究关良的"预设逻辑"如出一辙:以假定的隐藏结构编辑历史,使之符合分析的需要。关良将自己表述为"越挫越勇",如此;后人将关良视作"改弦易辙",亦如此。

---

[1] 当然,"追述逻辑"也有显性与隐性之别。显性者,多表现为出于某种目的的主观改造,其"追述逻辑"较为明显,会对事实进行主动编辑;隐性者,在主观上并不试图改变过去。但由于时间带来的细节遗忘等原因,过去信息不能够显现为连续的逻辑化记忆,从而在新的表述中不得不动用新近认知模型对往事加以整理、处理,进而成为新的逻辑化表述。关于这一看法,亦可参见本书《文本中的公共形象》中的相关论述。

那么，若无法用"改弦易辙"，我们又该如何面对看似对立的现代与传统之间的选择？回答这个问题，还是要正视关良早期水墨人物画创作。它们在关良艺术历程中，与现代主义几乎同期发生。将其分裂为时间序列，视之为时代变迁下的"改弦易辙"，则是后世的"编辑"。之所以会这样，答案隐藏在"分期描述"的前提下：今人之认知中，现代、传统通常是二元对立的文化选择，因此很难理解一个人同时具备两种选择。故而需要忽略关良早期水墨作品，以便将现代主义与传统水墨分置于两个时间段，并于政治现实相对应。令人尴尬的是，关良无视后人理解，做出了"兼具"的选择。逻辑上看，要么接受他是"同期分裂"的特例，要么忽略其早期水墨作品，视其为不同时间的选择。很多研究者正是遵循后者以构建出"改弦易辙"之话语。然而问题在于：除了这两种认识，还有无其他可能？如果有，关键何在？

显然，在中西、古今对立之下，传统与现代无法兼容，处于"零和状态"。20世纪文化研究的线性逻辑，多基于此。但历史发展中，各种文化观念虽存在着某种"博弈"，却非零和关系，而多策略化之均衡关系。"现代主义"与"中国传统"，亦如此。需指出的是，"现代与传统"是时人认知中的概念，与其源生意义有所不同。也即，关良的现代与传统，指关良认知中的现代与传统。如果以此审视两者兼具的选择，我们会发现"不兼容"只是后世表述的需要，与关良无关。

将关良对现代、传统的论述进行"句式结构"分析，或可为问题提供新的角度。[1] 1925年12月9日，关良在《申报·艺术界》发表了名为《艺术的还原性》的文章。关于现代艺术，他给予如下论述：（图53）

> 我们认定单纯化是现代艺术的顶点，此种作品的构图、色彩、笔触、线条等，初时看来，似得很为幼稚。若以精细眼光再细地观察

---

[1] 下文之句式结构分析，所用符号"p、q、r"为逻辑分析中的通用符号。其中"p""q"指句子中的命题，"r"指构成转折逻辑的条件。另，"s、v"为语法结构分析中的通用符号。其中"s"指主语，"v"指谓语。为便于将转折逻辑与语法结构结合在一起分析，本书对这些符号进行了新的组合使用。需要指出的是，符号的组合使用是符号原意的叠加关系，并不产生新的"符号组"的特定意义。之所以采用这一分析方法，是为了便于揭示：前后相差数十年看似无关的语言运用，其内在的语义生产结构完全一致。而一致的语义生产结构，显现了一致的认知逻辑。

下去，就发现构图的精密、色彩的厚味、笔触的老练、线条的趣味，并含着伟大的魅力，能把观众的心灵抓住，这就是单纯化艺术的价值了。[1]

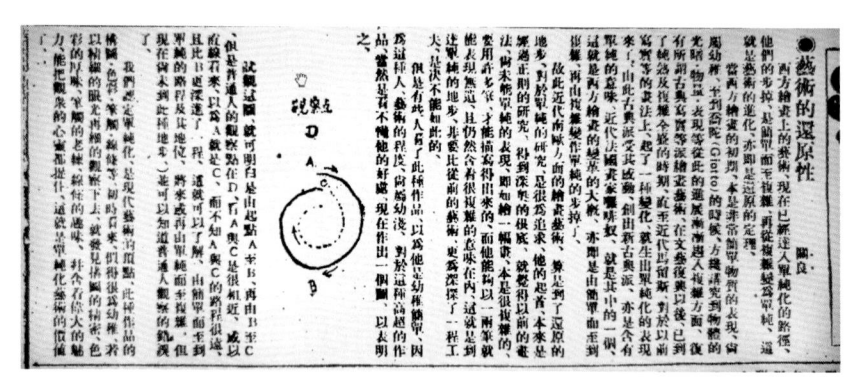

图53 关良《艺术的还原性》，载《申报》1925年12月9日报道

整个语段隐含一个没有转折连词的"同主异谓"转折句：绘画形式（构图、色彩、笔触、线条等）从"幼稚"到"伟大的魅力"（精密、厚味、老练、趣味）的转折。如果用 p 代表第一个命题（很为幼稚），用 q 代表第二个命题（含着伟大魅力）。P 和 q 的关系是一种蕴涵对立，即 p 蕴涵了 ¬q。这种关系可表达为 p→¬q（如果 p 则非 q），也即"绘画形式很为幼稚，则没有伟大魅力"。显然，这不是关良的表述目的。于是，一对关乎"看"的动词组（初时看来——若以精细眼光再细地观察）实现了句式转变。初看与细看是动作上的对立关系，也即一种否定。如果将否定关系的动作视作 p 的补充性条件 r，则句式转变为 (p∧r)→q，即 p 但是 q，因为 r。此时，句式表述成为一种转折关系。

(p∧r)→q 转折中，构成转折逻辑的不是连词或副词，而是动词。它造成句子语法结构的谓语与语义结构的谓语不一致。从语法结构看，句子谓语 (v) 由"初看""细看"构成，相应主语为动作的发出者。于是在 (p∧r)→q 转折句中，r 不仅作为 P 转折为 q 的充要条件，同时也是句子整体结构上的谓语 (rv)。其中，"初看"为 rv1，"细看"为 rv2，而其

---

[1] 关良：《艺术的还原性》，载《申报》1925年12月9日《艺术界》栏目。

主语则是省略了的动作发出者（rs）。所以有关"看"的动作句，没有省略主语的语法结构应该表达为（rs+rv1）+（rs+rv2）。然而，整个句子的转折语义却是由"初看""细看"引发的命题 p 与 q。它们表示为谓语符号，则分别是 pv 与 qv，其共同主语是"绘画形式"（pqs），故而由命题构成的语义结构，应该是（pqs+pv）+（pqs+qv）。经过省略组合，整句最终获得了 pqs+（rv1+pv）+（rv2+qv）的呈现形式，即：绘画形式（pqs）初看（rv1）很为幼稚（pv），细看（rv2）含有伟大魅力（qv）。

pqs+（rv1+pv）+（rv2+qv）中，认知发生首先找到 p 与 q（涵蕴关系）的价值性命题，即"很为幼稚"与"含着伟大的魅力"。针对主语 pqs（绘画形式），在没有 r 的条件下为 p；引入 r 的条件下，则转向 q。也即 pqs 获得何种判断，取决于 r（观看方式）。对关良而言，影响判断最关键的是 rv1（初看）与 rv2（细看）的差异。为什么（p∧r）→q 中作为条件的观看前提 r 如此重要？辨析 rv1 与 rv2，两者并非真值与假值关系，而是一种误解与理解的关系：rv1（初看）代表误解，rv2（细看）代表理解。也就是说，整个（p∧r）→q 的转折决定于"误解到理解"的认知逻辑。作为转折句构成的条件 r，恰是判断发生的语义逻辑链，也是认知行为的关键点。

"绘画形式"（pqs）在关良看来，何以容易被误解？背后存在怎样的认知？回答这个问题就要将作为主语的 pqs 再次还原，即关良为什么讨论 pqs？显然，pqs 之所以被讨论，因为它是理解西方现代艺术的途径。现代艺术在关良看来，是由"复杂回归简单"的单纯化艺术，"西方绘画上的艺术，现在已经达入单纯化的路径，他们的步调，是简单而至复杂，再从复杂变为单纯，这就是艺术的进化，亦即是还原的定理。"[1] 复杂，不太会被认为是"幼稚"，但从复杂进化而来的简单，却容易被忽视其"进化"而成为"幼稚"。基于此，关良在（p∧r）→q 中强调 r 作为前提的转折，正是强调通过 rv2 的深入观看，理解 pqs 背后"由复杂进化为简单"的经验。

---

[1] 关良：《艺术的还原性》，载《申报》1925 年 12 月 9 日《艺术界》栏目。

将这一句式结构对比晚年关良针对水墨人物画的表述：

  有人引用石涛的话来说："君子惟借古以开今也。"认为我画的戏剧人物，粗看无法，细看有法，匠心就在无法与有法之间，是一种创新。再综（纵）观古今名画，我发现"繁"与"简"、"写实"与"夸张"，以及国画中的多角透视，以拙胜巧等特殊关系，开始在我的头脑中逐渐清楚明朗起来。……我画戏剧人物经过反复推敲，终于摆脱了古法"十八描"程式的束缚，而运用自己的"钝、滞、涩、重"和"简"的刻意传神，"以少少许胜多多许"，成为具有"稚拙、率真"，所谓"不失其赤子之心"的一些特点。[1]

  关良对自身戏剧人物画的判断（是一种创新），类似论现代艺术的句式结构。整个语段分两部分，第一句话借他人之口做出判断，再从自己的角度分析判断的来源。其中，判断部分首先找到一对具有蕴涵关系的命题 p（无法）、q（有法），辅以两种对立的"看"（r）——"粗看""细看"构成转折，完成 (p ∧ r) → q 转折句。该句虽比前文分析的句子复杂，但内在逻辑一致。pqs 是"戏剧人物画"，rv1 是"粗看"，rv2 是"细看"，整句由 rv1、rv2 构成语法结构的谓语，由 p 与 q 两个命题构成语义结构的谓语（pv、qv）。最终，经省略组合获得 pqs+(rv1+pv)+(rv2+qv) 的呈现形式，即：戏剧人物画（pqs）粗看（rv1）无法（pv），细看（rv2）有法（qv）。

  两段论述前后相差数十年，讨论对象是看似不兼容的传统、现代，且早年论现代主义为书面写作，晚年谈水墨是口语采访，完全不同的语言驾驭方式，却使用了一致的句式结构，甚至实现转折的动词都一致，难道仅是巧合吗？如果将语言视作简单的表达工具，或能如此回答。但深入语言

---

[1] 关良语录，见北京画院编：《高妙传神——关良绘画艺术研究》，广西美术出版社，2015年，第96页。按：《高妙传神——关良绘画艺术研究》所录这段"关良语录"，摘自上海人民美术出版社2009年出版的《关良》之附录3——《画语录》（第331页）。据《关良》第340页《画语录》篇后注，这些文字摘自上海书画出版社1984年出版的由关良自述，陆关发整理的《关良回忆录》。也即，《画语录》是关良20世纪80年代谈论艺术的文字记录。值得指出的是，北京画院编《高妙传神——关良绘画艺术研究》时，负责文字编辑的乐祥海，曾专程就"摘录文字"拜访关良之子关汉兴，并得到后者的书面确认：这些摘录确为关良晚年论艺术的文字整理。

背后的认知机制，答案却完全不同。之所以针对传统、现代的讨论使用了一样的句式，原因是存在着相同的担心：基于形式简单性的误解。由此而来的 rv1——rv2 转折，则是相同的认知前提以及由此完成的"误解——理解"之转换。即，关良认为传统水墨画与现代艺术存在相同的认知误区：形式简单而看似幼稚、无法。所以他才会检讨"繁"与"简"、"写实"与"夸张"等概念，强调自己"钝、滞、涩、重"以及"简"的刻意传神。在实现整个句子的判断转折时，"以少少许胜多多许"恰似现代艺术之"繁简进化"。其实，类似的句式在关良语录中经常出现。诸如，"我从表现人物不同性格特征的需要出发，寥寥数笔，若不经心。迟滞、迂缓、艰涩、犹疑、或浓或淡、彩墨多屡杂不清，水分常溢于形外，疑似'信手涂鸦'，实乃'惨淡经营'。"[1] 实现转折的"疑似——实乃"正是"误解——理解"结构下逻辑性词语，与"粗看——细看"一致。"信手涂鸦"即"无法"，与现代艺术论中的"幼稚"相似；"惨淡经营"即"有法"，恰指精心营造的"伟大魅力"。该句支撑转折的逻辑也是一样：看似简单的形式，"寥寥数笔，若不经心"，却是"从表现人物不同性格特征的需要出发"。

将上述转折句之间的关联以表格方式呈现，可以得到更为直观的显现：（表1）

表 1　关良论述文本

讨论对象		关良论述文本		
		现代	传统	
pqs		绘画形式	戏剧人物画	人物表现
p		很为幼稚	无法	信手涂鸦
q		含有伟大魅力	有法	惨淡经营
r	rv1	初时看来	粗看	疑似
	rv2	若以精细眼光再细地观察	细看	实乃
转折句式		$(p \wedge r) \to q$		
句式呈现		pqs + (rv1 + pv) + (rv2 + qv)		

---

[1] 关良语录，见北京画院编：《高妙传神——关良绘画艺术研究》，广西美术出版社，2015 年，第 120 页。按：该书所录的这段"关良语录"，亦摘自上海人民美术出版社 2009 年出版的《关良》之附录 3——《画语录》。

转折句表面上是言语链，实际却存在一个支配表达的语义结构，是建立在言语链上的逻辑链。关良对现代艺术、传统水墨的"转折"，"从误解到理解"的路径清晰可辨，支撑转折的判断（形式语言繁与简的关系）相似。这种隐藏在言语背后的认知逻辑相隔数十年不变，并非巧合。而且，言语背后的认知逻辑往往是表述者潜意识中的前提，一般不受表述目的干扰而成为"刻意"。那么，不是刻意也不是巧合，"一致的语义结构、一致的认知逻辑"说明什么？回答这个问题，"误解——理解"最为关键。"误解"何在？"理解"何谓？是厘清关良眼中"现代与传统"的关键。针对表1"转折内容"，结合"误解——理解"，我们可以归纳关良的三个判断句：一、（现代艺术）看上去幼稚（误解），实际上具有伟大的魅力（理解）；二、（关良的画）看上去无法（误解），实际上有法（理解）；三、（关良的画）看上去信手涂鸦（误解），实际上惨淡经营（理解）。那么在这组判断中，对象何以被误解？误解发生在什么方面，以至于需要专门强调？

关良认为现代艺术的特征是"单纯化"，是"简单——复杂——简单"的进化结果。其构图、色彩、笔触、线条等形式语言，处于看似简单的状态。相对"再现"之复杂，这种简单容易被误解为"幼稚"。所以要理解现代艺术，就需检讨"看似幼稚"的误会，在"简单"中体会形式语言所蕴含的趣味。当涉及水墨人物画时，关良向我们传达了同样信息：他的水墨人物画看上去"简单"，却也是建立在"繁"与"简"、"写实"与"夸张"、"巧"与"拙"等反思之上的"简单"。其中，"繁"与"简"恰是"简单——复杂——简单"的另类版本。"写实"与"夸张"、"巧"与"拙"，亦如观看现代艺术时所需条件——跳开再现之"复杂"。故而关乎水墨人物画"创新"，关良着重讨论了"'钝、滞、涩、重'和'简'的刻意传神"等。这些着眼点正是从形式语言入手，围绕"简单——复杂"之价值关系展开。同样，在"疑似——实乃"转折中，"信手涂鸦"即"无法"之简单；"惨淡经营"即"有法"之简单，理解差异的关键在于：迟滞、迂缓、艰涩、犹疑、或浓或淡、彩墨多屡杂不清，水分常溢于形外。这些描述词，所指亦是形式语言。也即，"误解"与"理解"取决于怎样看待形式语言的美学趣味。

将句式关联以表格显现，可帮助我们分析转折句式背后的认知方式：（表2）

表2

		现代		传统	认知结构
转折关系	误解	此种作品的构图、色彩、笔触、线条等，初时看来，似得很为幼稚	粗看无法	疑似"信手涂鸦"	没价值的"简单"
	理解	构图的精密、色彩的厚味、笔触的老练、线条的趣味，并含着伟大的魅力	细看有法	实乃"惨淡经营"	有价值的"简单"
着眼点		构图、色彩、笔触、线条等	"钝、滞、涩、重"和"简"的刻意传神	"迟滞、迂缓、艰涩、犹疑、或浓或淡……"	绘画的形式语言
价值逻辑		是简单而至复杂，再从复杂变为单纯，这就是艺术的进化	以少少许胜多多许	寥寥数笔，若不经心，却是从表现人物不同性格特征的需要出发	简与繁的关系
判断句		（现代艺术）看上去幼稚，实际上具有伟大魅力	（关良的画）看上去无法，实际上有法	（关良的画）看上去信手涂鸦，实际上惨淡经营	看上去不好，实际上很好
认知共性		怎样看待绘画形式语言的美学趣味，取决于采用怎样的观看前提			转折句式

或可说，以形式语言为着眼点的认知方式、以简繁关系为基础的判断逻辑，对关良而言相对稳定——无论中华人民共和国成立前论述现代艺术，抑或中华人民共和国成立后谈论传统水墨画。后世研究者看不到这一点，就会主观想象现代艺术与传统水墨画的无法兼容，做出"改弦易辙"的判断。但对关良而言，两者是相同认识结构下的不同对象，并因此具有互通性。故而，虽隔数十年"讨论"不同对象，他仍"不经意"地采用了相同句式，甚至转折词语都一样："初时看来"就是"粗看"，"若以精细眼光再细地观察"就是"细看"。

那么围绕形式语言之简与繁展开的认知，又是如何发生的？它背后存在怎样的机制？回溯关良的学习经历，我们会发现：关良得到理解方式，源自他留学日本时期"试图突破在校所学的写实画法"的努力。（图54）

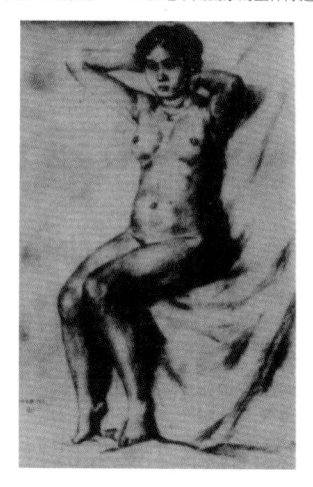

图54 《人体素描》 关良 1920年

　　这时日本的艺术正处于发展时期，欧美的各个流派的美术作品经常到东京来展出。接触的机会多了，眼界确实开阔了不少，对自己的创作也有很大的启发。由于西欧来的画展大部份（分）是近代创新派（即印象派、后期印象派、立体派、野兽派……）画法和我在学校里所学的是不尽相符。我搞不懂他们为什么要这么画，究竟好在哪里？这时我对各派各家的道理都想加以理解，对各种的表现手法都想作个尝试，绝不轻易地排斥或否定他们。[1]

　　关良在日本先后求学于川端研究所（川端画学校）与太平洋美术学校。他在这两所学校的老师，分别是藤岛武二、中村不折，"他们都是继黑田清辉之后的日本老一辈写实主义艺术的奠基人。"[2] 因此关良所谓之"学校里所学的"，正是"写实"。但他的老师并没有以写实局限自己的学生，而是"一方面要求我们打好扎实的素描基本功，另一方面也不为纯学院派的传统'摹拟说'所束缚和禁锢。在他们的指导下，'写实基础'已融汇了印象主义革命的因素在内"[3]。也就是说，关良的老师在教学中没有将写实与新艺术（近代创新派）二元对立，反而教导学生"不为……所束缚和禁锢"。这是有趣的态度，它促使学生保持视野开放，不会简单地"排斥或否定"。甚至在知识生成的结果上显现出"兼容"的立场，即写实基础已融汇了印象主义革命的因素在内。这也成了关良面对"近

1-3 关良自述，陆关发整理：《关良回忆录》，上海书画出版社，1984年，第19页。

代创新派"的出发点。[1] 显然，起初的他无法真正理解这一点，更谈不上"融汇"：

> 开始怎么也看不懂，真不知他们的作品好在哪里。有的竟像小孩子的画，毛毛糙糙，引不起"美"的感觉。[2]

关良所谓之"美"的感觉，源自学校教育的经验，"像小孩子的画"的判断则正是后来"误解——理解"中的"误解"。那么，他是怎样克服这种"误解"的呢？

> 反复研究他们的用笔用色，反复推敲他们的章法构图。实在看不懂的地方，随时请教老师和周围的人们，非要搞个"水落石出"方肯罢休。一连十多天的朝夕揣摩、虚心求教，心胸豁然开朗，从画幅上粗放、犷（狂）野的笔触中，我仿佛看到了画家们的想象和意愿。[3]

"用笔用色""章法构图"等概念，向我们提供了从"误解"走向"理解"的关键点。"印象派画家用大胆的色彩，拙中带巧的技法，向人们揭示出大自然的奇光异彩，万千气象，使画面产生非常活泼明媚和灿烂夺目的效果。"[4] 由此可见，"近代创新派"大师们给予关良的视觉触动，主要是形式语言方面的体验。

> 我观摩马奈、莫奈、雷诺阿、德加、毕赛（沙）罗的一些作品，也欣赏塞尚、马蒂斯的作品。但我更注意高更和梵（凡）·高的造型构图。高更的作品具有古埃及那种庄严、平稳、安宁，富有装饰性的艺术手法，使土著人的勤劳、淳朴、天真，表现得更鲜明具体，毫不做作，令人叹为观止。梵（凡）·高的作品更有创造性，他不像早期印象派那样写实，而是色彩和形象更加夸张，"有力地表现我自己"，以致

---

[1] 也许因为早年日本求学经历中接受到的开放性认知立场，所以关良后来对"中国传统"与"现代主义"也没有采用二元对立的知识框架，而倾向相互兼容的认知前提。
[2] 关良自述，陆关发整理：《关良回忆录》，上海书画出版社，1984年，第19页。
[3]、[4] 关良自述，陆关发整理：《关良回忆录》，上海书画出版社，1984年，第20页。

对事物的色彩和形体的夸张，发展到更加独立于传统之外的地步。[1]

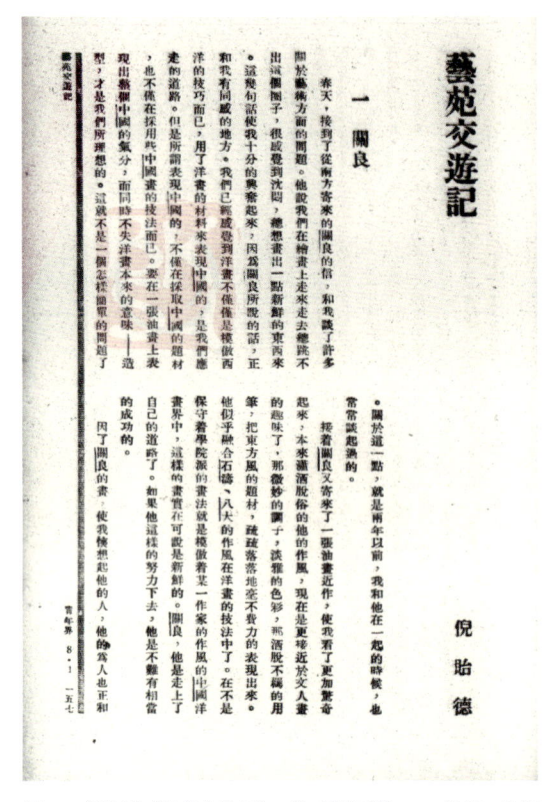

图55　倪贻德《艺苑交游记》，载《青年界》1935年第8卷第1期报道

在这一连串的表述中，读者很容易找到由形式语言到情感经验的理解路径。"粗放、犷（狂）野的笔触……画家们的想象和意愿"，恰是"形式语言——情感经验"的感知方式，并据此完成高更从"庄严、平稳、安宁，富有装饰性"到"土著人的勤劳、淳朴、天真"、梵（凡）·高从"色彩和形象更加夸张"到"有力地表现我自己"的认知转化。显然，从形式语言入手的感知，帮助关良解决了"学校所学"与"展览所观"之间的矛盾。他也因此开始从形式主义角度理解现代艺术，乃至推导出单纯化之价值判断：

即如绘一幅画，本是很复杂的，要用许多笔，才能描写得出来

---

[1] 关良自述，陆关发整理：《关良回忆录》，上海书画出版社，1984年，第21-22页。

的。而他能够以一两笔就能表现无遗，且仍然含着很复杂的意味在内，这就是到达单纯的地步，非要比从前的艺术，更为深探了一程功夫，是决不能如此的。[1]

其实，以相同的概念（单纯化）理解现代艺术也发生在倪贻德的身上。关良与倪贻德的关系介于师友之间。倪氏1935年撰写的《艺苑交游记》（图55），第一篇便谈关良："此后我们的友谊更增加起来，常在一起作艺术上的互相研究。不，说是互相研究，倒不如说我常常得到他指导的适当。"[2] 如此"指导"之下，倪贻德阅读关良的作品也采用了前述 $(p \wedge r) \to q$ 转折句：

> 我尤其喜欢关良的作品，他的画面上粗大的笔触、浑厚的色彩，看上去像是幼稚而实际上又含蓄着无穷趣味的表现，在当时的洋画界确是呈现一种新的姿态。[3]

从"看上去幼稚"（误解）的形式语言中发现"无穷趣味"（理解），倪贻德用关良的视角"理解"了关良。或许是这种交往，又或许倪贻德游学于关良曾经求学的川端画学校，得到了相似的滋养。1929年，他以笔名中坚发表《单纯化的艺术》，进一步阐述了关良1925年所谈论的"单纯化"。"一切的现代艺术，都可说是继他们三人之遗钵的。他们三人所走的道路虽各自不同，如塞尚的庄重、谷诃的强力、高更的稳静，但在不同之中可以寻出一种相同的倾向，这便是单纯化的倾向。"[4] 对于"单纯化"这一概念，倪贻德找到了具有支柱价值的形式语言——线条。

> 表现的最简单的形式是线条。情感的涌起寄托在一根线条上，比较甚（什）么都要简单而直接。所以在单纯化的表现上，线条是重要的任务。线条不是物象说明的手段，它有着自身存在的目的。所以我们看到单纯化表现的绘画，若是取去了一根简单的线，那绘画的全

---

1 关良：《艺术的还原性》，载《申报》1925年12月9日《艺术界》栏目。
2、3 倪贻德：《艺苑交游记》，载《青年界》1935年第8卷第1期。
4 中坚（倪贻德笔名）：《单纯化的艺术》，载《上海漫画》1929年11月16日第82期。

体，便要感到像拨（拔）了一根支柱的建筑物一般的崩坏之感。[1]

"一根线条"缺失则"崩坏"的体验，亦如关良"一两笔就能表现无遗"，是赋予形式语言最为充分的肯定。"单纯化"之艺术观，也因此得以建立。所谓"单纯化"，即形式语言作为艺术本体存在的纯粹化——"线条不是物象说明的手段，它有着自身存在的目的。"因为它是人之情感的直接载体，并具备人的特性。倪贻德在谈论"新写实绘画"时就曾说：

> 以使用纵的线条和笔触为主的人，大概是思索的，锐敏的。以使用横的线条和笔触为主的人，大概是属于和平而爱情的人。[2]

将形式语言与人视作"等值关系"，正基于"形式语言——情感经验"的理解路径，与关良对现代艺术的论述异曲同工。而且倪贻德讨论的"新写实"也类似关良所谓"印象派融汇了写实基础"，如非再现性之写实。[3] 所以，当倪贻德、关良被称作中国"新写实"之代表时，后人大可不必惊讶。因为他们的"新写实"就是形式语言角度下的"写实"。

> 批评家 Roh 所说的"魔术的写实主义"，真是巧妙地说中了现代绘画精神的特色的一句很有兴味的话。二十世纪的绘画的基调，是写实主义，在表现着直接的结果这一点上，完全可说是可惊的写实主义。人们为其独自的个性的写实性的表现所惊异，又其强烈的变形效果使人感到灵魂的动悸（悸动）。这便是二十世纪的绘画的精神。[4]

"强烈的变形效果使人感到灵魂的动悸（悸动）"，不是再现性写实，

---

1 中坚（倪贻德笔名）：《单纯化的艺术》，载《上海漫画》1929年11月16日第82期。
2 尼特（倪贻德笔名）：《新写实的要点》，载《艺术旬刊》1932年第1卷第9期。
3 倪贻德在论述中将再现性写实，表述为自然主义，而非写实主义。"自然主义的绘画，重视对象物所具的自然性，而现代的绘画则和'物质性'密接地关联着的。作为物体所具的性质，是依作家的性质和感觉性，感动性，情绪，才能等结合起来的。那物和心结合时所现出来的绘画的精神，称为写实性（Realite）。以这 Realite 为基调的艺术运动，应称为写实主义。"见尼特（倪贻德笔名）：《现代绘画的精神论》，载《艺术旬刊》1932年第1卷第1期。
4 尼特（倪贻德笔名）：《现代绘画的精神论》，载《艺术旬刊》1932年第1卷第1期。

而是从形式语言角度出发的"写实"。或可说，这是在 20 世纪现代绘画洗礼下，中国画家对写实的"主动误读"。关乎这一点，在文中将关良、倪贻德并称为新写实派绘画代表的温肇桐，说得更为直接：

> 新写实派的绘画，就是以已往的写实的手法，经过绘画新纪元之后的意识的创造的主脚地上作着新的写实的方法。它的定义是："将客观的现世界诸物象，主观地在作家个性之绝对自由的用色彩与线条种种过程中表现出来。而这绝对自由的表现，附带的条件是将客观的对象深刻的认识。"[1]

绘画新纪元，就是现代绘画。在温肇桐看来，将"写实"带离客观诸物象，走到色彩、线条等形式语言的主观体验，正是绘画绝对自由的表现，是新的写实方法，是对客观对象更为深刻的认识。可见，曾经的"写实"因形式语言"介入"而得以重构。遗憾的是，20 世纪下半叶，类似的努力并未得到重视，以至其背后的认知体验亦被忽略。

---

[1] 温肇桐：《新写实派绘画的认识》，载《励学》1935 年第 4 期。

第 2 场

文化误读与知识折叠

"写实"为何能从形式语言的角度重构？对关良、倪贻德而言，除了相似的艺术认知，还有无其他原因？进一步探究，我们会发现以形式语言为中心的"融汇"，也恰是 20 世纪 20 年代中国文艺思潮中的重要命题——为艺术而艺术，源自 19 世纪 30 年代的法国，以康德、席勒为代表的德国古典美学为基础，带有唯美主义倾向，强调艺术无功利性、艺术的独立性乃至纯形式等。这一口号，通常与强调介入生活的"为人生而艺术"相对。大约 20 世纪 20 年代，它们传入中国并迅速被刚刚兴起的各类文学社团信奉，形成了以文学研究会为代表的"为人生"派、以创造社为代表的"为艺术"派。有趣的是，关良、倪贻德与创造社都颇有渊源。对此，《民国时期关良的人生样式与艺术活动考证——以 1922—1930 年为中心》（陈建宏）、《从创造社到决澜社——倪贻德游学日本考》（蔡涛）分别进行了较为详细的梳理。[1] 两篇文章的研究表明，关、倪很可能是 1923 年左右通过东方艺术研究会活动，结识了创造社的郭沫若、郁达夫、成仿吾。是年，关良是上海美术专科学校的西画实习教授，倪贻德则是上海美术专科学校刚毕业的青年学生。其后，倪氏迅速介入创造社活动，并以自叙体小说《玄武湖之秋》一举成名；关良相对晚些，约 1926 年开始参加创造社的活动，并为《创造月刊》绘制插图。（图 56）

---

[1] 陈建宏的《民国时期关良的人生样式与艺术活动考证——以 1922—1930 年为中心》发表于《美术学报》2013 年第 6 期；蔡涛的《从创造社到决澜社——倪贻德游学日本考》发表于《美术学报》2013 年第 5 期。

图 56 《听歌》 1926 年《创造月刊》第 1 卷第 5 期发表的关良绘制的插图

关良、倪贻德与创造社的关系，对理解他们的形式语言立场之下的艺术观，颇有助益。显然，20 世纪 20 年代的创造社正是"为艺术而艺术"的大本营。《创造季刊》的出版预告便声称：

> 自文化运动发生后，我国新文艺为一二偶像所垄断。以致艺术之新兴气运，澌灭将尽，创造社同人奋然兴起打破社会因袭，主张艺术独立。愿与天下之无名作家共兴起而造成中国未来之国民文学。[1]

1927 年 5 月《创造季刊》的创刊号上，郁达夫作《艺文私见》、郭沫若作《海外归鸿》，点燃了他们与文学研究会的激烈争论。作为民国时期最著名的一场文艺争论，"交锋"未必全然因为观点，还掺杂着大量的人事、世事因素。[2] 然身处争论之中的人，往往会因争论而强化"看法"。于是，就强调"艺术独立"（为艺术而艺术）的创造社，成为文学研究会"为人生而艺术"的争辩方。其实，"为人生"因"艺术介入现实生活"推动文学革命；"为艺术"则反对旧伦理中工具化的"载道"，以艺术独立带来的人格情感表达推动文学革命。在新文化运动的旗帜下，两者殊途同归——都指向了"未来之国民文学"。只不过，看上去不同的道路选择，

---

[1] 由郁达夫起草，署名创造社同人（田汉、郁达夫、张资平、穆木天、成仿吾、郭沫若、郑伯奇），《纯文学季刊〈创造〉出版预告》，连续刊发于《时事新报》1921 年 9 月 29 日、30 日。
[2] 有关这场争论中的是非与观念，可参见本书《艺术与社会的时代命题》中的相关内容。

为 20 世纪中国文艺提供了长久有效的命题：艺术与生活、艺术与形式的关系。毫无疑问，与创造社关系密切甚至就是创造“同人”的倪贻德、关良，认知选择偏向于后者，而且在郭沫若等人逐渐左翼化后，他们仍然坚持了这种选择。

这也就是说，20 世纪 20 年代进入文化界的关良、倪贻德，恰逢“为艺术而艺术”之思潮，并因此共享了形式语言立场下的纯艺术观。在这一范畴内，“艺术形式——情感表达”正是关、倪信奉的从形式语言出发的认知方式。他们推介的“单纯化”正是一种纯艺术观，而与之相关的精神风暴，在他们看来亦是新时代之精神需要。如同创造同人的文学激情，他们也试图在绘画形式语言的独立中，寻找人的精神，狂飙突进地告别旧时代。倪贻德的《决澜社宣言》，以典型创造社语言表达了这种情绪：“让我们起来吧！用了狂飙一般的激情，铁一般的理智，来创造我们的色、线、形交错的世界吧！”并预言：“二十世纪以来，欧洲的艺坛凸现新兴的气象，野兽群的叫喊，立体派的变形，Dadaism（达达主义）的猛烈，超现实主义的憧憬……二十世纪的中国艺坛，也应当现出一种新兴的气象了。”[1]（图 57）

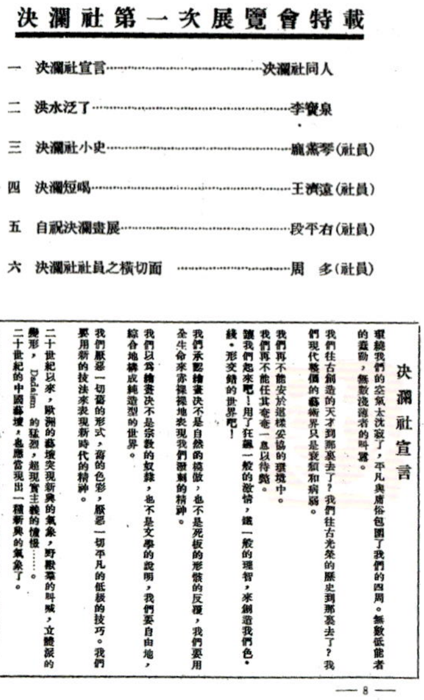

決瀾社第一次展覽會特載

一 決瀾社宣言……決瀾社同人
二 洪水泛了……李寶泉
三 決瀾社小史……龐薰琹(社員)
四 決瀾短喝……王濟遠(社員)
五 自祝決瀾畫展……段平右(社員)
六 決瀾社社員之橫切面……周 多(社員)

決瀾社宣言

環繞我們的空氣太沉寂了，平凡與庸俗包圍了我們的四周。無數低能者的蠢動，無數淺薄者的叫囂。

我們往古創造的天才到那裏去了？我們往古光榮的歷史到那裏去了？我們現代整個的藝術界只是衰頹和病弱。

我們再不能安於這樣妥協的環境中。

我們再不能任其奄奄一息以待斃。

讓我們起來吧！用了狂飆一般的激情，鐵一般的理智，來創造我們色．線．形交錯的世界吧！

我們承認繪畫決不是自然的模倣，也不是死板的形態的反覆，我們要用全生命來赤裸裸地表現我們潑剌的精神。

我們以為繪畫決不是宗教的奴隸，也不是文學的說明，我們要自由地，綜合地構成純造型的世界。

我們厭惡一切舊的形式，舊的色彩，厭惡一切平凡的低級的技巧。我們要用新的技法來表現新時代的精神。

二十世紀以來，歐洲的藝壇突現新興的氣象，野獸群的叫喊，立體派的變形，Dadaism 的猛烈，超現實主義的憧憬……。

二十世紀的中國藝壇，也應當現出一種新興的氣象了。

讓我們起來吧！用了狂飆一般的激情，鐵一般的理智，來創造我們色．線．形交錯的世界吧！

— 8 —

图 57 《决澜社第一次展览会特载 · 决澜社宣言》

1 决澜社同人：《决澜社第一次展览会特载 · 决澜社宣言》，载《艺术旬刊》1932 年第 1 卷第 5 期。

如此"气象",对功用主义艺术不啻平地炸雷,对形式语言蕴含的精神自觉之发掘,亦是对20世纪逐渐功能化的艺术倾向的有益"纠正",并因此形成了本土的现代性追求。彼时,洋画家代表之一的关良,正是这一线索中的画家。晚年,他曾对此有所检讨:

> 对各种现代派的艺术,为艺术而艺术,为形式而形式的道路,否定内容与形式的辩证统一的关系,否定内容对形式的决定作用的主张,片面夸大形式的独立性和形式就是内容等的唯心主义美学观还是认识不清。[1]

这段明显意识形态化的自我检讨,反向确认了他与"为艺术而艺术"的关联,也帮我们理解了1925年发表《艺术的还原性》一文的认知基础:从形式语言入手的读画体验到"为艺术而艺术"的时代命题。此间,形式语言帮他"理解"了西方现代艺术,甚至消解了现代艺术与"写实"的裂痕,使之成为新写实旗帜下的现代主义者。但是,现代主义者就一味地面向西方吗?这个问题可以换一种提法:作为现代主义的关良,有没有可能同时就是传统回归者?传统与现代的裂痕,是否大于写实与现代的裂痕?回答这个问题,1935年倪贻德和关良的通信,值得关注。

> 春天,接到了从南方寄来的关良的信,和我谈了许多关于艺术方面的问题。他说我们在绘画上走来走去总跳不出这个圈子,很感觉到沉闷,总想画出一点新鲜的东西来。这几句话使我十分的兴奋起来,因为关良所说的话,正和我有同感的地方。我们已经感觉到洋画不仅仅是模仿西洋的技巧而已,用了洋画的材料来表现中国的,是我们应走的道路。但是所谓表现中国的,不仅在采取中国的题材,也不仅在

---

[1] 关良自述,陆关发整理:《关良回忆录》,上海书画出版社,1984年,第22-23页。就这段自我检讨看,晚年关良似乎放弃了形式语言立场的艺术观。但实际上,这种意识形态化表述,并非认知根源上的自我检讨,而是历经各种政治运动后的一种政治正确性的惯性表达。从关良晚年对绘画的大量判断看,他并没有改变其形式语言的艺术立场。故而,在惯性批判之后,他又紧接着在文中认为自己的艺术正是萌芽于他所批判的这段现代主义经历:"也可以说这仅仅是我'拿来'的最初阶段,只有在我有了这一'拿来'的阶段,并下了一定的苦功,进一步熟悉并批判地吸收所学的东西,加以消化,逐步变成为自己的东西;成为自己画风的一个有机组成部分之后,这才算有了我'自己'的东西。这种观点的形成,无疑是在这个时候开始了它的萌芽。"

采用些中国画的技法而已。要在一张油画上表现出整个中国的气分（氛），而同时不失洋画本来的意味——造型，才是我们所理想的。这就不是一个怎样简单的问题了。关于这一点，就是两年以前，我和他在一起的时候，也常常谈起过的。[1]

通信的具体内容，已无从知晓。但倪贻德1935年发表的《艺苑交游记（一）》，便是从关良来信开篇的，且对信中问题给予回应。这段文字表明：20世纪30年代的现代主义开拓者，已然不满足于此前对西方现代主义的学习。聚在一起时，他们时常谈及该问题，并为自己"跳不开这个圈子"感到沉闷。讨论的结果并不令人意外。作为中国人，回归中国文化似乎是一种本能。于是，"用洋画的材料来表现中国的"成为"应走的道路"。当然，"不令人意外"不是指他们的"选择"结果如何，而是指"选择"背后的心理机制：近代中国不得不面对西方的同时，如何保持并唤醒传统的"冲动"历百年而不衰，直至今日仍普遍存在。关良、倪贻德在狂飙突进的激情之后，也是"身陷"其中。如果用50年代油画话语"翻译"，他们的选择就是"油画民族化"。只是，不同于50年代语境中传统的"民间化"，他们"民族化"的起点是文人画：

> 接着关良又寄来了一张油画近作，使我看了更加惊奇起来，本来潇洒脱俗的他的作风，现在是更接近于文人画的趣味了，那微妙的调子，淡雅的色彩，那洒脱不羁的用笔，把东方风的题材疏疏落落地毫不费力地表现出来。他似乎融合石涛、八大（山人）的作风在洋画的技法中了。在不是保守着学院派的画法就是模仿着某一作家的作风的中国洋画界中，这样的画实在可说是新鲜的。关良，他是走上了自己的道路了。如果他这样的努力下去，他是不难有相当的成功的。[2]

怎样才能实现"用洋画的材料来表现中国的"？让倪贻德惊奇并认可的"近作"，就是"更接近于文人画的趣味"。至此，一个有趣的答案越

1、2　倪贻德:《艺苑交游记》，载《青年界》1935年第8卷第1期。

来越清晰：作为现代主义者的关良并非与传统对立，而是带有传统基因的"现代"。在倪贻德看来，这种基因表现为绘画的形式语言——"微妙的调子，淡雅的色彩，那洒脱不羁的用笔"。也即形式语言对人格情感的"自觉"，不仅带来本土化的现代，还能将现代回溯到传统之中。在他们的认知中，现代、写实的差距并不大于现代、传统的差距。作为桥梁的形式语言，不仅弥合前者，也弥合了后者。因此，一个并不原教旨的现代主义身份从来不是回归传统的阻碍。1931 年关良接受张亦庵的采访，就曾明确说道：

> 我近来很感觉到中国画的趣味，这是我一向感觉到的，不过近来更加感觉得亲切，而且立意想把中国画的趣味运用到我的画里。[1]

1935 年倪贻德看到的关良"近作"，应该正是这一"立意"的结果：他似乎在洋画的技法中融合了石涛、八大山人的作风。其实，相对现代、写实的弥合（通过"主动误读"改造写实精神），现代、传统的弥合，在形式语言的桥梁下显得更为直观。晚年关良在表述相似问题时，基本内容便与早年的"立意"几乎一致：

> 我大胆地使用油画的一切工具、颜料，按照水墨画的画法，也不再考虑用油画的背景作陪衬。运用了我国传统绘画的一些精湛理论。用极其简练的造型，明快的色彩和纵横交叉、偃仰有致的线条构成了具有音乐般韵律的作品，以打动观画者的感情而产生共鸣。确乎使人感到了有一些清新和诱人的感觉。从而多少有点改变了原来大家所习见的油画"面貌"。[2]

改变"大家所习见的油画'面貌'"，正是倪贻德所说的"他走上了自己的道路"。显然，贯通水墨画、油画的，正是形式语言的运用。绘画，也因此不再是中西对立中的二元结构。文人画与现代绘画看上去没有关联，却能在操作中获得策略性均衡。这向我们暗示了文化碰撞中的某种可

---

[1] 张亦庵：《关良先生访问记》，载《文华》1931 年第 25 期。
[2] 关良自述，陆关发整理：《关良回忆录》，上海书画出版社，1984 年，第 121 页。

能性：异质文化的接触虽具博弈性质，却非零和竞争的关系。具体的个人经验中，"对立"往往在操作层面上获得了策略性均衡。就关良而言，绘画的形式语言正是达到均衡的桥梁。站在这样一座桥梁上，中西知识在"交错"中塑造出新的主体——不是简单的中西对立，而是因形式语言获得共生、互通的关乎绘画的理解。基于此，传统、现代不再是不可兼容的二元。所谓传统身份、现代身份，更无须对立，也无须表述为是对政治现实的应对性选择。或因于此，晚年关良在谈及传统水墨画时，竟用了数十年前讨论现代艺术的判断句式。

对此，可以下表进行概括：（表3）

表3 晚年关良谈及传统水墨时的判断句式

		后世研究	关良本人
现代与传统	思考前提	二元对立	相互兼容
	论述表征	忽略早期水墨画作品	使用共同判断句式
	认知策略	政治现实的选择变化	形式语言的以简胜繁
	结论判断	改弦易辙	共生互通
	内在博弈	零和竞争	策略均衡

理解了这一表格，也就自然理解了关良何以能够"兼容"传统、现代的双重身份，甚至写实、现代的身份叠合。显然，在关良的认知中，传统、现代、写实等既非本源概念，亦非今人所理解的概念。后世研究只有跨越这些既定概念带来的障碍，才能在艺术家的认知中理解"艺术家"。或许，他们存在着某种"误读"。但这不重要，更不需要"勘误"。恰恰相反，"误读"恰是一种通道——抵达"误读"背后的"何以误读"。

对"何以误读"的追问，可以给研究带来新的维度。如关良的某些"认知"："以前西洋的画家都偏重像真的描写，现在他们知道在像真以外还有一个更重要的条件，就是风趣。这种风趣在中国画里最为浓厚。以前他们不知，近来他们认识了中国画的价值了。"[1] 用中国美学概念（风趣）解释西画"像真"之外的追求，是关良的主观误读，并非西方现代艺术的

---

[1] 张亦庵：《关良先生访问记》，载《文华》1931年第25期。

自我逻辑。问题在于：关良何以误读？"西方理解了中国"的逻辑，塑造出怎样的主体？我们发现：类似的误读绝非关良一人，而是 20 世纪乃至今天都比较常见的现象。为何会出现这种现象？显然，它给予民族自信一次"幻觉重建"的机会：用中国传统理解（主动误读）西方，使"西风东渐"中尽显弊弱的"中国"重新获取了合法性。可以说，依托"他者"之认可以确认自我，是 20 世纪中国不得不面对的"尴尬"之一。洋派人士关良如此，甚至传统派金城，也会如此。

> 即以国画在民国初年，一般无知识者，对于外国画极力崇拜，同时又对于中国画极力摧残。不数年间，所谓油画水彩画已届无人过问之地步。而视为腐化之中国画反而因时代所趋而光明而进步。由是观之，图画之有特殊之精神明矣。……即艺术之本位必有特殊之精神。进一步焉，更有一步以相引，虽不见成功之迅速，而无形中必大有进步者在也。吾国数千年之艺术成绩斐然，世界钦佩，而无知小子，不知国粹之宜保存，宜发扬，反忝颜曰艺术革命、艺术叛徒，清夜自思得无愧乎？[1]

金城所谓之外国画无人问津，"洋画家"关良恐怕无法认同。然吊诡之处在于，金城攻击"无知小子"的逻辑，却与关良一致。通过"世界钦佩"来辩护传统的价值，恰是关良所谓"近来他们认识了中国画的价值了"。甚至，两人对西画的趋势判断亦类似：

> 午后往观油画院，一为赛画处，一为新油画院，计油画四百张，水画五十张，皆十九世纪名手所绘。新画日趋淡远一路，与从前油画之缜密者不同，较与中国之画相近……今人见西人油画之工，动诋中国之画者，犹偏执之见耳。[2]

19 世纪"新画"当指印象派，正是关良在日本观展的"现代派"。其

---

[1] 金城：《画学讲义》，载于安澜编：《画论丛刊》（下），华正书局，1984 年。
[2] 金城：《十八国游历日记》，载沈云龙主编：《近代中国史料丛刊·续编》第 205 册，文海出版社，1976 年，第 180 页。

中，金城之"淡远"与关良之"风趣"一致：以中国美学概念解读西画，并因此反驳因西画诋毁中国画的"偏执之见"。显然，通过西方新画"较与中国之画近"说明中国画自身价值，逻辑上更为便捷。为何如此？原因其实也不复杂："西风东渐"的历史语境中，中国本土文化的主体建构缺乏内在的自信，故而往往假借于"他者判断"来自我确认。20世纪乃至今天，这一模型一直或显或隐地左右着我们。

对于他者、本土之间的关系，有关20世纪的历史描述习惯于二元结构。但在具体画家的个体认知中，这两者却常常呈现为暧昧的纠缠状态。被冠之传统派身份的金城如此，以"洋画家"身份出现的关良，亦如此。身处"纠缠"就不会简单判断，中、西自然不再是非此即彼的选项。或许，他们做出"较与中国之画相近"的结论是误读，与西画的自身逻辑相去甚远。但这并没有影响他们穿梭于中西的个体努力。应该说，20世纪绝大多数的中国画家，都或多或少地以某种误读，构建了自己在中西之间的认知路径。所谓传统派画家以"西画趋同国画"之逻辑论证传统价值，并不鲜见；而看似洋画家的关良，因主体想象回溯传统，并"以传统视角误读西画"，亦是常见。看上去，这是两个方向的"贯通"，但其内在机制实则一致：异质文化碰撞期，假借"误读"获得认知路径以实现个体经验之"资源"互通。

基于此，对关良而言，现代、传统不是需要"改弦易辙"的文化身份。或主动，或被动的误读，不仅解决了两者"兼容"的问题，还使之成为"关良经验"中互通共生的文化资源。所以，理解关良在中西之间的认知路径，需要甄别"关良经验"中的概念与原生语境的概念。

> 我发觉不同的民族由于生活习惯、气质、历史、传统方面的不相同以致在艺术上的见解也不同。譬如中世纪西画比较讲写实，中国画就比较讲意趣；中国绘画艺术的特点，是从平面里找艺术；戏剧也是一样，如国外的歌剧、话剧布景很实，而我们传统戏剧的道具、布景则很少，有的完全靠演员的演技和靠优美的舞蹈动作引起观众的想象。中国绘画中讲究用笔，以线为主，对明暗、体积的追求不很露骨，而中世纪西画则着力于表现物体的明暗、空间，追求立体面的

表现。[1]（图 58）

图 58 《天山画报》1949 年第 7 期发表倪贻德《谈关良的画》

"中世纪西画比较讲写实"明显"错误"，或许口误，或许就是关良随意借用的词汇——用以区别西画的现代主义。对关良而言，词汇原义并不重要，最起码在个体经验中如此。对于画家个体而言，绘画史并不是严谨的研究对象，而是合乎自己认知的案例集成。他们没有按照历史的书写逻辑来面对艺术史及其概念，值得我们审视的是，对既往艺术史的理解并非被动顺应，其与历史宏大叙事的关系处于某种若即若离的状态。后世研究稍有不慎，就会忽略这种状态，简化个体与"既定历史"的关系，使"既定历史"演绎个体的"被书写"，将之消化为逻辑需要的环节，并因此落入黑格尔历史决定论的陷阱之中。关良的身份被描述为"改弦易辙"，正如此。其中，潜在的"二元思维"恰是历史决定论的一种显现——将关良消化为特定框架中的"叙述环节"。然而，关良并非这样的环节，他是一个特征化的主体，是个体轨迹与知识系统偶然性、任意性的"接触"所生产出来的"结构"。

在如此"结构"之中，认知没有必然的起点与终点，也自然不会"顺应"历史叙事的宏大逻辑。个体与"已经书写"及"被书写"的关系，不是知识树的枝干逻辑，而是根茎中四通八达的回路。回路中的个

---

[1] 关良自述，陆关发整理：《关良回忆录》，上海书画出版社，1984 年，第 34 页。

体，犹如来回往复的织布梭，在不同的系统中编织出复杂的认知经纬。"编织"，并非有序的纵横关系，尤其在异质文化碰撞期，它表现出的认知经纬多为缠绕方向的复杂纹路，充满了断裂、跳跃与叠压。各种原始的知识体在复杂路径中，往往面目全非，成为个体重新解读的素材。从某种意义上看，重新解读恰是由"误读"构成。正是误读产生的"断裂、跳跃与叠压"，不同系统的知识才脱离了历史决定论的"轨道"，展开"观念博弈"，并因此获得全新的生长空间。作为个体艺术家的主体，也得以被生产。

这一过程中的"误读"，有关"他者"的，我们容易理解。但关乎"本土"的，却常常被忽视。原因很简单，因此这类"忽视"往往都隐含了一个假定前提：艺术家的主体确认，是以"本土"为起点，所以发生机制是"本土"对"他者"的消化过程。因为"本土"相对"他者"具有亲缘性，故而在主体确认中便具有天然的合法性。但事实并非如此。尤其在文化碰撞期——主体处于复杂资源中的生产过程，"本土"仅是参与生产的资源之一。与"他者"一样，也常常处于"误读"之中。或可认为，主体得以生产的过程中，相对文化空间上的"他者"，"本土"则是文化时间上的"他者"，并不存在着"主体确认"的天然优势。基于此，关乎"本土"误读并不罕见。甚至，这类误读还使"本土"的资源也具备了重新生产的能力。关良亦然，他的"误读"不仅指向西方"他者"，也涵括了东方"本土"。

  一幅静止的、有局限的尺幅，即使画家的巧手能如实地仿制、摹写出一出出舞台的场景、物象，但这最多也不过是色彩绚丽的图画，无非是一幅剧照或广告画而已。刘勰所说的"文繁采寡，味之必厌"，意思是作者只单纯模仿、照画或是自然主义地描绘对象，其作品必然是没有生气，没有生命力。[1]

关良引《文心雕龙·情采篇》之句，用于论述绘画单纯"模仿自然"

---

[1] 关良自述，陆关发整理：《关良回忆录》，上海书画出版社，1984年，第88页。

之弊。在他看来,"文""采"是一组对立的概念。其中,"文"是指"单纯模仿、照画或是自然主义地描绘对象"。但"文"在《情采篇》中,却非此意:

> 故立文之道,其理有三:一曰形文,五色是也;二曰声文,五音是也;三曰情文,五性是也。五色杂而成黼黻,五音比而成韶夏,五情发而为辞章,神理之数也。[1]

此中之"文",指的是艺术的表达形式,分别有视觉的表达形式,即五色(赤、黄、蓝、白、黑)之"形文";听觉的表达形式,即五音(宫、商、角、徵、羽)之"声文";情感的表达形式,即五情(喜、怒、哀、乐、怨)之"情文"。刘勰所用之"文"与关良理解的"文",显然不同。刘勰之"文"源于文字的象形之本——人身上的刺绣花纹,引申为艺术外化之表达。正所谓"文者,会集众彩以成锦绣,会集众字以成辞义,如文绣然也"[2]。作为外化表达之"文",在传统文论中往往与"质"构成一对结构性概念。正所谓"质胜文则野,文胜质则史。文质彬彬,然后君子"[3]。值得注意的是,其中的"文"与"质"并非"二元对立",而是一种互文关系。《论语·颜渊》中,有记载棘子成与子贡的对话:

> 棘子成曰:君子质而已矣,何以文为?子贡曰:惜乎,夫子之说君子也,驷不及舌。文犹质也,质犹文也。虎豹之鞟犹犬羊之鞟。[4]

"文""质"互文(文犹质也,质犹文也)正是"文质彬彬"的内在理路。《情采篇》亦是这一思路下的进一步检讨:针对时人偏重表达之华丽,刘勰试图让"文""质"关系再次平衡。故其开篇即云:

> 夫水性虚而沦漪结,木体实而花萼振:文附质也。虎豹无文,则

---

[1] 王志彬译注:《文心雕龙·情采篇》(第三十一),中华书局,2012年,第367页。
[2] 刘熙:《释名·释言语》(第十二),中华书局,2016年,第47页。
[3] 杨伯峻译注:《论语译注·雍也篇》(第六),中华书局,2006年,第68页。
[4] 杨伯峻译注:《论语译注·颜渊篇》(第十二),中华书局,2006年,第142页。

鞟同犬羊，犀兕有皮，而色资丹漆：质待文也。[1]

为了让"文""质"关系再平衡，刘勰认为要找根源以驾驭艺术之表达："若择源于泾渭之流，按辔于邪正之路，亦可以驭文采矣。"何谓"择源""按辔"？刘勰紧接着回答："夫铅黛所以饰容，而盼倩生于淑姿；文采所以饰言，而辩丽本于情性。"[2]也就是说，"文采饰言"之辩丽源自"情性"，亦如"铅黛、饰容"之"盼倩"源乎"淑姿"。至此，《情采篇》中关乎"质"的概念——"情"，成了论述的目标。另，刘勰"文""采"连用，其意相通，与关良所引"文""采"对立不同。为何如此？是刘勰前后矛盾，还是关良的引用错误？考关良所引为《情采篇》之结语：

赞曰：言以文远，诚哉斯验。心术既形，英华乃赡。吴锦好渝，舜英徒艳。繁采寡情，味之必厌。[3]

"繁采寡情，味之必厌"是《情采篇》的总结——在确认文采的基础上强调情的价值。也即针对重文轻质之时弊——"文""质"的失衡，刘勰通过情的强调重获"文质彬彬"之平衡。但关良却将之误引为"文繁采寡，味之必厌"。"繁采寡情"被运用为"文繁采寡"，表面看是"文""采"等概念的理解之差，实际上还蕴含了当时的认知改变：如果说刘勰通过强调"质"来处理"文""质"，那么关良则试图通过"文"的强调来面对"文""质"。关于这一点，我们要注意：关良所用之概念与传统文论的概念并不一致。在关良看来，一幅绘画作品的"文繁"是过于"写实"——所谓"如实地仿制、摹写出一出出舞台的场景、物象"。故"文繁采寡"中的"文"，倾向内容之"质"，并非传统文论的形式表达之"文"。

《情采篇》中与"文"互通的"采"，则被关良用以与"文"对立，其内涵恰似刘勰之"文"。如果以"文""质"关系解释刘勰，"繁采寡

---

[1] 王志彬译注：《文心雕龙·情采篇》（第三十一），中华书局，2012年，第366页。
[2] 王志彬译注：《文心雕龙·情采篇》（第三十一），中华书局，2012年，第368页。
[3] 王志彬译注：《文心雕龙·情采篇》（第三十一），中华书局，2012年，第372页。

情"可表述为"繁文寡质",然关良的"文繁采寡",却恰恰是"质繁文寡（繁质寡文）"之意。有趣的是,明显的语义颠倒（繁文寡质——繁质寡文）,却没有关闭关良与刘勰"互通"之可能:

> 我每作一幅画在构思时,就必定着力于自己对某一戏剧情节的理解和感受,致力于刻画戏剧人物在特定的情景之中的精神面貌、心理状态、性格气质。我并不去如实地模拟或追求剧中人的扮相、动作、服饰等的外在形象,甚至并不拘泥于戏剧的某些具体情节、舞台场面和场景构图等等。如在"乌龙院"这出戏中,舞台上的阎惜姣,在实际演出中,对宋公明有许多一步紧似一步激烈的场面。她狡猾、泼辣的悍妇形象活灵活现,使观众感到了宋江实在不能再继续忍受下去的气氛。但这一连串的舞台活动过程,无法容纳在一幅静止、有限的画面上。倘若我如实地摄取舞台上的任何一个场景、一种画面或构图,其结果只不过是一种剧情的图解、人物的绣像而已,因为不能反映出这两个人物之间的矛盾冲突和即将爆发的一场决死争斗。于是,我对剧情、人物反复的理解、领会和加以推敲,重新安排了舞台形象之间的关系,并以一种比较含蓄而又率真的艺术手法进行处理,画出来的作品让读者看后,不是一览无余,而是有了想象的余地。[1]

这是关良谈及"文繁采寡"后的一段表述,意在说明怎样克服"文繁",注重"采寡"的问题。之所以不厌其烦地引用一大段文字,是为了在细节中体会画家的认知。对关良而言,"文繁"与"采寡"的对立,体现为绘画作品是否如实描绘对象:"不去如实地模拟""不拘泥于"戏剧对象,而是在"理解和感受"中,"致力于刻画……精神面貌、心理状态、性格气质""并以一种比较含蓄而又率真的艺术手法进行处理",从而使画面"有了想象的余地"。那么怎样才能避免"剧情的图解、人物的绣像",也即"文繁"？他给出的答案是不能如实地模拟对象,而要理解、感受对象的精神面貌、心理状态、性格气质。其中,"精神面貌、心理状态、

---

[1] 关良自述,陆关发整理:《关良回忆录》,上海书画出版社,1984年,第88-89页。

性格气质"等概念，虽具西化造词之特征，但意指人之"性情"却没问题。于是，一个"文""质"关系上与刘勰颠倒的关良，却又在"性情"上与刘勰重逢。须知，"情"正是《情采篇》进行"文""质"平衡的重要药方。

从"文""质"关系的背离，到因"性情"而重逢，关良与刘勰显现出"知识关联"的曲折、复杂。然而，相逢未必相聚。关乎"情"，两人的理解还是有所出入。刘勰之"情"发乎本体，是《毛诗·大序》"情动于中而形于言"传统下的"情"，"故情者文之经，辞者理之纬；经正而后纬成，理定而后辞畅。此立文之本源也。"[1]"情"发乎内，因此是类似"质"的形而上概念，亦是"文"之本源。但关良之"情"，却非如此。"精神面貌、心理状态、性格气质"是对象之"情"，属于描绘之范畴。强调对象之"情"以避免自然描写，是用"心眼"取代"肉眼"。也即，关良之"情"并没有摆脱描绘之需要，仍基于表现对象的逻辑，是主体面对客体的观察通道。"肉眼"的结果是图解、绣像，不能反映真正的真实——人物之间的矛盾冲突和即将爆发的生死争斗。故而，关良强调摆脱"肉眼"（不去如实地模拟），转而依靠"心眼"（理解和感受）。因为认知理路的不同，刘勰之"情"最终偏向"质"，而关良之"情"却落在了"文"（形式语言）。

> 点睛之笔是表现人物神情的关键之笔。盖老与我谈戏，也很讲究"眼神"。"眸子"两点，焦墨一戳，看来"全不费功夫"，却是"经心之极"的一笔。有时我把画好的一幅画稿，高悬墙上，朝夕相对，斟酌再三，一旦成熟，即刻落笔，一挥而就。眼睛不仅反映着人物一般的动态、神态、情绪，而且更反映出戏剧在特定环境中的特定思想感情、气质。虽然寥寥数笔，但欲区别出人物的忠奸贤愚、喜怒哀乐、三教九流、七情六欲，或飞笔直戳，或横笔带拖，或方，或圆，或尖棱，或偏斜，不一而足，种种效果，不言而喻。[2]

---

1 王志彬译注：《文心雕龙·情采篇》（第三十一），中华书局，2012年，第368页。
2 关良自述，陆关发整理：《关良回忆录》，上海书画出版社，1984年，第89-90页。

"种种效果，不言而喻"，关良将对象之"情"安置在形式语言的运用中——"或飞笔直戳，或横笔带拖，或方，或圆，或尖棱，或偏斜，不一而足"。联系前文所引关良观看印象派画作时的感悟："高更的作品具有古埃及那种庄严、平稳、安宁，富有装饰性的艺术手法，使土著人的勤劳、淳朴、天真，表现得更鲜明具体，毫不做作，令人叹为观止。"[1] 我们会发现："形式语言——情感经验"的理解模型，才是关良之"情"的根本来源。因此，关良"文繁采寡"所讨论的"情"，偏于形而下的形式语言运用之体验，与刘勰"繁采寡情"偏于形而上之本源概念的"情"，大相径庭。

关良对于《情采篇》的误读，绝非偶然之"错误"。关乎"文、质"关系及"情"的理解，关良不同刘勰之处，源自20世纪特殊的知识构成。虽然在中国画的历史中，"形似与否"的讨论早就出现过，但其主旨多是建立在"外师造化，中得心源"的互文平衡中。与"文质关系"类似，"形似"是"眼中之竹""心中之竹"的平衡，多为"不似之似"的检讨。严格意义上"肉眼"与对象的写实关系，并非中国文化所关注的重要命题。但"写实与否"，却是关良的重点。何以如此？显然，西画的视觉真实带来了新的角度。绘画再现"肉眼"观看下的世界，不仅提供了"写实"之概念，也改变了关于绘画的理解——"再现世界"逐渐成为"文""质"系统中的新焦点。

如果说传统文论中的绘画之"质"，多被理解为"道""理""情""气韵"，甚至"个人体悟"。那么20世纪中国画的"质"，则增加了"写实"等内容与理解，甚至围绕"写实"产生了具有进化色彩的价值判断。民国初期美术革命，正是这一现象的激进化口号。虽然以"写实"代表竞胜方向，并没有完全主导中国画的演化逻辑[2]，却也成功渗透，为绘画的思考提

---

[1] 关良自述，陆关发整理：《关良回忆录》，上海书画出版社，1984年，第21页。
[2] 1917年，康有为在《万木草堂藏画目》中明确提出："中国画学至国朝而衰弊极矣。岂止衰弊，至今郡邑无闻画人者。其遗余二三名宿，摹写四王、二石之糟粕，枯笔数笔，味同嚼蜡，岂复能传后，以与今欧美、日本竞胜哉？"（水天中、郎绍君主编：《二十世纪美术文选》，上海书画出版社，1999年，第24页）如此竞技观下，康有为猛烈抨击了旧文人画传统，倡导写实以"合中西而为画学新纪元"。此论与《新青年》1919年1月15日第6卷第1号发表的吕澂、陈独秀通讯版（转下页）

供了新的"认识型"。诸如,"写实"概念不仅增加了"质"的内涵,还带来"文""质"互文的"分裂"。由于写实的自然性,相对"情""理"之类的"质"具有更为明确的物化所指,故写实之"质"与表达之"文"容易被重新理解为"内容—形式"的二元结构。"用形式表达内容"之"认识型",将"文犹质、质犹文"转化为"文"与"质"的内在性逻辑分裂。"文""质"不再是暧昧的体悟性感知,而成为逻辑控制下的分析话语。[1] 20世纪中国画的诸多变化中,这一"分裂"最为隐蔽也最为重要。因为它带来了"视觉"之思维秩序的改变:再现世界的直观,成为视觉认知的重要通道。无论否定传统还是肯定传统,都潜在地经过了这一"通道",在关乎"内容"之"写实—非写实"的对立中,寻找价值取向。金城以具有写实倾向的"工笔"为"常轨"[2],如此;关良以"写实与否"处理"文""质"关系,亦如此。

有趣的是,看上去具有不同文化身份的金城、关良,虽然"共同"肯定传统,但他们对"写实—非写实"的选取,又截然不同。金城身为民初传统派的领袖,确认传统的价值标尺却接受了西画之写实,在"写实—非写实"中偏向于"写实";而关良身为留学归国的"洋画家",确认传统的价值标尺却是否定西画之写实,在"写实—非写实"中偏向了"非写实"。这种身份认定与价值标尺的"错位",生动地展现了20世纪画家主

(接上页)《美术革命》共同形成民初激进革命论:"若想把中国画改良,首先要革王画的命,因为改良中国画,断不能不采用洋画写实的精神。"[陈独秀《美术革命》,按:发表吕澂、陈独秀关于"美术革命"通信稿的《新青年》第6卷第1号,发行时间同时标注了"1918年"与"民国八年"。这导致后世研究运用这篇文献时,多视其为1918年1月15日。但据《新青年》出版序列,如1918年7月15日出版第5卷第1号,可知第6卷第1号中的"1918年"当为错误时间。从第6卷第1号之前的一期《新青年》(第5卷第6号)发行时间为1918年(民国七年)12月15日,可以判断第6卷第1号的发行时间应为"民国八年",即1919年1月15日]然而,此类革命论在当时画坛并未形成主导性力量,其更多作用是与传统改良论发生共振,形成了20世纪中国画演进之思想机制的改变。

1 传统"文""质"互文关系的分裂,带来20世纪全新的"文""质"关系:以形式与内容的二元结构看待"文""质",并在中西系统中通过"非写实"之形式趣味统一两种认知对象(西方之现代、中国之传统),形成了以"文"为中心的形式主义认知模型。关良之所以将"繁采寡情"表述为"文繁采寡",亦因于此。

2 金城在《北楼论画》中曾专门指出:"工笔固未足以尽画之全能,而实足奉为常轨。写意虽亦画之别派,而不足视为正宗。"(该文在云雪梅《新旧冶熔 故步不封——金城初论》附录部分有全文附录,中国艺术研究院1997年硕士学位论文)

体确认机制的复杂性，远非后世脸谱化"叙事文本"所能概括。尤其值得注意的是，类似关良"否定写实"之价值观，亦非单纯的"本土"逻辑，而是在中西资源交织状态下的"生产"。他们肯定"非写实"是基于西画之新近发展并非"写实"，而这在他们看来代表着某种进步。因此，他们认为传统也具有类似"进步"特征。诸如，与关良一样留日的画家汪亚尘曾言：

> 从前的国画上，借用简单物体的轮廓，以表现作家的思想，所以看到从前国画的精神骨髓，都依作家胸中的丘壑来简写，同今日风靡全欧画坛的表现主义（Exprenionim）的主张很相吻合。国画单依理想上说来，非常进步，但依手法方面看起来，不免受模仿的束缚，所以现代的国画，反而缺少创造的能力，这是太倾向于手法的缘故。[1]

确认国画"非常进步"的理由，竟然是"同今日风靡全欧画坛的表现主义的主张很相吻合"。这与关良以西方近来"认识了中国画的价值"确认中国之"风趣"，认知机制是一致的。但是，通过西方来确认传统不仅是对西方的冒险误读，同时也是对传统的简化误读。如同关良阅读印象派，是从形式语言的感知展开，那么他就自然无法理解"光学发展"下的西方关乎"真实"的认知转变。关良眼中"毛毛糙糙""像小孩子画"的作品，在西画自身的逻辑中，恰是对"真实"重新理解后的视觉真实，是一种新的"写实"。换句话说，关良所找到的"非写实"，根本就是西画自身逻辑中的"新写实"。然而如此的误读之下，"非写实"诉诸"形式语言"的读画经验，却意外地为关良提供了回溯中国传统的通道。诚如前文辨析的论现代艺术之转折句：

> 此种作品的构图、色彩、笔触、线条等，初时看来，似得很为幼稚。若以精细眼光再细地观察下去，就发现构图的精密、色彩的厚味、笔触的老练、线条的趣味，并含着伟大的魅力，能把观众的心灵

---

[1] 汪亚尘：《为治现代艺术者进一解》，原发表于《晨报》1923年12月13日的副刊，见水天中、郎绍君主编：《二十世纪美术文选》，上海书画出版社，1999年，第103页。

抓住，这就是单纯化艺术的价值了。[1]

超越"写实"之形式语言趣味所获取的现代艺术的"单纯化"，其核心价值便在于"能把观众的心灵抓住"。在关良看来，这也正是传统之价值所在：

> 单纯化也是我所追求的一个方面，表现对象时注重含蓄，这也是我们民族的性格，比较内在。[2]

那么，含蓄的结果又如何？"以一种比较含蓄而又率真的艺术手法进行处理，画出来的作品让读者看后，不是一览无余，而是有了想象的余地。……作品就可有耐人寻味之处，也就可更耐看些。"[3] 但用"写实—非写实"的二元对立来认知传统，亦是误读。因中国逻辑并不具备这样的理念。传统绘画的形式语言，不是针对"写实与否"而存在的"文"，也因此不与"写实与否"之"质"构成因果关系的价值关联。当关良用对西画的误读——新近发展的形式语言超越"写实"来论证中国传统时，传统势必因其天然不具"写实"而获得形式语言角度的简化理解。因此，20世纪中关乎传统的运用逻辑，"耐人寻味""耐看"等词汇描述的形式语言，往往成为出发点甚至根本特征。[4]

或可说，在中西之双重误读中，"关良们"找到了一种奇妙的配方来面对异质文化碰撞期的时代命题，也因此完成了自己穿梭于中西的主体确认。在他们的眼中，西方现代主义的发展，恰为中国传统提供了价值确认的契机。他们因此忽略了现代主义之形式语言变迁的内在逻辑，欢心于形式语言超越"写实"的价值假想：

> 即如绘一幅画，本是很复杂的，要用许多笔，才能描写得出来

---

1 关良：《艺术的还原性》，载《申报》1925年12月9日《艺术界》栏目。
2 关良：《艺事随谈》，载上海人民美术出版社编：《关良》，上海人民美术出版社，2009年，第325页。
3 关良自述，陆关发整理：《关良回忆录》，上海书画出版社，1984年，第89页。
4 基于形式语言立场看待传统的思维方法，在20世纪较为常见。这种现象正是在中西互证系统下展开价值选取的结果。诸如"笔墨本质主义"，亦是其中较为突出的代表思想。

的。而他能够以一两笔就能表现无遗，且仍然含着很复杂的意味在内，这就是到达单纯的地步，非要比从前的艺术，更为深探了一程功夫，是决不能如此的。[1]

或许，这也是关良对西方的接受止步达达派的内在原因。"在欧战时，瑞士又产生了一个惊天动地达达派（Dadaisme），给予已成的艺术与文化一个破坏；不过可惜得很他们在破坏之后没有建设这是引以为遗憾的。"[2] 对达达派破坏而无建设性，关良1947年在《现代绘画之真实性》一文中，给予非常明确的价值判断——"胡闹"。[3] 何以如此？细读该文，关良之所以肯定塞尚等现代主义而不认同达达派，根本原因就在于前者"找寻一种更活泼，更具有表现自我的自由形式的创造。"然而反美学的达达派显然没有这般的"自由形式"。颠覆性的达达派为艺术史提供的观念菜单，没有关良所需要的形式语言构建，自然也就不会为他所接受。止步达达派，也表明了关良穿梭于中西的努力，不存在必然的"起点"：看似以西方为起点确认传统，但其用以确认传统的西方，也隐含了自身阐释传统之所需。西方与传统，在这场交融性误读中，呈现为一种动态的平衡，而非一方决定一方。（图59、图60）

就此而言，从西方现代到中国传统，"关良们"为我们带来了颇具戏剧性的文化景观：他们既是西方现代主义的布道者，同时也是中国传统的捍卫者。在20世纪的中西碰撞期中，这两种看似矛盾的文化身份，获得了调和，甚至统一。作为文化主体，他们自我确认的认知路径极为曲

---

[1] 关良：《艺术的还原性》，载《申报》1925年12月9日《艺术界》栏目。
[2] 关良：《美术与时代》，载《美育》1937年第四期。
[3] 文章中，关良为论述现代主义价值，将达达派作为反面典型给予表述："现代绘画自从塞尚表现立体性以来，与其说当时的画家们在标奇（新）立异，追寻各色各样的主题及表现的五花八门当中，毋宁说是当时画家们苦于十八九世纪一种外表传统，而追求超脱，甚至找寻一种更活泼、更具有表现自我的自由形式的创造。当时塞尚、哥根、马缔（蒂）斯、毕加索，以至奇力哥、沙伐多，他们当时无论受着顽固派批评家们的攻击，以为他们在放弃传统的美的观念中，也不过像达达者们的只求破坏，不事建设的胡闹，然而事实却证明艺术是创造，不只是追求先人的传统为满足。事过二十余年的今日看来，他们那时激烈地对新艺术的建议，不是白费的，而是遗留在整个现代绘画史上更多灿烂和绮丽的花朵。"（关良：《现代绘画之真实性》，载《申报》1947年1月26日"春秋"版）

图 59 《魏玛》 关良 布面油画
68 厘米 ×54 厘米

图 60 《太白醉写蛮书》 关良 水墨设色
34.5 厘米 ×34.5 厘米 上海中国画院藏

折、复杂，看似冲突的"行状"显现出资源调用的灵活、机动。对他们而言，历史的他者不是科学的研究对象，而是基于个体经验史的感知对象。或许，他们在中西之间的穿梭有失严谨，常以各种各样的"误读"面对着不同的文化资源。但他们却也借此解决了自己所面对的命题：西风东渐的历史语境中，何以在两大系统中确立自我想象的合法性。无论他们给予的答案是否完美，他们的努力都向我们表明：文化的碰撞，不是简单对抗的"零和博弈"。在看似不同的文化资源中，存在着细微而蜿蜒的认知孔隙，并因此形成相互包容的交错关系。就具体个体而言，这种交错关系往往表现为个人认知的"知识折叠"——来自不同方向的知识相互叠压，并进而产生新的认知形态。应该说，新的历史主体，恰恰在这种看似幽微的缝隙中，获得了策略化的均衡，从而使得"中西博弈关系"从紧张对抗转变为互动生长。"关良们"的形式语言，正是类似的策略：形式语言既是现代话语，亦是传统话语。他们，也因此解答了他们自己的"身份困惑"。

后 记

这并非既定写作计划中的一本书，它的意外成型，要感谢张晴先生的约稿。2021年春夏之交，蒋再鸣兄约诸友一聚。席间，张晴兄聊及为一套丛书组稿，并向我发出邀请。彼时，我正撰写《隐匿的知识与权力——通往整体史的1920年代之民国美术》一书，已完成了26万多字，便欣然接受了约稿。按原定计划，手里正在写的书稿怎么着到年底也能完成，履约显然不是什么问题。然而此后不久，南京师范大学薛墨兄约我写一篇齐白石的文章，因2020年疫情防控期间曾求其代为到第二历史档案馆查阅资料，实在不好推诿，故也应允了稿约。殊不知，这篇文章激活了我多年来关乎齐白石的思考，不由地沿着材料蔓延开来，竟然成了一本新的书稿的写作之旅：《文本与日常——齐白石"历史形象"的多重叠影》。时间倏然，不知不觉便到了年底。忽然间，想起张晴兄的约定，不禁惶恐，因为原本不成问题的书稿，成了手中两本未完成的"烂尾楼"。而这些年来的写作习惯，又是在与材料的纠缠中蜿蜒前行，故无力将两本书稿中的任意一本快速结尾。思前想后，便硬着头皮与张晴兄协商，看能不能用我已有的一些成果修订成册。

如此行径，实属无理。不料张晴兄听闻我的设想后，竟也大度地接受了。想来，他是有些无奈的。但对我而言，这却成为一个意外的机缘。博士毕业后的十数年，我的学术写作始终以论文为目标，未有撰写大部头书籍的念头。究其原因，或是对自己驾驭更为宏大的叙事结构，缺乏信心；或是生性懒惰，不想背上过于沉重的负担。于是这般蹉跎岁月，转眼已过不惑之龄。2018年秋，忽然生出一种莫名的危机感——觉得没有一本说得过去的书稿，自己的学术生涯是残缺的、不完整的。痛定思痛，决计开始书稿写作。《隐匿的知识与权力》，便这样从腹稿状态逐渐付诸行动。而在这一持续推进的过程中，我的脑海里不断浮出一个问题：之前论文性质的个案写作，真的只是不成体系的散论吗？它们是否可以找到贯穿之线索，成为一个整体的表达？显然，答案越来越清晰：这些看似散乱的论文个案，其实也存在着某种潜在的线索。只不过，一直缺乏某种契机，将它们整理成自洽的整体。未曾想张晴兄的宽容，给了我这样一个机会。

于是，岁末年初的时候，我又暂停了《文本与日常——齐白石"历史形象"的多重叠影》的写作，转而梳理自己做过的个案性质的论文。但面对这十数年的成果，重新以"外人"的眼光审视，不禁生出些羞愧。深感诸多工作不尽如人意，原本可以更为深入，却因自己时常的"不务正业"而未能深入，殊为遗憾。业师郎绍君先生之教诲——"尽精微而至广大"，虽铭记在心，却终因力有不逮而未能企及。然迫于稿约之临近，又不得不拣选成册以贻笑大方，实属无奈。不过，前贤曾言"学之无涯"，或可聊以自嘲：所谓敝帚自珍，实为舟泊夜桥以待来日之溯流而上。是以，不揣鄙陋，终择溥心畬、林风眠、齐白石、关良四则个案，串联成书。其中，溥心畬部分以《以"仁"代"义"——〈忆陈侍郎书画合卷〉与溥心畬的"遗民想象"》《晚清遗民的出世、入世——以溥心畬为中心的精神分析》两文为基础，前者发表于《文艺研究》2013年第12期，后者发表于《美术观察》2020年第10期；林风眠部分以《林风眠的"困境"——一位精英主义者的理想与现实》一文为基础，该文分上、下两部分发表于《新美术》2021年第3、第4期；关良部分以《关良的"双重身份"及其形式语言——20世纪"传统""现代"的一种认知机制》一文为基础，发表于《文艺研究》2017年第5期；齐白石部分则选择了《文本与日常——齐白石"历史形象"的多重叠影》中的部分已完成内容，独立以成本书之篇章。

之所以选择如此四则个案，并非它们有多好，而是因为它们所涉及的问题，在我看来颇为有趣。且，四人身份也有着一定的覆盖性：溥心畬以皇室遗民之尊而求文人书画之脉络传承，齐白石以木匠出身之低微而跻身新时代文化之主流，林风眠以留欧求学之开放而述现代艺术之门楣，关良则以负笈扶桑之便利而化传统、现代之对立。他们四人身份迥异，甚至差异悬殊，却都在这个"开放"的时代各领风骚，成一家之言，尽显中国近现代历史的包容性与丰富性。其中，溥心畬所代表的晚清遗民，面对新时代犹如明日黄花，在后世逻辑中时常被遗忘。但他们仍然会"圈粉"无数，其家国天下的思想变迁，亦是融入新时代的思潮跌宕之中。林风眠看似不合世俗之道的坚守与孤寂，背后隐含着现代知识精英的自我塑造。其为人类精神塑像之精英主义行径，在20世纪的命运沉浮，反向折射了这个时代功利主义盛行的文化逻辑。齐白石的底层逆袭，与精英系统充满爱恨交织的生命经历，凸显了文本塑造与日常生活的背离关系。其朴素的商业思维，在处理画作买卖时的率真，对耻于言利的文人处事原则，不啻冲进瓷器店的大象。关良看似前后矛盾的画风，并非他本人的真实抉择，其前后相差五十年的文本表述，为我们提供了绝佳的"言语考古"的材料，让我们有机会具体感知彼时中国画家的个体，何以面对中方与西方、传统与现代的问题。

  当然，上述问题也不是将它们"串联"的根本原因。之所以选择它们，更重要的是一种方法论上的相对统一。这些看似散落在20世纪中国艺术史角落中的个案，于我而言，其实都是回应自己作博士论文时的"困惑"。彼时，业师郎绍君先生不断叮嘱：史家之事，材料为重，或正是担心我年轻气盛，重于判断而疏于材料。事实亦然，少不经事的我并不安分，很容易冲动，性格颇不持重，于学于思亦是偏好险绝之论。幸而先生明辨之，悉心调教，不断强调极尽所能地阅读材料，犹如老医疗疾，标本兼治。然旧疾虽缓，新症又显。在不断细读材料的时候，我不由自主地开始思考一个问题：这些史料实乃后世之所述，亦即第三人的描述，那么我们又该如何确认其中的"真实"？当时，对这一问题的看似"解决"，主要依靠文本校勘的方式来完成。但接触王汎森"去熟悉化"之类的论述后，总觉得在解决"真实"的方向上，这种文本材料的应有价值并未得到充分之体现。然而具体如何发挥其中之价值，却不甚了然。此后数年，带着这种"困惑"接触到当代艺术批评,"混迹"于现场的热闹之中。对史学研究而言,虽然这段觥筹交错的日子算得上蹉跎岁月,却也不无收获。基于现场判断之"无序性",这个场域对新的理论持有更为积极开放的态度。也因此,我对拉康、阿尔都塞等看似与艺术史无关的哲人思想,有了更为深入了解的"机会",抑或说是"压力"。就这样过了五六年,2011年左右,这些"了解"与思考促成了一篇文章(《能指的隐藏与流变——从一张"雷锋照片"的阅读谈"知识生产"》)。因为某些说不清、道不明的原因,这篇文章未能够公开发表,只是在尹吉男先生举办的"第六届全国高等院校美术史学年会"上得以宣读,后又收入我的一本论文集。这篇深受拉康主体批判思想影响的"作文",虽无多大价值,但对我个人而言却很重要。因为自此开始,我对写博士论文时的"困惑",有了新的解答思路。

第二年,我便开始撰写本书所涉及的一篇文章(《晚清遗民的出世、入世——以溥心畬为中心的精神分析》),并注意到溥心畬、陈曾寿等人为我们提供的文本中,如针对陆钟琦、张勋等人的记述,有关"历史对象"的表述其实并不重要,重要的是"作者"何以如此表述。非常庆幸,这篇文章很快得到《文艺研究》陈诗红老师的正向反馈。感谢她及时而积极的肯定,这让我更有信心继续一种研究视角的"转向":文本作者的分析价值,远大于他们所要表述的对象的分析价值。应该说,这为我理解文本材料打开了新的空间。或因于此,一种被我称为"文本再阅读"的方法,逐渐清晰并成为此后思考的出发点。这本书所选择的几篇论文个案,之所以在我看来能够成为一个整体,就是因为它们都运用了"文本再阅读"的研究方法。当然,这种方法并非凭空创造出来的,而是在阿尔都塞的"症候阅读"的影响下形成的,并转而在艺术史材料的解读中加以运用。就此而言,我将这些论文的写作视作一种学习笔记、一种读书报告,且不时向业师郎绍君先生汇报。幸而先生之耐心及宽容,不仅不以之为烦,还时常鼓励我勇于思考,可谓谆谆教诲不绝于耳。亦因于此,我虽早已博士毕业,却一直有幸聆听业师之教导,持续思考。此中之情,虽千言万语亦难折旋告罄。

后 记

除了业师郎绍君先生，这十数年的学术工作中亦曾受到诸多师友之帮助。在与他们的交流中，我获益良多。其中，尹吉男、白谦慎、牛克诚、朱良志、李军、孙周兴、李公明、郑岩等先生，不仅是我尊重的前辈学者，也是日常交往中多有讨教机会的良师益友。他们的学识与视野，以及对我的鼓励与提携，于我而言弥足珍贵；万木春、吴洪亮、王伟、胡斌、鲁明军、盛葳、郭伟其、蔡涛、吕晓等同辈学者，常与我在各种公开或私下的场合中讨论问题，他们敏锐的视角与观点，亦不时给我带来全新启发。从某种角度看，这本小册子中的很多"看法"正是在这样一个认知场域中，逐渐形成的。另外，我还要感谢我的同事李振，没有他帮我电脑制图，本书所讨论的"'文本'的再阅读"之"序幕"部分，将变得更加晦涩；同时，沈宁先生向我提供了有关滕固的历史图片，以及我的学生雷浩、刘畅、巩秦羽为书稿寻找插图并校对注释，于此一并感谢。当然，我还要感谢我的家人，尤其父亲杭法源、母亲王玉玲、妻子于瑜和儿子杭子淳的陪伴，没有他们一起面对这些年来的一些"意外"与"困顿"，我是很难安心于学术写作的。最后，感谢一切给我带来善意与阳光的人和事，唯因于此，才让我再次确认了人生的价值所在。

2022 年 6 月 4 日于后沙峪